Erika Rosenberg

# Als ich mit dem

*Jorge Bergoglio aus Buenos Aires*

# Papst
# U-Bahn
# fuhr

Unter Mitarbeit von Ulrike Nikel

HERBiG

**Bildnachweis:** Fotografia Felici, Rom (S. 2, 14, 233), María Inés Narvaja (S. 63, 67), José María del Corral (S. 43, 115, 227). Alle anderen Fotos: Erika Rosenberg.
**Hinweis:** Die Zitate aus den beiden Büchern Sergio Rubin/Francesca Ambrogetti: *El Jesuita. La historia de Francisco, el Papa argentino.* Javier Bergera, Buenos Aires 2010 und Jorge Mario Bergoglio/Abraham Skorka: *Sobre el Cielo y la Tierra.* Editorial Sudamericana, Buenos Aires 2010, wurden von der Autorin Erika Rosenberg aus dem Spanischen ins Deutsche übersetzt. Gleiches gilt für Predigt- und Homilientexte des damaligen Erzbischofs, die ihr von Bischof Rubén Oscar Frassia zur Verfügung gestellt wurden.

Umschlaggestaltung: Wolfgang Heinzel
Umschlagfoto: Fotografia Felici, Rom
Satz: VerlagsService Dietmar Schmitz GmbH, Heimstetten
Gesetzt aus: 10,75/13,75 pt Minion
Druck und Binden: GGP Media GmbH, Pößneck
Printed in Germany
ISBN 978-3-7766-2753-4
Auch als **book**

www.herbig-verlag.de

# Dank

Dieses Buch widme ich vor allem Papst Franziskus, meinem Mann Dr. José Rosenberg, meinem Sohn Dr. Eric Rosenberg und seiner Familie, Myriam, Facundo und Matthias Rosenberg, sowie meinen treuen und loyalen Gefährten Axel und Daphne.

Mein besonderer Dank gilt: Bischof Rubén Oscar Frassia, Sr. Oberin Veronica Negri und Sr. Cloti Carreras, Pater Guillermo Karcher, Dr. Virna Bergoglio, María Inés Narvaja, Brigitta Grün, Rabbi Abraham Skorka, Prof. José María del Corral, Dr. Santiago de Estrada, den Patres Quique und Miguel, Pater Gustavo Carrara, Pater Guillermo Torres, Pater Pepe, Pater Alejandro Russo, Luis Liberman, Omar Abboud, Harald Zintl, Detlev Staude, Raimund Mader, Sandra Gref, Mutter Hilde Daurer von den Franziskanerinnen von der Christlichen Liebe, Hartmannspital in Wien, sowie allen, die mit ihrer Mühe dazu beigetragen haben, aus einer Illusion, aus einem innigen Wunsch ein Buch zu machen. Feliciana, El Polilla, die Mädchen von der Plaza Constitución und die Kinder der Villas werde ich auch nie vergessen.

Ein herzliches Dankeschön auch an meine Verlegerin und Freundin Brigitte Fleissner-Mikorey, meine Lektorin Gabriele Rieth-Winterherbst und das ganze Team des Herbig Verlags.

Nochmals Dank und ich erhebe mein Glas für eine bessere Welt.

# Inhalt

# Vatikanische Impressionen:
# Audienzen, Umarmungen, Rosengrüße

*»Jetzt haben Sie alles für das Buch.*
*Ich glaube, jetzt sind Sie damit fertig.«*
Franziskus bei der Audienz

Letzter Sonntag im August, zugleich der letzte Tag des Monats in diesem Jahr 2014. Es dämmerte in Rom. Ich saß auf der Couch eines kleinen Apartments am Piazzale Ammiraglio Bergamini unweit des Vatikan, wo mein Mann José und ich während unseres Aufenthalts in der Ewigen Stadt Quartier genommen hatten, und fasste meine ersten Eindrücke zusammen.

Von hier aus gesehen war meine Heimatstadt Buenos Aires unendlich weit entfernt, nur ein winziger Punkt auf der Landkarte. Obwohl seit gerade acht Tagen in Europa, kam es mir vor, als wäre ich nie weggewesen. In gewisser Weise bin ich wie viele, deren Familien durch den Nationalsozialismus entwurzelt wurden, ein Wanderer zwischen den Welten. Oder, um es positiver auszudrücken, in mehreren Welten zu Hause.

Noch aber dachte ich mit schwerem Herzen an unsere in Argentinien zurückgebliebenen Lieben, die wir für ein paar Monate nicht sehen würden. Unseren Sohn Eric und seine Familie: Myriam sowie Facundo und Matthias. Und nicht zuletzt an unsere vierbeinigen Gefährten, die Pudel Axel und Daphne, die uns den Abschied jedes Mal unendlich schwer machen, weil sie nicht begreifen, warum wir sie verlassen, und die sich durch nichts und niemanden in ihrer Trauer trösten lassen.

Für mich hingegen kam der diesjährigen Europareise eine besondere Bedeutung zu.

Zum einen war meine Tätigkeit für das argentinische Außenministerium, wo ich lange Jahre angehende Diplomaten unterrichtet hatte, beendet, sodass ich mein Leben künftig frei von beruflichen Zwängen gestalten konnte – und zum anderen war ich hier, um Gespräche für dieses Buch zu führen. Vor einem Jahr hatte ich in Rom, in dem gleichen Apartment, erste Überlegungen zu Papier gebracht, jetzt wollte ich hier letzte Hand anlegen. Es erschien mir als gutes Omen.

Die Fertigstellung eines Manuskripts hat für mich immer etwas von einer Geburt: nie ganz vorhersehbar und bis zur letzten Minute spannend.

## Rosen für den Heiligen Vater

Höhepunkt meines Besuchs in dieser wundervollen Stadt, der Wiege der Zivilisation, in der man an jeder Ecke auf stumme Zeugen einer mehr als zweitausendjährigen Geschichte trifft, würde natürlich meine Audienz bei Papst Franziskus sein. Meinem Landsmann. Pater Jorge, dem ich in der U-Bahn von Buenos Aires als ganz normalem Fahrgast begegnet war und der, obwohl kirchlicher Würdenträger, ein schlichtes schwarzes Priesterhabit trug. Natürlich erhoffte ich mir, ihn jetzt in Rom nicht nur zu sehen, sondern ein paar Worte mit ihm wechseln zu können, denn vor ziemlich genau einem Jahr hatte ich ihm während einer Generalaudienz kurz von meinem Vorhaben berichtet.

»Adelante«, sagte er damals mit einem sanften Lächeln, »machen Sie weiter und beten Sie für mich.«

Inzwischen war er mir durch die vielen Gespräche und Interviews, die ich im Zuge meiner Spurensuche geführt hatte, so vertraut, als würde ich ihn bereits ein Leben lang kennen. Dieses Gefühl verstärkte sich dadurch, dass viele Menschen mir aufgetragen hatten, ihm Grüße auszurichten. Einen Papst grüßen! Und seine Nichten María Inés und Virna baten mich sogar, »dem Onkel« in ihrem Namen rote Rosen zu überreichen. Was sich im Übrigen als gar nicht so einfach herausstellte.

Da bis Ende August in Italien Ferien sind, bleiben viele Läden *chiusi*, geschlossen. Jedenfalls fanden mein Mann José und ich trotz ausgedehnter Suche kein geöffnetes Floristikgeschäft. Touristen kaufen in der Regel keine Blumen. Zum Glück kannte eine Passantin, an die ich mich Hilfe suchend wandte, eine Adresse, und dort erstand ich zwei wunderschöne, langstielige rote Rosen.

*Sì, sì, sì,* sie würden ganz gewiss bis morgen halten, kein Problem, versicherte mir die Verkäuferin, als ich ihr erzählte, für wen sie bestimmt waren. Wer weiß, vielleicht hat sie mir ja deshalb ganz frische Exemplare gegeben. Italiener sind schließlich strenggläubige Katholiken und Patrioten obendrein, die den argentinischen Papst aufgrund seiner piemontesischen Wurzeln großzügig zu einem der ihren gemacht haben.

## Vor verschlossenen Toren

Dann war der große Tag, der 27. August, da. Mit vor Freude und Aufregung klopfendem Herzen stand ich, meine in Zellophan verpackten Rosen in der Hand, überpünktlich gegen acht Uhr morgens an der Porta Sant'Anna, dem Haupttor zur Vatikanstadt. Wir sollten die Reisepässe mitbringen – die Passierscheine bekämen wir von den Schweizergardisten, hatte man uns zuvor mitgeteilt. Vor dem Tor wartete bereits eine lange Schlange, vielleicht hundertfünfzig Personen, und ein Carabiniere wies uns unseren Platz zu, nämlich ganz hinten. Mir kamen Bedenken, ob das bei diesem Andrang alles so funktionieren würde wie geplant.

Tat es natürlich nicht.

Zwar sah ich eine halbe Stunde später, als die Schlange, die zunehmend länger geworden war, sich zu bewegen begann, mein Ziel, den Vatikan, die Audienz, die Begegnung mit dem Papst, immer näher rücken, doch an der Pforte zum Himmel auf Erden war zunächst Schluss.

Wir standen nicht auf der Liste.

Ich war wie erstarrt. Listen konnten über Wohl und Wehe entscheiden, das war mir durch meine Beschäftigung mit dem Ehepaar Schindler und der inzwischen weltberühmten Liste sehr wohl bewusst. Wenngleich es hier nicht um Leben und Tod ging, war es für mich durchaus eine Frage von existenzieller Bedeutung, ob ich nun reingelassen würde oder nicht.

Jedenfalls erklärte uns der Wachposten, eine personifizierte Widerlegung des Klischees vom freundlichen Italiener, da eher ein Höllenhund denn ein gütiger Hüter der Himmelspforte, er fände unsere Namen nicht und wir dürften nicht passieren. *Basta!*

Nichts wollte helfen. Kein Reden mit Engelszungen – ich spreche fließend Italienisch –, kein Protestieren. Nicht einmal die E-Mail von Monsignore Guillermo Karcher, mit dem ich mehrmals wegen des Buches in Kontakt gestanden hatte und von dem ich eine Bestätigung meiner Einladung zur Audienz in Händen hielt.

Natürlich gab ich nicht auf.

Unter den misstrauischen Blicken des selbstherrlichen Herrn der Liste griff ich zu meinem Handy und wählte Karcher an. Zum Glück war er erreichbar, wie mir sein promptes »*Pronto*« verriet. Ich ratterte in Windeseile meine Probleme und meinen Frust herunter und drückte dann dem überraschten Torwächter triumphierend mein Mobiltelefon in die Hand.

Wie du mir, so ich dir, dachte ich.

Wenngleich er den Monsignore nur hören und nicht sehen konnte, schien er plötzlich ein paar Zentimeter kleiner zu werden. Sein Pech, mein Glück. Erleichtert atmete ich auf. Die erste Hürde war geschafft, und wir durften vatikanisches Territorium betreten.

## Die Audienz

Ein Schweizergardist geleitete José und mich zu den anderen Argentiniern, schätzungsweise vierzig Leuten, die sich um Monsignore Karcher scharten. Schon von Weitem winkte er uns zu, damit wir uns beeilten und er seine Pilgerschar komplett hatte. Rasch stellte er mich der Gruppe vor – ich sei Autorin eines Buches über Franziskus respektive Pater Jorge, wie er in Argentinien nach wie vor genannt wird – und führte uns zu den Plätzen rechts vom

Petersdom. Die meisten versuchten einen Stuhl in der ersten Reihe zu ergattern. Natürlich, denn von dort aus konnte man später am besten die Hände nach dem Papst ausstrecken.

Ich weiß nicht, wie viele Tausend in dem großen Rund versammelt waren – jedenfalls hatte ich noch nie hautnah eine solche Ansammlung von Menschen erlebt. Später erzählte mir die Mitarbeiterin des Fotostudios, die dort Bilder schießt, dass sich die Zahl der Pilger seit den Zeiten Benedikts um das Mehrfache gesteigert habe. Ein weiteres Indiz, dass dieser neue Papst etwas von einem »Menschenfischer« an sich hat und sich damit als würdiger Nachfolger Petri erweist, der laut Überlieferung von Jesus ebendiesen Auftrag erhielt.

Mit seiner Integrationskraft scheint er jedenfalls alle Konfessionen, alle Kulturen zu erreichen und mit seinem Versöhnungswillen Brücken über Gräben zu bauen, die sich über die Jahrzehnte, wenn nicht die Jahrhunderte in den Köpfen aufgetan haben. Er bewegt vieles, weil man ihn nicht nur akzeptiert, sondern auch liebt. Und weil man ihm glaubt, wenn er sagt, dass für ihn alle Menschen als Kinder Gottes gleich sind.

Eine Weile mussten wir uns noch damit begnügen, der hektischen Betriebsamkeit rund um uns herum zuzuschauen, bis Punkt zehn Uhr das Papamobil auf die Piazza San Pietro rollte, mal hier und mal da anhielt, damit Franziskus Hände schütteln, kleine Kinder küssen und Kranke segnen konnte … Mitten durch die Menge im offenen Wagen, der blanke Horror für seine Sicherheitsleute.

Anschließend sprach er von einem Podium aus zu den versammelten Pilgern. Mahnte sie, Gefühle wie Neid, Eifersucht und üble Nachrede zu vermeiden, und erzählte von einer Frau, die fünfzig Jahre Dienst in einer Pfarrei geleistet habe, ohne je ein böses Wort über einen Mitmenschen zu verlieren. Menschlich möge es ja sein, über andere schlecht zu reden, aber nicht christlich. Und deshalb müssten Menschen wie diese Frau heiliggesprochen werden.

Und das meinte er genauso, wie er es sagte.

Eine Eigenschaft, die mir bereits früher bei ihm aufgefallen war. Wenn er etwa im Rahmen seines unermüdlichen Einsatzes für die Ärmsten der Armen, die Ausgestoßenen und Marginalisierten

*Ein Gruß aus Argentinien: Zwei Rosen für den Papst*

Barmherzigkeit und Nächstenliebe einforderte, so hatte das keine Alibifunktion, sondern war ein kompromissloser Aufruf zum Handeln. Was ihn in meinem Heimatland bei den Repräsentanten aus Politik und Wirtschaft ausgesprochen unbeliebt machte.

Nachdem seine Botschaft in mehrere Sprachen übersetzt worden war, stieg Franziskus die Stufen zum Petersplatz hinunter, um an den aufgestellten Stuhlreihen entlangzugehen. Trotz der glühenden Sonne, die unbarmherzig herniederbrannte.

Auch ich vergaß Hitze, müde Füße und drohenden Sonnenstich, als er zu unserer Gruppe trat.

Er erkannte mich in der Menge, blieb stehen und begrüßte mich, sprach mich auf das Buch an, das doch bestimmt schon fertig sei.

Nicht ganz, erklärte ich ihm, ein wenig fehle noch, und dann überreichte ich ihm die Rosen.

Eine im Auftrag von Virna, eine von María Inés.

Sichtlich gerührt nahm er sie entgegen, und ein Anflug von Wehmut huschte über sein Gesicht. Vielleicht dachte er in diesem Moment an seine Familie, die er nun kaum mehr sah, oder an seinen Neffen Emanuel Bergoglio, Virnas Bruder, der wenige Tage zuvor bei einem Autounfall in Argentinien seine Frau und zwei kleine Kinder verloren hatte und selbst schwer verletzt worden war. Mir kam es beinahe vor, als würde Franziskus mit den Tränen kämpfen.

Stumm schaute er mich an, schien zu spüren, dass ich seinen Kummer nachvollziehen konnte. Dann fand er die Sprache wieder und sagte: »Erika, vielen Dank für alles, was Sie machen … Für das Buch, das Sie schreiben.«

Es war ein zutiefst ergreifender Augenblick, den ich nie in meinem Leben vergessen werde.

## Denkwürdige Begebenheiten

Mir blieb nicht viel Zeit, das Erlebte zu verarbeiten, denn für zwölf Uhr dreißig stand ein Treffen mit Monsignore Karcher an. Auf das, was er mir über Franziskus erzählen konnte, wollte ich auf keinen Fall verzichten. Viele hatten mir in Buenos Aires von ihrer Zusammenarbeit mit Bergoglio erzählt und wie sie ihn als Mensch erlebten – in Rom ist das schwieriger. Ein Papst wird stärker abgeschottet als ein Erzbischof, und die vatikanische Entourage ist nicht unbedingt auskunftsfreudig.

Umso mehr freute ich mich über Karchers Bereitschaft, mit mir zu sprechen. Und natürlich fast noch mehr darüber, dass Franziskus mein Projekt offenbar mit wohlwollendem Interesse verfolgte und hier und da dezidiert alte Freunde in Buenos Aires autorisierte, sich über ihn zu äußern.

Jetzt also Guillermo Karcher.

Es wurde ein Mittelding zwischen Marathon und Schnitzeljagd. Der Vatikan ist weitläufig, und die Orientierung fällt schwer. Alle Wege mögen ja nach Rom führen, aber im Vatikan nicht alle zu Monsignore Karcher. Wobei es eigentlich ganz gut losging mit einer von Schweizergardisten geführten Wanderung durch endlose Gänge, von einem Tor zum anderen und von einem Innenhof zum nächsten.

Mit einem Mal jedoch verschwanden die Begleiter und überließen mich meinem Schicksal. Rettung nahte in Gestalt eines Priesters.

Dachte ich mangels genauerer Kenntnisse der vatikanischen Kleiderordnung und fragte den Mann nach dem Büro von Karcher. Bloß, dass der Priester gar kein Priester war, sondern Erzbischof Georg Gänswein, der deutsche Privatsekretär und Vertraute von Benedikt XVI., der sich, wie »Vatikanisten« wissen wollen, zumindest anfangs schwergetan hat mit dem unorthodoxen Lebens- und Führungsstil des »Neuen« aus Südamerika. Welch eine Begegnung! Zu mir jedenfalls war er sehr nett und erklärte mir auf Deutsch, wo und wie ich Monsignore Karcher finden könne. Im Staatssekretariat, in der Abteilung für Protokollfragen.

Bevor ich anklopfte, betrachtete ich die mittelalterliche Landkarte von Süddeutschland neben der Tür, die dort eingezeichneten Städte, deren Größenverhältnisse sich im Laufe der Jahrhunderte gewaltig verschoben hatten. Was war München damals schon im Vergleich zu so bedeutenden Reichsstädten wie Regensburg oder Augsburg? Und die Machtverhältnisse zwischen Kirche und Staat hatten sich seitdem mindestens ebenso dramatisch verändert. Nicht nur in Süddeutschland.

Der joviale Argentinier mit deutschen Wurzeln, seit vielen Jahren Zeremoniär im Vatikan und jetzt ein enger Mitarbeiter von Franziskus, erwartete mich bereits und begrüßte mich erneut überschwänglich. Wie sehr er sich freue, mich endlich persönlich kennenzulernen – er schätze meine Bücher über Oskar und Emilie Schindler sehr und halte sie für äußerst wichtig und so weiter und so fort. Natürlich fühlte ich mich geschmeichelt – wem wäre es anders ergangen? –, aber was mich wirklich und wahrhaftig freute, war seine Versicherung, der Heilige Vater würde das genauso sehen. Eine Anerkennung, die mich stolz machte. Nicht weil sie vom Papst kam, sondern weil dieser ein Mensch ist, der es ernst meint mit der tätigen Nächstenliebe unabhängig von Herkunft und Religion. Und der in schwierigen Zeiten ganz unorthodox geholfen hat. Letztlich ähnlich wie Oskar Schindler, ohne dass man diesen Hasardeur und Lebemann mit einem so moralisch denkenden Menschen wie Bergoglio wirklich vergleichen könnte. Der Wunsch allerdings, Menschen zu retten und Verbrechen nicht tatenlos zuzusehen, war bei beiden die Triebfeder ihres Handelns.

*Monsignore Guillermo Karcher – Zeremoniär im Vatikan und jetzt ein enger Mitarbeiter des Papstes*

Wir redeten eine ganze Weile bei laufendem Aufnahmegerät, und Karcher ging das Herz über, wenn er sich über seinen »Chef« äußerte. Ich gewann den Eindruck, dass innerhalb der Kurie kaum jemand Franziskus emotional so nahestehen dürfte wie dieser Landsmann. Was schon in der Formulierung »Ich leiste dem Papst hier einen sehr persönlichen Dienst« zum Ausdruck kam und in der Versicherung, wie glücklich er gewesen sei, nach der Wahl das Mikrofon für Franziskus halten zu dürfen.

Zu seinen Aufgaben gehört es unter anderem, erfuhr ich, sich um die Pilgergruppen zu kümmern, speziell um die argentinischen wie ein paar Stunden zuvor um unsere. Er erlebe eine Menge in dieser Funktion, meinte er, doch ein Ereignis habe sich ihm unauslöschlich eingeprägt.

*Ich erinnere mich noch gut an die zweite Generalaudienz. Franziskus hatte einen Querschnittsgelähmten begrüßt, obwohl er den eigentlich gar nicht so ohne Weiteres hatte sehen können. Natür-*

17

*lich war ich verwundert und fragte ihn anschließend, wieso er gewusst habe, dass dieser Mann sich in der Menge befand. Daraufhin antwortete er: »Ich spüre es.«*

*Und so muss es gewesen sein. Er hatte einfach ganz plötzlich das Papamobil anhalten lassen. Es kam mir so unbegreiflich vor, dass ich eine Weile brauchte, um mich wieder zu sammeln. Über welche übernormale Empfindsamkeit verfügt er eigentlich, um so etwas zu spüren?*

*Dass er hochsensibel für menschliche Leiden und Nöte ist und die menschliche Seele wie kein anderer versteht, das hatte ich schon gemerkt. Aber das hier überstieg alles bisher Dagewesene. Diese Geschichte hat mich jedenfalls tief berührt ...*

Er schwieg eine Weile, bevor er fortfuhr.

*Noch etwas anderes will ich Ihnen in diesem Zusammenhang erzählen: Heute hat er zum ersten Mal bei der Audienz die Kranken zuerst begrüßt – Sie haben es vermutlich bemerkt. Sonst kamen sie als Letzte an die Reihe. Am Morgen jedoch fiel ihm ein, das zu ändern. »Warum sollen die Kranken nicht als Erste begrüßt und gesegnet werden? Sie brauchen die Segnung am meisten.« So ist er – die Menschlichkeit hat immer Vorrang. Und deshalb erreicht er auch alle Herzen.*

Es sei ihm eine Freude, immer für Franziskus da sein zu dürfen, fügte er hinzu, und zugleich eine große Verantwortung und Ehre. Und dann kamen auch von Karcher die Sätze, die ich in Buenos Aires von allen gehört hatte. Dass der Papst sich nicht verändert habe, obwohl inzwischen beinahe anderthalb Jahre seit der Papstwahl vergangen waren. Zeit genug, um einen Mann auf Vatikankurs zu bringen, sollte man denken.

Nein, das hat niemand geschafft, daran lassen die Äußerungen des Monsignore keinen Zweifel. »Für mich ist er unverändert Pater Jorge, ich sehe nicht seine weiße Soutane ...«

Wichtiger noch, so Karcher, sei vielleicht, dass Franziskus selbst ungeheuren Wert darauf lege, dass man ihn nicht anders wahrnehme als früher. So habe er ihn vor einem Besuch in Argentinien, wo er ehemalige Seminaristen treffen wollte, dringend gebeten, ihnen etwas von ihm auszurichten. »Sagen Sie denen, ich bin nach wie vor der Alte – ich habe mich nicht verändert.«

Guillermo Karcher schaute mich nachdenklich an. »Das spricht in meinen Augen für seine Natur als echter Mensch«, sagte er – ich konnte ihm nur von ganzem Herzen zustimmen.

## Ein bisschen Rum für die Seele

Eigentlich hatte ich ursprünglich gar nicht geplant, nach der Audienz noch lange in Rom zu bleiben. Ich wollte schnellstmöglich zurück in unsere kleine Münchner Wohnung und dort diverse Vorträge und Ausstellungen über die Schindlers vorbereiten, die für die nächsten Wochen in Deutschland anstanden, aber wie so oft war es anders gekommen.

Unerwartet hatte ich Mitte Juli, noch vor meiner Abreise nach Europa, eine persönliche Einladung in meinem Briefkasten gefunden: zu einem Fußballspiel *per la pace*, für den Frieden. Der Papst, bekennender Fußballfan, hatte es initiiert, und zwar zusammen mit José María del Corral und Enrique Palmeyro, den Direktoren der Scholas Occurrentes, sowie dem ehemaligen argentinischen Nationalspieler Javier Zanetti, der mit seiner Organisation PUPI Straßenkinder in Buenos Aires unterstützt. Wie sehr beide Stiftungen Franziskus am Herzen liegen, zeigt schon die Tatsache, dass sie von der Päpstlichen Akademie der Wissenschaften unterstützt werden.

Beide Konzepte, sowohl das der Scholas, deren Entstehung sich in erster Linie dem einstigen Erzbischof Bergoglio verdankt, als auch das von PUPI, basieren unter anderem auf der integrativen Kraft des Sports. Deshalb also dieses Fußballspiel, das parallel zu einer pädagogischen Tagung in der Akademie stattfand, die dem Meinungsaustausch darüber diente, mit welchen Mitteln sich die modernen Kommunikationsmöglichkeiten für eine weltweite soziale Integration und damit für den Frieden nutzen ließen.

*José und ich in Rom mit Enrique Palmeyro (links) und José María del Corral (rechts), den beiden Direktoren der Scholas Occurrentes*

So also kam ich völlig unverhofft in die Situation, dem Papst ein zweites Mal zu begegnen. Vor dem Anpfiff des Spiels nämlich würde er mit einem Empfang für Teilnehmer und Gäste beider Ereignisse gewissermaßen den Startschuss zu diesem ungewöhnlichen Doppelevent geben. Und zwar am Montag, dem 1. September.

Somit blieben mir und meinem Mann zwischendurch ein paar Tage Zeit, ein bisschen Rom zu genießen, Kultur zu tanken und vielleicht auch mal auszuspannen.

Viel wurde nicht daraus. Irgendwas war immer los. So traf ich del Corral wieder, den ich vor Kurzem erst interviewt hatte, und lernte seinen Kodirektor Palmeyro kennen, der mir auf dem Weg zum Gebäude der Akademie immerhin ein wenig von den berühmten Vatikanischen Gärten zeigte – leider konnte ich Benedikt XVI., der dort angeblich gerne promeniert, nicht entdecken. Außerdem nahm ich die Einladung des römischen Repräsentanten der SPD-nahen Friedrich-Ebert-Stiftung zum Abendessen an, der mit mir über mein neues Buch sowie über Schindler und Nazis in Argentinien reden wollte, und ich kümmerte mich um Fotos und vieles andere mehr. Nebenbei streichelte ich römische Katzen und warf eine Münze in Roms wohl berühmtesten Brunnen, die Fontana di Trevi, obwohl wegen Reparaturarbeiten kein Wasser drin war. Ich hoffe, dass mein Wunsch trotzdem in Erfüllung geht: dass dieser Papst, auf dem so viele Erwartungen ruhen, es tatsächlich schafft, die Welt ein bisschen gerechter und friedlicher zu machen.

## Noch einmal Franziskus

Dann war es so weit. Allerdings begrüßte der Montag uns für italienische Verhältnisse denkbar unfreundlich. Bereits auf dem Weg zum Frühstück in einer kleinen Bar wurden wir pitschnass – und mussten unsere Audienzkleidung für den Rest des Tages zum Trocknen aufhängen. Dumm gelaufen. Petrus schien die Pläne seines Nachfolgers nicht gerade zu begünstigen, dachte ich ein wenig ketzerisch.

Um Viertel vor vier war Einlass in der großen Audienzhalle des Vatikan, die nach ihrem Bauherrn meist Aula Paul VI. genannt wird und die bis zu fünfzehntausend Menschen fasst. Sie ist insofern ein Kuriosum, weil sie teilweise auf italienischem Territorium steht, der Vatikanstaat jedoch eine exterritoriale Nutzungserlaubnis hat.

Wieder Kontrollen, Listen, Schweizergardisten, Carabinieri, die wie die Inquisitoren früherer Schreckenszeiten alles sehen und wissen wollten. Sicherheit habe Vorrang, beschied mich ein Mitglied der Schweizergarde im unverkennbaren Dialekt seiner Heimat. Der junge Mann stammte aus Luzern, wie er mir erklärte, seine Kameraden von Gott weiß woher, aber alle aus der Eidgenossenschaft. Bis auf den heutigen Tag rekrutiert sich die kleinste Armee der Welt, wie man sie fälschlich oft bezeichnet, ausschließlich aus Schweizern, katholischen selbstredend, und stellt neben ihrer Funktion als Leibgarde inzwischen mehr ein pittoreskes Kuriosum dar. Zumal die Schweiz es zudem kaum noch nötig haben dürfte, junge Burschen als Söldner ins Ausland zu verkaufen. So entstehen Traditionen.

Vor der Aula drängten sich bereits viele Menschen. Alle dunkel angezogen. Nur wir nicht, denn unsere Audienzkleidung war ja dem Regen zum Opfer gefallen. Doch das kümmerte uns nicht. Warum auch, wo nicht einmal der Papst sich an eine Kleiderordnung hält und die Prunkgewänder ungenutzt in den vatikanischen Kleiderkammern hängen lässt? Ihn interessiert nicht, was einer trägt, sondern was er denkt – wie es in seinem Herzen und in seiner Seele aussieht.

Obwohl ich mich mit Fußball nicht sonderlich auskenne, wusste ich die Argentinier einigermaßen einzuordnen. Mehr als die Spieler faszinierten mich allerdings ihre Begleitungen: junge Frauen in abenteuerlich engen, kurzen Röcken und mit High Heels, bei denen mir schon vom Hinschauen die Füße schmerzten. Sie sahen aus, als wollten sie gleich einen Laufsteg entlangstolzieren, und dennoch hielten alle einen Rosenkranz in der Hand.

Ein Gardist wies uns unsere Plätze an.

Neben mir saß Diego Simeone, ehemaliger argentinischer Nationalspieler und heute erfolgreicher Trainer in Spanien. Er erzählte mir von dem Fußballspiel und ich ihm im Gegenzug Näheres über die Scholas und warum dieses Projekt dem Papst so am Herzen lag. Seine Erfahrungen in den Slums von Buenos Aires hatten ihn eines gelehrt: ohne Bildung keine Chancengleichheit und ohne Chancengleichheit keine Überwindung der sozialen Ungerechtigkeit.

Punkt sechzehn Uhr wurde es still in der Aula.

Monsignore Guillermo Karcher betrat die Bühne, begrüßte die Anwesenden und kündigte einen kurzen Film an, der über Ziele und Aktivitäten der Scholas informierte. Anschließend trat Franziskus ans Mikrofon.

Wie üblich sprach er in einfachen Worten, schnörkellos, präzise und in aller Deutlichkeit. Ohne Wenn und Aber, ohne Vielleicht. Ohne Ausreden und ohne Verlagerung drängender Probleme in eine unbestimmte Zukunft. Nein, hier und heute, sofort müsse eine Integration über alle Grenzen hinweg in Angriff genommen und eine Kultur der Begegnung geschaffen werden, die den Gedanken der Demut und der Nächstenliebe verpflichtet sei. Ich schaute mich um und meinte in den Gesichtern der Zuhörer Betroffenheit und Nachdenklichkeit zu sehen.

Ja, Karcher hatte recht. Dieser Papst ist wirklich ein Phänomen, weil er in die Herzen der Menschen schaut und sie anrührt.

Nach seiner kurzen Ansprache bat er die Organisatoren der Tagung und des Fußballspiels einzeln zu sich aufs Podium, was etwa eine halbe Stunde in Anspruch nahm.

Dann kamen seine »Freunde« an die Reihe, die zuvor namentlich genannt worden waren. Darunter auch ich mit meinem Mann! Wahnsinn, damit hatte ich im Traum nicht gerechnet und war aufgeregt wie ein Kind am ersten Schultag. Aber noch waren wir nicht an der Reihe.

Franziskus nahm sich viel Zeit für jeden Einzelnen, und ich erinnerte mich daran, was Alejandro Russo, der Rektor der Kathedrale von Buenos Aires, mir bei unserem Gespräch gesagt hatte: Bergoglio besitze die seltene Begabung, jedem das Gefühl zu geben, der wichtigste Mensch auf der Welt zu sein.

Je näher wir an die Treppe zum Podium heranrückten, desto heftiger klopfte mein Herz. Krampfhaft überlegte ich, was ich sagen könnte – was ich sagen wollte. Noch vier Wartende vor uns, dann noch drei, noch zwei ... Während Franziskus mit dem Paar vor uns sprach, schweifte sein Blick plötzlich zu mir, und er lächelte mich an. Ich war überwältigt, wie intensiv ein Augenkontakt sein kann.

»Eminenz, der liebe Gott wollte, dass wir uns erneut treffen, und ich danke ihm für diese Möglichkeit«, sagte ich, während er mich, eine gestandene Frau, mit liebevoller Milde ansah wie ein Vater seine Tochter. »Jetzt haben Sie alles für das Buch. Ich glaube, jetzt sind Sie damit fertig ...«

Ich kann nicht wiedergeben, wie bewegt ich von diesen Worten war. Und in diesem Moment schoss mir der Gedanke durch den Kopf: Ja, das war's. Diese letzte Begegnung, sie musste sein – sie war wie der Schlussstein, der einem Gebäude erst Stabilität verleiht. Ganz oben am Scheitelpunkt einer Konstruktion. Der krönende Abschluss.

Mit einem Mal empfand ich eine unbeschreibliche, tiefe Dankbarkeit.

Als ich Franziskus fragte, ob ich den Nichten Virna und María Inés etwas ausrichten sollte, überschattete Trauer sein Gesicht, und ich spürte, dass er wieder an den schrecklichen Unfall seines Neffen dachte.

Mit gesenktem Kopf nahm er meine Hände und sagte: »Mit Virna habe ich heute einige E-Mails geschrieben, sie erzählte mir, Emanuel erhole sich langsam und sie sei mit ihm schon zur Messe gegangen.« Danach umarmte er mich.

Eine sehr persönliche Geste, die ich zugleich als symbolischen Ausdruck zwischenmenschlichen und interreligiösen Austauschs begriff. Als Endpunkt einer Suche, die sechzehn Jahre zuvor, 1998, in der Catedral Metropolitana von Buenos Aires ihren Anfang genommen hatte. An jenem Tag, als ich bei einem Tedeum zum ersten Mal den neuen Erzbischof Jorge Mario Bergoglio persönlich sah und sprechen hörte und spontan den Eindruck gewann, keinen Kirchenfunktionär vor mir zu haben, sondern einen Menschen, der auch mir, der Jüdin, etwas geben konnte.

## Arrivederci, Roma

Einen Tag später flogen wir nach München zurück. »Endlich nach Hause«, sagte mein Mann. Ich schaute ihn an und überlegte erneut, wo ich zu Hause war. Überall und nirgendwo? Manchmal weiß ich es nicht.

In diesem Moment allerdings, als wir auf dem Flughafen Rom-Fiumicino saßen und auf das Boarding warteten, wanderten meine Gedanken spontan nach Buenos Aires. Dorthin, wo ich mich für diesen Mann Gottes zu interessieren begann, dessen Reden und Handeln mich neugierig machten und mich mehr und mehr für ihn einnahmen.

Was mich von Anfang an und bis zum heutigen Tag an ihm faszinierte und was mir imponierte, hatte weniger mit theologischen Positionsbestimmungen oder Glaubensfragen zu tun als vielmehr mit der alltäglichen politischen Realität.

In einem Land wie Argentinien, das die Korruption gewissermaßen als staatstragendes Prinzip duldet oder sie sogar dazu erhoben hat, stellte ein Mann wie Bergoglio eine Ausnahmeerscheinung dar. »In der Kirche ist Platz für Sünder, nicht für Korrupte«, sagte er einmal. Mit so eindeutigen Worten die Stimme zu erheben und sogar Ross und Reiter zu nennen, das war und ist nicht bequem und normalerweise auch der Karriere nicht gerade förderlich. Dass er es trotzdem tat, betrachte ich als Ausdruck von Zivilcourage.

Doch noch etwas anderes spielte für mein Interesse eine Rolle, und das hat mit meiner Herkunft zu tun. Als Kind deutscher Juden, die quasi in letzter Minute fliehen konnten, wurde ich natürlich zumindest indirekt vom jüdischen Trauma beeinflusst, wenngleich meine Eltern so gut wie nie über den Holocaust sprachen.

Vielleicht hat mich das seinerzeit dazu bewogen, mich mit Oskar und Emilie Schindler zu befassen, die so vielen Juden auf unkonventionelle Weise geholfen haben. Aber mich immer bloß der Vergangenheit zuwenden und mich mit Fragen von Schuld und Verbrechen beschäftigen, das wollte ich nicht. Ich glaube an die Möglichkeiten von Vergebung und Versöhnung und wünsche mir eine Zukunft, in der man sich über Trennendes hinweg die Hand reicht.

Das alles verkörperte für mich Bergoglio, der mit seinem Amtsvorgänger in Buenos Aires einen interreligiösen Dialog institutionalisiert hatte und der von den Juden als »unseren älteren Brüdern« zu sprechen pflegte.

Am Ende kam dieses Buch heraus, das vor allem durch Zeugnisse von Weggefährten, Freunden und Familienangehörigen Persönlichkeit und Wirkung eines außergewöhnlichen Menschen widerspiegeln will, den der Zufall oder die Vorsehung an die Spitze des katholischen »Weltimperiums« geführt hat.

Es ist der Mann, mit dem ich U-Bahn gefahren bin.

# Ein Papst zum Anfassen

*»Möge Gott euch vergeben, was ihr getan habt.«*
Franziskus zu den Kardinälen

Mittwoch, 13. März 2013. Es war Viertel nach acht Uhr abends, als von der Mittelloggia des Petersdoms verkündet wurde: *Habemus Papam!* Kurz darauf trat ein der breiten Öffentlichkeit bislang unbekannter Mann durch die Tür nach draußen. Jorge Mario Bergoglio, der Erzbischof von Buenos Aires.
»Brüder und Schwestern! Guten Abend«, begrüßte er die auf dem riesigen Petersplatz versammelte Menge. »Ihr wisst, es war die Aufgabe des Konklaves, Rom einen Bischof zu geben. Es scheint, meine Mitbrüder, die Kardinäle, sind fast bis ans Ende der Welt gegangen, um ihn zu holen …«
Dann bat er, statt wie seine Vorgänger als Erstes den Segen zu spenden, die Gläubigen darum, für ihn zu beten. »Ehe der Bischof das Volk segnet, bitte ich euch, den Herrn anzurufen, dass er mich segne: das Gebet des Volkes, das um den Segen für seinen Bischof bittet.«

## »Olé, olé, Francisco!«

Die Szene, wie er auf die Loggia trat in der schlichten weißen Soutane, wie er ganz familiär die Menschen auf dem Petersplatz begrüßte, das alles sah ich erst später im Fernsehen. Zunächst war dieser 13. März für mich ein ganz normaler Arbeitstag im argentinischen Herbst. Bei uns waren alle aus den Sommerferien zurück, die Schulen hatten wieder begonnen und desgleichen meine Vorlesungen für die künftigen argentinischen Diplomaten.

Ich war also mit völlig anderen Dingen beschäftigt und hatte daher das Konklave in Rom nur am Rande verfolgt. Es hatte für mich zudem keine Bedeutung, denn was würde sich für mich persönlich dadurch ändern? Nichts. Zwar verfolgte ich seit einiger Zeit die interreligiösen Aktivitäten und das soziale Engagement des Erzbischofs von Buenos Aires, aber das stand schließlich auf einem anderen Blatt.

Dass alles ganz anders kommen und der neue Papst meinen Kopf und meinen Geist, mein Herz und meine Seele bald in ungeahnter Weise beschäftigen würde – wie hätte ich das damals ahnen sollen? Als ich das Haus verließ, um mich ins Auswärtige Amt zu begeben, war alles noch normal. Keine ungewöhnlichen Vorkommnisse. Auch in den Nachrichten nur das Übliche. Krisen, Kriege, Katastrophen und wenig Erfreuliches über die maroden Staatsfinanzen. In den Unterrichtsräumen allerdings wurde schon über das Konklave gesprochen. Meine Studenten wirkten betrüblich unkonzentriert und tippten sogar während der Vorlesung auf ihren Smartphones herum, was ich zu diesem Zeitpunkt völlig unhöflich fand. Konklave hin oder her.

Was mich betraf, so interessierten Päpste mich weder, noch beeindruckten sie mich. Und der eine, dem ich begegnet war, Johannes Paul II., hatte diese Ansicht nicht zu revidieren vermocht. Ich hatte ihn erlebt, als ich Emilie Schindler im März 1995 nach Rom begleitete. Zu dem einen findet man eben eine Antenne, zu dem anderen nicht. Da stellen Päpste keine Ausnahme dar.

Das änderte sich schlagartig während einer Vorlesungspause.

Auf dem Weg zum Kaffeeautomaten hörte ich plötzlich lautes Geschrei von der Straße. Schon wieder eine Demo, dachte ich und verdrehte die Augen. In Buenos Aires sind Protestmärsche nämlich ein alltägliches Bild. Ich wollte mich bereits abwenden, als ich plötzlich realisierte, was da von draußen an mein Ohr drang: frenetischer Jubel und ein triumphaler Singsang wie nach dem Sieg in einem Fußballspiel. »Olé, olé, Francisco!«

Und dann kam ein Student auf mich zugerannt. »Wissen Sie, dass Bergoglio zum Papst gewählt worden ist?«, rief er aufgeregt. »Ein Argentinier. Wenn das kein Grund zum Feiern ist!«

Doch, das war es wirklich. Plötzlich machte sich auch in mir Euphorie breit, wenngleich nicht als überschwängliche Begeisterung, sondern als eine eher stille Freude. Trotzdem hielt mich nichts mehr im Ministerium. Ich ließ den Unterricht ausfallen und eilte los in Richtung Kathedrale, wo sich sicher halb Buenos Aires versammeln würde.

Und so war es in der Tat.

Menschenmengen drängten von allen Seiten auf den großen Platz, die Plaza de Mayo, und schrien weiterhin: »*Olé, olé, olé Francisco!*« Sie feierten wirklich, als ob Argentinien die Fußballweltmeisterschaft gewonnen hätte. Na schön, wenigstens *ein* erfreuliches Ereignis in diesem von Krisen und Korruption heimgesuchten Land, schoss es mir durch den Kopf.

Obwohl ein Unwetter drohte und es so schwül war, dass die Kleidung am Körper klebte, harrte ich in der Menge aus und bahnte mir schließlich sogar einen Weg in die Catedral Metropolitana, wo eine Messe stattfinden sollte.

Es war ein überwältigendes Erlebnis, und mir rannen Tränen über die Wangen. Erinnerungen stiegen auf an das Tedeum von 1998 und besonders an jene U-Bahn-Fahrt, als ich den Erzbischof von Buenos Aires nach seiner Einstellung zu den Juden gefragt hatte. Und dieser Mann war jetzt Oberhaupt der katholischen Christenheit. Welch ein denkwürdiger Tag.

Und obwohl das mit den Kardinälen, denen Gott verzeihen möge, natürlich ein Bonmot war, fand ich, dass die Herren Kardinäle eine sehr gute Wahl getroffen hatten.

Interessanterweise äußerte sich genauso ein Mann, den ich im Dezember 2014 anlässlich eines Abendessens traf, zu dem wir beide eingeladen waren. Ernesto Cardenal, nicaraguanischer Dichter und ehemals prominenter Befreiungstheologe. Wenngleich er sich damals deutlich politischer und revolutionärer positionierte als Bergoglio, hielt er die Papstwahl für einen absoluten Glücksgriff. »Es ist das Beste, was der katholischen Kirche geschehen konnte«, sagte er. »Die Kardinäle werden genau gewusst haben, warum sie ihn wählten… Es ist höchste Zeit für eine Reform in der Kirche.«

## Eine Wahlentscheidung mit Folgen

Den Papst vom anderen Ende der Welt würde man den ersten Lateinamerikaner auf dem Stuhl Petri bald nennen. Zwar war mit einem Nichteuropäer gerechnet worden, doch nicht mit ihm. Obwohl er im letzten Konklave in den ersten beiden Wahlgängen nur knapp hinter Joseph Ratzinger gelegen hatte, kam seine Wahl höchst überraschend.

Nicht zuletzt für ihn selbst.

Als er sich vor seiner Abreise telefonisch von seiner elf Jahre jüngeren Schwester María Elena verabschiedete, klang er nicht so, als rechne er damit, eventuell in Rom zu bleiben. »Wenn ich zurück bin, reden wir in Ruhe«, sagte er. Im Traum habe sie nicht daran gedacht, das nächste Mal mit einem Papst zu sprechen, erklärte sie einem Fernsehteam. Ähnlich erging es seinen Mitarbeitern im Erzbischöflichen Ordinariat, die ihren Chef in zehn Tagen etwa zurückerwarteten. Schließlich war der Flug Rom–Buenos Aires für den 23. März bereits gebucht. Gott habe ihn überrascht, sagte Bergoglio später.

Warum aber hatte ihn niemand auf der Rechnung? Dafür gab es mehrere Gründe.

Für diese Aufgabe sei er zu alt, fand er selbst. Immerhin plante er seit Längerem, in den Ruhestand zu treten, und jetzt sollte es bald so weit sein, dass er seine Ämter und die damit verbundenen Würden niederlegte. Der Rücktritt Benedikts habe ihn kalt erwischt, so Alejandro Russo, Rektor der Kathedrale von Buenos Aires. Geradezu entsetzt sei er gewesen, weil dadurch sämtliche Planungen durcheinandergerieten. »O mein Gott, was für eine Katastrophe«, soll Bergoglio ausgerufen haben.

Jetzt musste er also noch nach Rom zum Konklave, um den nächsten Papst zu wählen, was die Amtsübergabe in Buenos Aires zwangsläufig verzögern würde, ein paar Wochen mindestens. Und damit auch seinen Umzug aus der Wohnung hinter der Kathedrale in das Priesterheim, wo ein Zimmer bereits reserviert war. Dieser Aufschub beschäftigte ihn, nicht jedoch die Frage, ob er Argentinien je als normaler Bürger wiedersehen würde.

Wie hätte er auch ahnen sollen, dass seine Adresse künftig nicht die bescheidene Herberge für geistliche Ruheständler im Stadtteil Flores sein würde, sondern der Apostolische Palast im Vatikan? Nein, das war zu diesem Zeitpunkt in Bergoglios Lebensplan kein Thema.

Bekanntlich kam es anders. Statt seine Kirchenkarriere beschließen zu dürfen, ging es damit steil bergauf. Führte ihn auf den höchsten Gipfel dessen, was ein Mensch erreichen kann, und machte ihn zum Stellvertreter Christi auf Erden.

Riss ihn aus seinem vertrauten Leben, weg von seiner Familie, seiner Stadt, seinem Land. Nicht einfach für einen Menschen, der nicht einmal gerne reiste.

Noch aber ahnte er nichts davon, glaubte sich sicher fühlen zu können. Nicht allein sein fortgeschrittenes Alter schien ihn aus dem Kreis der Favoriten auszuscheiden. Es wurde zudem gemunkelt, dass die Kurienkardinäle ihn nicht schätzten. Wer wie er Pomp und Prunk ablehnte, daraus keinen Hehl machte und die Kirche zu mehr Bescheidenheit und Demut ermahnte und dabei gar von »sozialer Sünde« sprach, der machte sich nicht gerade Freunde unter jenen europäischen Eminenzen, deren Hofhaltung teilweise an die feudaler Fürsten erinnerte.

Trotzdem oder gerade deshalb wurde er am Ende gewählt. Zum einen war vermutlich die Zeit reif, den Eurozentrismus der Kirche durch einen Oberhirten von einem anderen Kontinent zu beenden, und zum anderen schien jemand vonnöten, der sich traute, die von Skandalen erschütterte Reputation und Glaubwürdigkeit des Vatikan energisch wiederherzustellen. Einer, der mit alldem nichts zu tun hatte, weil er nie zu jenen Kreisen gehörte, die damals unter Verdacht geraten waren. Ein Macher, der den Konflikt nicht scheute und gleichermaßen über Leitungskompetenz und Teamfähigkeit verfügte.

Da passte der Außenseiter aus Argentinien mit seiner jesuitischen Tradition als »Soldat Gottes« plötzlich gar nicht schlecht ins Anforderungsprofil.

Seine Kollegen von der Südhalbkugel schätzten ihn ohnehin und hoben seine herausragende Rolle bei der letzten Vollversammlung der lateinamerikanischen Bischöfe 2007 im brasilianischen Aparecida hervor. Verantwortlich für die Redaktion des Schlussdokuments, hatte er so geschickte Formulierungen gewählt, dass trotz der teilweise extrem konträren Positionen alle zustimmten. Brauchte man in Zeiten von Vatileaks nicht genau so jemanden in der kirchlichen Führungsetage?

Vor allem aber empfahl Bergoglio sich Informationen zufolge, die aus dem Kreis der Kardinäle herausdrangen, durch seine Rede beim Vorkonklave, in der er eine radikale Neubesinnung forderte. Die »Brüder Kardinäle«, wie er sie bewusst anredete, waren beeindruckt, und Bergoglio wurde papabile.

Entgegen sonstigen Gepflogenheiten gelangte die Rede an die Öffentlichkeit. Jaime Ortega, der Kardinal von Havanna, hatte Bergoglio gebeten, sie in seinem Diözesanblatt veröffentlichen zu dürfen. »Mach damit, was du willst«, soll er gesagt und dem kubanischen Kollegen drei handgeschriebene Blätter gegeben haben.

Als zentrales Anliegen nannte er in seinen eher kurzen, lediglich vier Punkte umfassenden Ausführungen die Evangelisierung. Sie allein sei der »Daseinsgrund der Kirche«. Diese Forderung nach einem Aus-sich-Herausgehen der Kirche kehrt bei Bergoglio in allen möglichen Varianten immer wieder. Auch dass sie sich an die »geografischen Ränder« sowie »an die Grenzen der menschlichen Existenz« begeben müsse.

Falls die Kirche das versäume, kreise sie um sich selbst und werde krank, fuhr er fort und brandmarkte ein solches Verhalten als »theologischen Narzissmus« und als Wurzel aller Missstände, die sich im Laufe der Zeit in den kirchlichen Institutionen eingeschlichen hätten.

Man habe die Wahl zwischen einer »verkündenden Kirche, die aus sich herausgeht«, und einer »mondänen Kirche, die in sich, von sich und für sich lebt«. Um zu veranschaulichen, was er damit meinte, drehte er das Gleichnis von Jesus, der an die Tür klopft, um hereingelassen zu werden, einfach um. Er denke an die vielen Male, »wenn Jesus von innen klopft, damit wir ihn herauskommen lassen«, sagte er. »Die egozentrische Kirche beansprucht Jesus für sich im Innern und lässt ihn nicht nach außen treten.« Deshalb müsse

der nächste Papst dazu anleiten, »an die existenziellen Enden der
Erde zu gehen«. Rückblickend gesehen ein programmatisches
Statement für sein eigenes Pontifikat.

## Bergoglios Kapriolen

Nach seiner Wahl, die er mit den Worten annahm: »Ich bin ein
großer Sünder und vertraue auf die Barmherzigkeit und Geduld
Gottes«, setzte er die Welt mit immer neuen Überraschungen in
Erstaunen. Ein ganz neuer Stil schien plötzlich im Vatikan Einzug
zu halten, der aller bisherigen Prachtentfaltung abschwor.
Schon der unprätentiöse Auftritt auf dem Balkon und das familiäre
»Buona sera« kündigten einen Paradigmenwechsel an. Ebenso die
Tatsache, dass sich der frisch gekürte Papst bescheiden als Bischof
von Rom vorstellte und nicht als neuer Oberhirte der katholischen
Christenheit.
Ein Heiliger Vater, dem nichts Menschliches fremd zu sein schien
und der gleich bei seinem ersten Auftritt gründlich zur Entmystifi-
zierung des Papsttums beitrug.
Besonders sinnfällig kam das durch seine Kleidung zum Ausdruck.
Die Kollektion der für diesen Anlass vorgesehenen Gewänder blieb
ungenutzt. Franziskus erschien in einer einfachen weißen Soutane
statt in der prachtvollen roten Mozzetta wie seine Vorgänger. Die
roten Papstschuhe lehnte er kategorisch ab und behielt seine alten
schwarzen Straßenschuhe an. Um den Hals trug er kein goldenes
Kreuz, sondern eines aus Eisen wie in seiner Zeit als Erzbischof.
Dabei hatte Zeremonienmeister Guido Marini offenbar nichts
unversucht gelassen, um ihn zum Anlegen der traditionellen Kleidungsstücke und sonstigen Insignien päpstlicher Macht zu bewegen. Vergeblich: Der ebenso bescheidene wie hartnäckige Mann
aus Buenos Aires setzte sich durch. Dass er allerdings den irritier-
ten Marini mit Sprüchen wie »Das können Sie sich selbst umhän-
gen« oder »Der Karneval ist zu Ende« brüskiert haben soll, dürfte
ins Reich der Legende gehören.
Das passt nicht zu Bergoglio. Zwar hat er in unserer gemeinsamen

Heimat immer Klartext geredet und aus seinem Herzen keine Mördergrube gemacht – doch dass er jemanden, der nur seine Pflicht tut, absichtsvoll kränkt, nein, das glaube ich nicht.

Verbürgt ist hingegen, dass er kurz vor der Einkleidungszeremonie, ebenfalls zum Leidwesen des Monsignore, den eigens für ihn in einer Kapelle aufgestellten Thron samt Schemel verschmähte und sich zum Beten in die letzte Bankreihe kniete.

Damit nicht genug.

Franziskus weigerte sich gleich am ersten Tag, in den Apostolischen Palast zu ziehen, und bestand darauf, weiterhin im Gästehaus Santa Marta zu wohnen, wo die Kardinäle vom ersten Tag eines Konklaves an zu logieren pflegen. Er stieg nicht einmal in die päpstliche Limousine, um sich dorthin zu begeben, sondern in den Shuttlebus für die Konklave-Kardinäle. Den brandneuen gepanzerten Mercedes verbannte er in die Garage und benutzt seitdem bei öffentlichen Auftritten eines der älteren Modelle.

Dass er sich gerne unters Volk mischt, ein Bad in der Menge nimmt und im offenen Wagen fährt, ist für die Sicherheitsbeamten des Vatikan ein Albtraum. Verständlich nach dem Attentat auf Johannes Paul II., bei dem der damalige Papst am 13. Mai 1981 schwer verletzt wurde. Während dieser allerdings fortan in gepanzerten Limousinen fuhr – was Benedikt XVI. nach ihm beibehielt –, lässt sich Franziskus, der sich immer und überall frei bewegt hat und selbst in den Slums von Buenos Aires keine Angst kannte, von derartigen Bedenken nicht einengen. Eine ebenso mutige wie risikoreiche Entscheidung.

Aber auch mit ungefährlichen Marotten stieß er die Traditionshüter von Anfang an vor den Kopf.

Begab er sich doch tatsächlich am Tag nach seiner Wahl höchstpersönlich in die Klerikerpension, wo er während seiner Romaufenthalte immer zu wohnen pflegte, also auch vor dem Beginn des eigentlichen Konklaves, um seine Sachen abzuholen und die Rechnung zu begleichen, als gäbe es nicht genug dienstbare Geister im päpstlichen Hofstaat, die für solche Sachen zuständig sind. Desgleichen fand und findet es manch einer befremdlich, dass Franziskus in seinem Domizil Santa Marta mit anderen Gästen die Mahlzeiten einzunehmen pflegt und mit dem Personal gelegentlich Andachten hält. Zumindest lassen das diverse Presseberichte vermuten. Und wenn er etwa in der vatikanischen Pfarrkirche die Messe liest, kann es passieren, dass er sich wie ein Gemeindepfarrer anschließend zu seinen Schäfchen gesellt und ihnen die Hände schüttelt.

Besonders eine Geschichte machte die Runde und fehlt in kaum einer Reportage über die Papstwahl. Dass er es sich nicht nehmen ließ, seinen Zeitungshändler in Buenos Aires anzurufen und sein Abonnement zu kündigen. »Hallo, Daniel, Kardinal Jorge hier«, soll er zu dem fassungslosen jungen Mann gesagt haben. »Im Ernst, Jorge aus Rom.«

Protokoll und die Organisatoren des päpstlichen Haushalts waren solche Eskapaden von den früheren Dienstherren nicht gewöhnt, und so mancher stille Seufzer soll in den ehrwürdigen Mauern zu hören gewesen sein. Dabei standen größere und tiefer greifende Überraschungen erst noch bevor.

## Fast ein Sakrileg

Es blieb nämlich keineswegs bei solch vergleichsweise belanglosen Äußerlichkeiten. Bereits ein paar Tage nach seiner Wahl zeigte Franziskus anlässlich des Osterfests, dass er dieses durchaus nicht in gewohnter Weise zu begehen gedachte.

Der Gründonnerstag wurde zum Schockerlebnis für Zeremoniäre und Glaubenshüter. Es ging um die traditionelle Fußwaschung, in der Kirche seit jeher ein Zeichen der Wertschätzung. So weit bestand Einmütigkeit, nicht jedoch hinsichtlich der Frage, wem der Papst sie erweisen sollte.

Da Jesus seinen Jüngern die Füße gewaschen hatte, galt es jahrhundertelang als logische Konsequenz, wenn die Päpste jeweils zwölf Kardinälen diesen Dienst erwiesen. Und wer auserwählt wurde, betrachtete das als große Ehre.

Später wurde in diesen erlauchten Kreis ebenfalls verdientes Fußvolk einbezogen. Selbstredend nur Katholiken, nur Männer, allesamt rechtschaffene, wohlanständige Mitglieder der allein selig machenden Kirche. Keine Frauen, keine Andersgläubigen und keine Häftlinge.

Und nun kam plötzlich dieser Papst vom anderen Ende der Welt daher und begab sich in ein römisches Jugendgefängnis, um dort die Füße von zwölf Insassen zu waschen. Und als wäre das nicht provokant genug, wählte er zudem zwei Frauen aus, die zu Allah beteten und den Propheten Mohammed verehrten. Weiblich, muslimisch, kriminell. Der Skandal war perfekt, und die Wellen der Empörung schlugen hoch. Im Vatikan wie unter den Traditionswächtern weltweit. Auch der Hinweis, er habe das bereits als Erzbischof in Buenos Aires so gehalten, vermochte die Gemüter nicht zu beruhigen.

Im Jahr darauf, jetzt kein »Berufsanfänger« mehr, zelebrierte er die Fußwaschung zwar nicht in einem Gefängnis, verletzte aber dennoch dem Verständnis vieler Traditionalisten zufolge fast sakrosankte Gepflogenheiten. Eine Initiative, bestehend aus Publizisten und Bloggern, hatte laut Bericht des Magazins *Katholisches.Info* Franziskus aufgefordert, die Gründonnerstagsmesse guter alter Sitte gemäß in seiner Bischofskirche, der Lateranbasilika, mit der Gemeinde zu feiern. Die Botschaft kam nicht an: Der Papst wählte eine Behinderteneinrichtung mit Insassen unterschiedlichen Glaubens, wusch die Füße und spendete das Abendmahl.

Auch an Moslems? Zumindest wurden derartige Spekulationen bereits im Vorfeld laut und bezogen sich auf die Zeremonie vom Gründonnerstag 2013 im römischen Jugendgefängnis. Weder der Gefängniskaplan noch das Presseamt des Vatikan hätten dementiert, ließen sich die Kritiker vernehmen.

Wie auch immer: Was weltweit ein überwiegend begeistertes Echo fand und als Umsetzung des franziskanischen Prinzips vom An-die-Peripherie-Gehen gelobt wurde, schmähte jene Gruppe konservativer Kritiker als puren Aktionismus. Man wird abwarten dürfen, ob sich daran ein ausgewachsener innerkirchlicher Richtungskampf vielleicht nicht um den rechten Glauben, jedoch um den rechten Ritus entzünden wird.

Gleich im ersten Jahr fand ein weiterer Bruch mit der Tradition statt. Die Gläubigen auf dem Petersplatz nahmen es ebenso mit Erstaunen wahr wie die Fernsehzuschauer und Radiohörer weltweit. Nachdem Franziskus seine Ansprache, in der es um die vielen Kriege weltweit gegangen war, mit einem Appell zum Frieden beendet hatte, sprach er die traditionellen Ostergrüße mit dem Segen »Urbi et Orbi«, der Stadt und dem Erdkreis. Auf Italienisch – und das war's.

Kein Deutsch, kein Englisch, kein Französisch. Auch kein Spanisch. Und schon gar keine andere der vielen Sprachvarianten, welche die früheren Päpste der Menge zugerufen hatten. Warum, das hat Monsignore Karcher mir sehr anschaulich geschildert.

*Am Ostersonntag ging ich zu ihm hinüber ins Gästehaus, und schon vor seiner Tür hörte ich ihn murmeln: »Buona Pasqua, Joyeuses Pâques, ¡Felices Pascuas!, Happy Easter, Frohe Ostern …« Ich dachte, er begrüßt bestimmt jemanden, vielleicht Verwandte aus Norditalien oder Bekannte von früher, aber als er mir die Tür öffnete, sah ich, dass er alleine war.*

*Was tat er? Er übte den Ostergruß in den verschiedenen Sprachen … Plötzlich drehte er sich zu mir um. »Warum muss ich überhaupt den Segen in Sprachen erteilen, die ich nicht verstehe und die ich schlecht ausspreche. So sollte man eigentlich keine Osterwünsche übermitteln. Ich werde nur Italienisch sprechen.« Als er mein verwundertes Gesicht sah, fügte er hinzu: »Ich bin schließlich der Bischof von Rom, und hier spricht man nun mal Italienisch. Jemand anders soll übersetzen, Ansager, Fernsehkommentatoren … Ich werde sowieso nie alle Sprachen der Welt beherrschen, es werden immer viele fehlen. Das ist für manche dann diskriminierend, und das will ich auf keinen Fall. Deshalb werde ich mich auf Italienisch beschränken.« Solche Gedanken sind ganz typisch für ihn. Es ging ihm darum zu zeigen, dass er alle gleich behandelte.*

Im Gegensatz zur Fußwaschung hat das Weglassen der fremdsprachigen Grüße übrigens kein empörtes Raunen ausgelöst. Vielleicht war es einfach verglichen damit eine Bagatelle.

# Alles so wie früher?

Was viele Gemüter im Vatikan erregte, war für Franziskus ganz selbstverständlich. Er wolle der bleiben, der er immer war, und in Rom genauso leben wie in Buenos Aires, schrieb er kurz nach seiner Amtseinführung an einen ehemaligen Studenten, und an dieser Einstellung hat sich bis heute nichts geändert – allen skeptischen Prognosen zum Trotz, Franziskus werde in nicht zu ferner Zukunft einknicken und sich den Zeremonienmeistern und Protokollchefs beugen. Und bislang deutet nichts darauf hin, dass dieser Tag kommen wird.

Der Student von früher, heute ein gestandener Priester, teilt diese Einschätzung, wie er mir bei unserem Gespräch versicherte, und bezog sich dabei auf das folgende Schreiben.

*Lieber Quique!*

*Heute erhielt ich Deinen Brief vom 1. Mai, über den ich mich sehr gefreut habe… Mir geht es gut, und dass ich meinen Frieden in Anbetracht einer völlig überraschenden Tatsache nicht verloren habe, ist, denke ich, ein Geschenk Gottes.*

*Ich versuche in der gleichen Weise zu denken und zu leben wie in Buenos Aires. Das in meinem Alter zu ändern, wäre sicher lächerlich. Ich will nicht im Apostolischen Palast wohnen, gehe nur zum Arbeiten und zu den Audienzen dorthin. Sonst lebe ich im Gästehaus Santa Marta… Jeder kann mich sehen, und ich führe ein normales Leben: öffentliche Messe am Morgen, ich esse zusammen mit den anderen und so weiter. Dadurch vermeide ich, dass ich mich isoliert fühle.*

*Quique, grüß Deine Gemeindemitglieder. Ich bitte Dich und alle anderen, für mich zu beten. Grüße an Carlos und Miguel. Mögen Jesus und die Heiligen Dich segnen.*

*Brüderlich, Franziskus*

*Vatikan, 15. Mai 2013*

Sich zu ändern wäre in seinem Alter lächerlich, schrieb er also an Pater Enrique Ossola, wie »Quiques« richtiger Name lautet. Nun ja, andere würden mit Mitte siebzig denken, dass es an der Zeit sei, den Haushalt nicht mehr selbst zu versorgen, wie er das in Buenos Aires in seinem bescheidenen Domizil getan hatte. Und die meisten würden es vermutlich auch vorziehen, ihre Füße im Dienstwagen zu schonen, statt zur U-Bahn-Station zu laufen.

Zwar hat er öffentliche Verkehrsmittel in Rom meines Wissens noch nicht benutzt, und Haushalt und Wäsche lässt man ihn kaum alleine erledigen, doch gewisse Freiheiten hat er sich offenbar bewahren können. Laut Aussagen von Guillermo Karcher organisiert Franziskus sein Leben nämlich nach wie vor weitgehend selbst.

Rubén Oscar Frassia: »Ist es nicht wunderbar,
dass in dem Papst Franziskus nach wie vor der alte
Pater Jorge steckt?«

Von seiner unveränderten Eigenständigkeit und ungebrochenen Eigenwilligkeit konnte sich kurz nach der Wahl ein Weggefährte aus alten Zeiten überzeugen. Rubén Oscar Frassia, der 1992 gemeinsam mit Bergoglio zum Weihbischof ernannt wurde, hielt sich zufällig während des Konklaves in Rom auf und wurde als erste argentinische Privatperson von dem neu gewählten Papst empfangen.

Wie diese Begegnung verlief und wie sehr sie ihn überraschte, erzählte Frassia mir ein Jahr später, als ich ihn in seiner Diözese Avellaneda-Lanús im Großraum Buenos Aires besuchte, wo er für fast eine Million Einwohner, fünfzig Pfarreien, hundert Kapellen und achtzig Priester zuständig ist, einschließlich mehrerer Elendssiedlungen.

Der Bischof, der vor vielen Jahren einmal mein Deutschschüler war und dem ich heute noch bei Übersetzungen vom Deutschen ins Spanische helfe, erzählte mir von seiner Bekanntschaft mit Bergoglio. Nein, direkt befreundet seien sie nicht gewesen, allerdings verbinde sie die Überzeugung, dass die Kirche an die Seite der Armen gehöre. Außerdem hätten sie als Weihbischöfe in der Erzdiözese oft zusammenarbeiten müssen. Dass er sich ausgerech-

*Ein Weggefährte des Papstes aus alten Zeiten: Bischof Rubén Oscar Frassia*

net 2013 während der Papstwahl in Rom aufgehalten habe, betrachte er als ein großes Glück.

*Da ich ohnehin in Rom war, besuchte ich natürlich auch eine der Messen, die vor Beginn des Konklaves gefeiert wurden. Da sprach ich das letzte Mal mit Bergoglio als Pater Jorge, wie er ja in Buenos Aires meist genannt wurde. Als ich zwei Tage später von seiner Wahl erfuhr, ließ ich alles stehen und liegen und eilte zum Petersplatz, wo sich bereits Tausende Menschen eingefunden hatten. Ein wahrhaft historischer Augenblick. Eine Frau sagte zu mir: »Il Papa è stato eletto, è un argentino. Si chiama Jorge, ma non ricordo più il suo cognome – Der Papst ist gewählt worden, er ist Argentinier. Er heißt Jorge, wie weiter, weiß ich nicht mehr.« Kurze Zeit später trat er schon heraus auf die Loggia und sagte »Buona sera«. Es war ein sehr bewegender, eindrucksvoller Moment, vor allem weil es sich um einen Argentinier handelte. Doch am meisten bedeutete* mir, dass die Wahl auf einen demütigen, bescheidenen Priester gefallen war – auf einen Mann aus einfachen Verhältnissen wie ich. Dass ich ihn zudem gut kannte, machte die Sache für mich natürlich noch schöner. An diesem Abend ging ich in eine Trattoria und brachte mit einem Glas Rotwein einen Toast auf meinen alten Kollegen aus.

Zurück in meinem Zimmer schrieb ich ihm einen kurzen Brief: »Lieber Heiliger Vater Franziskus, es ist eine große Freude für die Kirche, dass Sie zum Papst gewählt wurden. Hiermit versichere ich Sie meiner Treue. In tiefer Verbundenheit…« Unter meine Unterschrift setzte ich die Telefonnummer des Priesterheims, in dem ich logierte, und ließ das Schreiben am nächsten Morgen durch einen Bekannten in den Vatikan bringen.

Einen Tag später rief mich Franziskus an: »Frassia, herzlichen Dank für deine Zeilen… Willst du mich nicht im Gästehaus Santa Marta besuchen?«

Natürlich wollte ich. Wir verabredeten uns für den kommenden Samstag um siebzehn Uhr.

Zwei Feuerwehrmänner begleiteten mich nach oben in den zweiten Stock, was mich sehr wunderte. Feuerwehr? Was hatte die hier zu schaffen? Aber ich vergaß es, sobald ich Bergoglio in der Tür stehen sah. Er kam mir ein paar Schritte entgegen, umarmte mich, und ich bat ihn um seinen Segen. Dann führte er mich in sein Zimmer, das ganz schlicht eingerichtet war: Bett, Schreibtisch, Sessel, Stuhl, Kleiderschrank, nebenan ein Bad. Ich war etwas verlegen, weil ich nicht wusste, wie ich ihn ansprechen sollte, und fragte ihn einfach.

»Frassia«, antwortete er, »natürlich duzen wir uns weiterhin.« Er war wirklich wie früher.

Wir unterhielten uns eine knappe halbe Stunde über die gemeinsame Vergangenheit und verbindende Erlebnisse sowie über die gewaltige Aufgabe, die auf ihn als Oberhaupt der katholischen Kirche zukommen würde. Das ließ sich mit nichts vergleichen, was er an Erfahrungen gesammelt hatte, und mit meinen schon gar nicht. Plötzlich unterbrach er unser ernstes Gespräch. »Weißt du, was mir heute passiert ist? Ich musste kurz aus dem Zimmer und ver-

*gaß, die Schlüsselkarte mitzunehmen. Die Tür fiel hinter mir zu, und ich war ausgesperrt. Da es keine zweite Karte gab, blieb mir nichts anderes übrig, als die Feuerwehr zu rufen, damit sie die Tür öffnete. Auch das gehört zu den Aufgaben eines Papstes«, sagte er und lachte. Und ich wusste endlich, was es mit den Feuerwehrleuten unten in der Lobby auf sich hatte.*

*Als wir uns verabschiedeten, begleitete er mich bis zum Lift und umarmte mich erneut. Auf der Straße dachte ich über unser Treffen nach. Ist es nicht wunderbar, dass in dem Papst Franziskus nach wie vor der alte Pater Jorge steckt?*

## Sergio und die Amtseinführung

Kaum waren die ersten Kapriolen des neuen Oberhirten verdaut, folgten die nächsten, und auch sie waren wieder typisch Pater Jorge. Nachdem der unerwartete Wahlausgang ganz Buenos Aires in einen Freudentaumel versetzt hatte, wandte Franziskus sich an die Argentinier mit der Bitte, trotz aller Begeisterung nicht zu seiner Amtseinführung zu kommen, sondern das Geld lieber für die Armen zu spenden.

Das sei eben sein Stil, kommentierte Vatikansprecher Federico Lombardi das ungewöhnliche Ansinnen, das übrigens ebenfalls für Franziskus' Familie galt. Schwester María Elena jedenfalls wunderte es nicht. Sie war ohnehin davon überzeugt, dass er sich als Papst nicht verändern würde.

Natürlich ließen es sich einige trotzdem nicht nehmen, ins ferne Rom zu reisen. Einer von ihnen war José María del Corral, mit dem Bergoglio in Argentinien ein inzwischen weltweit operierendes schulisches Netzwerk zur Verbesserung der Bildungschancen sowie zur Förderung der sozialen Integration und des Friedens begründet hatte – und bei dem zweiten handelte es sich um Sergio, einen *cartonero* aus Buenos Aires. Er gehört zum Heer der Altpapiersammler, die abends und nachts durch die Straßen und Parks der Hauptstadt streifen, um sich den kargen Lebensunterhalt zu verdienen. Enrique Palmeyro, Kodirektor der Scholas Occurrentes und gewerkschaftlich organisiert, machte den Papiersammler mit del Corral bekannt, und mit vereinten Kräften gelang es sogar, ihn in der Regierungsmaschine zur Amtseinführung fliegen zu lassen. Mit Präsidentin Cristina Fernández de Kirchner!

Da saßen Sergio und del Corral nun inmitten der erlauchten Gästeschar, wo sie schon optisch auffielen, denn beide trugen Arbeitskleidung. Der eine die der *cartoneros*, der andere die des Lehrers. Manch einer mag sich da gewundert haben, vor allem über ihre Vorzugsplätze in der ersten Reihe. Wieso sie überhaupt dort waren und wie sie aufgenommen wurden, das hat mir del Corral bei einem Gespräch in Buenos Aires anschaulich erzählt. Es ist eine sehr hübsche Geschichte.

## José María del Corral: »Der Papst ist die Revolution.«

*Am 13. März 2013, dem Tag der Papstwahl, war ich gerade in einer Sitzung, als einer der Teilnehmer per SMS vom Ausgang des Konklaves erfuhr. Die Nachricht schlug wie eine Bombe ein. Auch später im Bus traf ich aufgeregte, übermütige Leute. Ich hingegen konnte die Tränen kaum unterdrücken. Irgendwie hatte ich das Gefühl, dass etwas ganz Einschneidendes passiert war. Für mich und die ganze Welt.*

*Zu Hause fragte meine Frau mich als Erstes, ob ich nach Rom zur Amtseinführung reisen wolle. Welch eine Frage! Natürlich würde ich das tun und buchte gleich den Flug und ein Hotel in unmittelbarer Nähe des Petersplatzes.*

*Freunde und Bekannte rieten mir ab: Ich würde bloß Geld für nichts und wieder nichts ausgeben, denn eine Audienz könne ich mir aus dem Kopf schlagen. Nicht einmal von Nahem würde ich ihn sehen. Besser sei es, ein paar Wochen zu warten, bis sich der größte Rummel gelegt habe.*

*Stur wie ich bin, schlug ich alle Warnungen in den Wind und nahm stattdessen Kontakt mit Guillermo Karcher auf, der seit Jahren zum päpstlichen Stab gehört und den ich von früher, aus meiner Zeit im Priesterseminar, kenne. Er versprach mir nichts. Auch bei unserem Treffen in Rom machte er mir keine großen Hoffnun-*

*19. März 2013 – die Amtseinführung von Papst Franziskus mit José María del Corral (im weißen Lehrerkittel) und dem cartonero Sergio in der ersten Reihe*

gen. »Schau, ich kann dir wirklich nicht helfen. Entweder wird er von der Schweizergarde abgeschottet, oder er hat Termine mit wichtigen Leuten aus der ganzen Welt ... Ich könnte dich bloß ins Gästehaus Santa Marta lotsen – für den Rest wärst zu selbst zuständig. Entweder du hast Glück oder Pech.«

Na schön, dachte ich, und verabredete mich mit Karcher an der Porta Sant'Anna. Unterwegs kaufte ich mir noch schnell ein T-Shirt mit dem Bild des Papstes und der Unterschrift »Ich bin der Papst vom anderen Ende der Welt« und zog es in dem Geschäft gleich an, bevor ich mich zu dem Treffen mit Karcher aufmachte. Er hatte es eilig, denn er musste gleich Cristina Kirchner in Empfang nehmen. Als ich sah, wie Mitglieder der Schweizergarde im Gästehaus auf mich zusteuerten, fürchtete ich schon, das sei der Anfang vom Ende meiner kühnen Träume. Aber genau in diesem Moment öffnete sich die Tür des Aufzugs, und heraus trat Papst Franziskus höchstpersönlich. Seine Heiligkeit oder vielmehr mein väterlicher

Freund Bergoglio. Er stutzte nur für den Bruchteil einer Sekunde, kam dann aber sogleich auf mich zu und umarmte mich.

Worte erübrigten sich in diesem Moment. Der Augenblick der Rührung war jedoch vorüber, als ich mein Hemd aufknöpfte, ihm grinsend das T-Shirt mit seinem Konterfei zeigte und zwei Priester in der Nähe peinlich berührt die Hände vor die Augen hielten.

Anschließend zog er mich in einen kleinen Raum, in dem wir ungestört waren, und fiel erst mal in der für ihn typischen Art über mich her: »Bist du verrückt geworden? Gibst so viel Geld aus – das kannst du dir eigentlich gar nicht leisten.«

Natürlich freute er sich trotzdem, und so berichtete ich ihm gleich die nächste Überraschung. »Du rätst nicht, wen ich mitgebracht habe«, sagte ich. »Sergio, den Papiersammler. Ich wusste, dass du das gut finden würdest.« So war es auch. Immerhin hatte Bergoglio in Buenos Aires speziell für die cartoneros Messen abgehalten. Jetzt rief er Guillermo Karcher an und sagte: »Ich will, dass José María und Sergio während des Festgottesdienstes neben mir sitzen.«

Zunächst konnte ich das nicht glauben, aber dann saßen wir beide wirklich vor allen anderen, den Kardinälen wie den gekrönten Häuptern und Staatspräsidenten, die alle nach Rom gereist waren. Vor Cristina Kirchner beispielsweise und der holländischen Königin Maxima, die ja ebenfalls Argentinierin ist.

Ich hatte mir zu diesem Anlass den weißen Kittel angezogen – Sie wissen schon, den in unserem Land Lehrer wie Schüler tragen. Doch während er zu Hause dazu dient, gesellschaftliche Unterschiede zu verwischen, wurden genau diese hier durch unsere Aufmachung hervorgehoben.

Die Kameraleute vom italienischen Fernsehsender RAI haben sich bestimmt gewundert, warum neben dem Papst zwei arme Schlucker saßen. Oder auch nicht, denn inzwischen wusste man ja bereits von seinen verrückten Einfällen. Als ich nach der Einführungszeremonie allerdings von Journalisten gefragt wurde, ob der Papst ein Konzil einberufen werde und ob es Veränderungen geben würde, konnte ich es mir nicht verkneifen, die Leute völlig zu verwirren. »Der Papst ist die Revolution«, gab ich zur Antwort.

*Und obwohl ich mir damals einen Spaß mit ihnen machen wollte,
steckt doch eine gehörige Portion Wahrheit in diesen Worten.
Gerade von heute aus gesehen, nach einem Jahr im Amt. Man
muss sich nur seinen Lebensstil anschauen, der im Vatikan so
allerlei auf den Kopf gestellt hat, oder daran denken, wie er mit der
Mafia umgeht.*
*Jedenfalls war ich dankbar und glücklich, dass ich mich nicht von
meiner Romreise hatte abhalten lassen.*

Nicht im Traum hätte er es sich einfallen lassen, fügte del Corral
noch hinzu, dass er seinen Freund Bergoglio ein paar Monate später erneut wiedersehen würde. Aber davon später mehr.

## Ein Glücksfall der Geschichte

»*Miserando atque eligendo*«, durch Erbarmen erwählt, hat
Franziskus gelegentlich gesagt und damit zugleich das Wissen um
seine hohe Verantwortung zum Ausdruck gebracht, die gemäß
jesuitischer Tradition Dienst bedeutet.
Del Corral hat sicher nicht ganz unrecht mit seiner Ansicht, dass in
diesem Papst eine Menge revolutionäres Potenzial steckt, auch
wenn er in anderer Hinsicht eher wertkonservativ und traditions-
gebunden ist.
Doch macht ihn nicht gerade das menschlich? Ist das nicht das
Geheimnis seiner Volksnähe? Der Grund für die überwältigende
Sympathie, die ihm weltweit entgegengebracht wird? Menschen
sind widersprüchlich, irren, machen Fehler – aber Menschen sind
zugleich fähig zu lernen, sich zu ändern und zu bessern. Könnte es
nicht diese menschliche Begrenztheit sein, auf die Franziskus
anspielte, als er, von Journalisten zu dem strittigen Thema Homosexualität befragt, antwortete: »Wer bin ich, um das zu beurteilen?«
Eine Einstellung, die Lichtjahre entfernt zu sein scheint von jenen
gar nicht allzu lang zurückliegenden Zeiten, als man den Päpsten
noch Unfehlbarkeit attestierte. Und die vielleicht dazu beigetragen
hat, wenn trotz mancher kritischer Stimmen nach wie vor der

Tenor überwiegt, dass dieser Papst eine Sternstunde für die Menschheit darstellt.

Ein Geschenk in einer Zeit, in der sämtliche Werte zunehmend an Bedeutung verlieren – in der alles zum flüchtigen Hauch wird und nichts Bestand hat. In der es kaum noch Vorbilder gibt, weder im politisch-gesellschaftlichen Raum noch im privaten Bereich der Familie, und in der es an moralischen Autoritäten fehlt, die diese Bezeichnung wirklich verdienen.

Und für mich persönlich wie für viele meiner Landsleute verkörpert dieser Papst von meinem Ende der Welt, der trotz seiner herausgehobenen Stellung der offenherzige, warmherzige und barmherzige Jorge Mario Bergoglio geblieben ist, das Symbol eines besseren Argentinien.

# Die Namenswahl:
# Zeichen, Versprechen, Programm

*»Tu zuerst das Notwendige, dann das Mögliche,*
*und plotzlich schaffst du das Unmögliche.«*
Franz von Assisi

Jetzt also ein Franziskus. Kein Franziskus I., einfach Franziskus, so als würde es keinen zweiten mehr geben. In der Tat verwunderte der Name, den der Erzbischof von Buenos Aires sich da ausgesucht hatte, fast so sehr wie die Tatsache seiner Wahl selbst.

Immerhin war in der langen Geschichte der Päpste außer Benedikt noch kein Ordensgründer als Namenspatron bemüht worden. Einen Dominikus sucht man in der Liste der Nachfolger Petri ebenso vergeblich wie einen Augustinus oder einen Ignatius.

Jetzt durchbrach ausgerechnet ein Jesuit diese Regel, die erste von vielen – und alle Welt fragte sich, warum sich ein »Soldat Gottes«, ein Mitglied der Gesellschaft Jesu, dieser intellektuellen Speerspitze des Katholizismus, ausgerechnet nach einem Bettelmönch nannte. Wäre Ignatius von Loyola für ihn als Vorbild nicht passender gewesen als der Heilige aus Assisi?

## Nomen est omen

In einer Pressekonferenz legte der neue Pontifex maximus später seine Gründe für diese Entscheidung dar und berichtete zudem launig über nicht ganz ernst zu nehmende Namensdiskussionen im Kardinalsgremium, die man dieser seriösen Altherrenriege gar nicht zutrauen würde.

Einer der Kardinäle sagte: »Du müsstest dich Hadrian nennen. Hadrian VI. war der Reformer, und es braucht Reformen.« »Nein, nein, nein«, wandte ein anderer ein, »dein Name müsste Clemens sein.« Warum das, wollte Bergoglio wissen. »Clemens XV. Dann rächst du dich an Clemens XIV., der den Jesuitenorden aufgehoben hat.«

Alles Scherze, versicherte Franziskus. Die Entscheidung sei ganz anders gefallen.

Der Anstoß dazu kam von Claudío Kardinal Hummes, dem früheren Erzbischof von São Paulo, der seinen argentinischen Freund und langjährigen Mitstreiter nach der Stimmauszählung umarmte und sagte: »Vergiss die Armen nicht!« Dieses Wort sei ihm nicht mehr aus dem Kopf gegangen. »Die Armen, die Armen.« Da sei ihm Franz von Assisi eingefallen, der sich für ein Leben in Armut entschieden hatte. Auch habe er an die vielen Kriege in der Welt gedacht, und der Heilige sei schließlich ein Mann des Friedens gewesen. »So ist mir der Name ins Herz gedrungen. Franz von Assisi!« Am Ende fügte er hinzu: »Ach, wie sehr möchte ich eine arme Kirche für die Armen.«

Es war eine bewusste und trotz der Kürze der Zeit wohldurchdachte Entscheidung, denn »Franziskus« steht für eine Denkweise, für eine Lebenshaltung und kündigt darüber hinaus ein Programm an. Eine Rückkehr zu Armut, Demut, Bescheidenheit und tätiger Nächstenliebe. Eine Besinnung auf das Wesentliche. Ganz im Sinne einer armen Kirche für die Armen.


## Der Heilige und seine Minderbrüder


Viele Zeitgenossen haben Franz von Assisi, der den Vögeln predigte, verspottet. Die Nachwelt hingegen hat seine Handlungsmaximen zu schätzen gelernt, und über alle Wechselfälle der Geschichte hinweg scheinen sie ihre universale Geltung zu behalten.

Wie das vorangestellte Zitat über das Notwendige, das Mögliche und das Unmögliche. Als ich es entdeckte, dachte ich, dass es auch von Bergoglio selbst stammen könnte – man muss nur an seine mühsame Aufbauarbeit in den Elendssiedlungen von Buenos Aires denken.

Oder das Wort des Heiligen: »Der Weg zu Gott kann niemals am Menschen vorbeiführen.« Kommt darin nicht das Gleiche zum Ausdruck wie in Bergoglios Rede beim Vorkonklave, in der er die Forderung aufstellte, die Kirche müsse aus sich herausgehen und sich den Menschen zuwenden?

So betrachtet, hätte es kaum einen passenderen Namen geben können.

Der Mann, dessen Wirken Bergoglio mit seiner Namenswahl ehrte, wurde um 1181/82 als Giovanni Battista Bernardone in der umbrischen Stadt Assisi geboren. Wie er zu seinem Rufnamen Francesco, »kleiner Franzose«, kam, darüber streiten sich die Geister. Die meisten Historiker gehen davon aus, dass sein Vater, ein wohlhabender Tuchhändler, ihn gewissermaßen von einer Geschäftsreise aus Frankreich mitgebracht hatte, sozusagen als Referenz an dieses Land. Andere wollen wissen, dass die Mutter aus niederem französischem Adel stammte. Wie auch immer sorgte dieser Kosename dafür, dass es heute einen Franz und nicht etwa einen Johann von Assisi gibt.

Zunächst, heißt es, genoss der junge Bernardone in vollen Zügen allen Luxus und alle Annehmlichkeiten, die man sich mit Geld kaufen konnte, und erhielt zudem eine gute Schulbildung. Allerdings träumte er weder vom Beruf des Kaufmanns noch von wissenschaftlichen Meriten oder gar einer geistlichen Berufung – nein, Francesco wollte Ritter werden und mit Streitross, Rüstung und Schwert in den Krieg ziehen.

Damals mussten sich die weitgehend autonomen italienischen Städte für eine der politischen Gruppen entscheiden, die um die Macht in Italien kämpften: für die Ghibellinen oder die Guelfen, also für die Parteigänger der Stauferkaiser oder für die Anhänger des Papstes.

Assisi stand auf Seiten des Kaisers, und als 1202 ein Waffengang mit dem benachbarten Perugia ausbrach, das der päpstlichen Partei angehörte, war Francesco dabei. Doch anstatt ihm militärischen Ruhm einzubringen, erschütterte der Krieg sein Leben in den Grundfesten und wurde zum Wendepunkt.

Anschließend war nichts mehr wie zuvor. Francesco entfernte sich immer weiter von seinen Freunden und deren oberflächlichen Vergnügungen und entsagte einige Jahre später endgültig allen irdischen Gütern, um fortan in äußerster Armut zu leben.

Aus dem jungen Mann, der so gerne ein richtiger Ritter geworden wäre, wurde ein Wanderprediger, schließlich ein Ordensgründer.

1209 zog er mit zwölf Gleichgesinnten, was wohl an die Zahl der Jünger Jesu erinnern sollte, nach Rom und erbat von Papst Innozenz III. die Anerkennung der kleinen Gemeinschaft. Damals ein schwieriges Unterfangen, weil in Zeiten der Ketzerkriege derlei Anträge schnell unter Häresieverdacht gerieten.

Zumal wenn Armutsbewegungen dahintersteckten, denn die Kirche hielt es lieber mit den Mächtigen.

Offenbar taktierte Franz von Assisi jedoch recht geschickt und hatte zudem einflussreiche Fürsprecher bei der Kurie – jedenfalls erreichte er wider Erwarten eine Anerkennung seiner Gemeinschaft der »Minderbrüder« und bekam die Erlaubnis, nach den von ihnen aufgestellten Regeln der Armut zu leben.

Es war die Geburtsstunde der Franziskaner.


## Vom Gestern zum Heute

Obwohl Bergoglio nie in Erwägung zog, sich diesem Orden anzuschließen, lassen sich die Prinzipien, denen sich die Nachfolger des heiligen Franziskus von Assisi verpflichtet fühlen, auch im Lebensentwurf des Jesuiten Bergoglio wiederfinden.

Dazu gehört neben Erbarmen, Brüderlichkeit und Friedfertigkeit vor allem das Unterwegssein, die Wanderschaft. Zu den Menschen zu gehen, das ist für Bergoglio von jeher wichtig gewesen. Für ihn waren es die Slums von Buenos Aires, denen seine Fürsorge galt, und er scharte junge, gleichgesinnte Priester um sich, die dort

Gemeinden aufbauten und unter den Ärmsten der Armen Basis-
seelsorge und Sozialarbeit leisteten.

Im Rahmen einer Interviewreihe mit den Journalisten Sergio
Rubin und Francesca Ambrogetti, die 2010 unter dem Titel *El
Jesuita* als Buch erschien, hat er zur Frage nach den Aufgaben der
Kirche vorrangig die Seelsorge genannt, das Unterwegssein. Das
lag und liegt ihm am Herzen. Wichtigste Option müsse es sein,
»sich auf die Straßen zu begeben und die Menschen aufzusuchen,
sie persönlich kennenzulernen«.

Doch noch etwas anderes verbindet den alten und den neuen
Franziskus, und das ist der Respekt vor Andersgläubigen sowie der
Wunsch, Menschen verschiedener Religionen und Kulturkreise
einander näherzubringen.

So schloss sich Franz von Assisi 1219 mit zugegeben missiona-
rischer Absicht einem Kreuzfahrerheer an, um endlich das Heilige
Land zu sehen, und predigte auch vor dem Sultan Melek al-Kamel.

Sein Ziel, den orientalischen Potentaten zum Christentum zu
bekehren, erreichte er zwar nicht – dennoch entstand zwischen
den beiden ungleichen Männern offenbar so etwas wie verständ-
nisvolle Toleranz.

Der prachtliebende Muslim zeigte sich von dem Bettelmönch dermaßen beeindruckt, dass er den Ordensbrüdern erlaubte, sich in seinem Herrschaftsbereich niederzulassen, wo sie bis heute tätig sind.

Der Christ im Büßergewand wiederum fand Gefallen an den
Gebetsrufen der Muezzins und bemühte sich nach seiner Rückkehr, diese Sitte in abgeänderter Form in seiner Heimat einzufüh-
ren. Mit diesem Vorschlag trat er nicht nur an die Kustoden seines
Ordens heran, sondern desgleichen an weltliche Herrscher.

»So bereitet doch dem Herrn unter den euch anvertrauten Völkern
so große Ehre, dass an jedem Abend durch einen Herold oder
durch irgendein Zeichen angesagt wird, das ganze Volk bringe
Gott, dem allmächtigen Herrn, Lobpreis und Dank dar«, heißt es
in seinem *Brief an die Lenker der Völker*.

Er selbst erlebte die Umsetzung nicht mehr. Aber sie fand statt und
wirkt bis heute nach, denn das Angelusläuten, das dreimal am Tag
zum Gebet ruft, ist nichts anderes als eine Variante der Muezzin-

rufe, die vor achthundert Jahren den Gründervater der Franziskaner inspirierten.

Und der moderne Franziskus?

Wie sehr gerade ihm die Verständigung unter den Religionen, Kirchen und Völkern am Herzen liegt, hat er unlängst erst durch seine symbolträchtige Reise ins Heilige Land aller Welt vor Augen geführt. Anders als sein mittelalterlicher Namenspatron hatte er dabei allerdings nichts mit Missionierung und Bekehrung im Sinn. Ihm ging es darum, Verständnis zu wecken, nach Gemeinsamkeiten zu suchen und eine Basis für ein friedliches Miteinander zu schaffen.

Schon früh regte er in seiner Heimat einen interreligiösen Dialog an, der sich besonders intensiv mit der jüdischen Gemeinde gestaltete, pflegte jedoch ebenfalls Kontakte zu Muslimen und Evangelikalen, die in Lateinamerika in den letzten Jahren zunehmend an Einfluss gewonnen haben.

Berührungsängste kannte er nicht, und wenn selbst ernannte Rechtgläubige sich über ein Foto ereiferten, auf dem ein evangelikaler Pastor dem katholischen Erzbischof segnend die Hand auf den Kopf legte, so focht ihn das nicht an.

Daran hat sich nichts geändert. Nach wie vor betrachtet Franziskus es als seinen Auftrag und seine Pflicht, zu vermitteln und zu versöhnen gerade angesichts zunehmender Spannungen zwischen der christlichen und der muslimischen Welt. Wie sehr ihn dieses Thema umtreibt, wurde kurz nach seiner Amtseinführung deutlich bei einer Audienz für die beim Vatikan akkreditierten Diplomaten aus aller Herren Länder.

»Man kann keine Brücken zwischen den Menschen bauen, wenn man Gott vergisst«, sagte er. »Doch es gilt auch das Gegenteil: Man kann keine wahre Verbindung zu Gott haben, wenn man die anderen ignoriert. Darum ist es wichtig, den Dialog zwischen den verschiedenen Religionen zu verstärken – ich denke besonders an den Islam –, und ich habe die Anwesenheit vieler ziviler und religiöser Autoritäten der islamischen Welt bei der Messe zu meiner Amtseinführung sehr geschätzt.«

Der Dialog sei wichtig, fügte er hinzu, »damit niemals die Unterschiede überhandnehmen, sondern bei aller Verschiedenheit der Wunsch überwiegt, wahre Bindungen der Freundschaft zwischen allen Völkern aufzubauen«.

Sich für dieses Ziel einzusetzen, das hat er gewissermaßen neben seiner Fürsorge für die Armen, Entrechteten und gesellschaftlich Ausgestoßenen zu seinem Programm gemacht.

Ein nicht geringer Anspruch für den Nachfolger des Mannes aus Assisi.

## Santiago de Estrada: »Er wird in der Geschichte Spuren hinterlassen.«

Dass dieser Papst es schafft, in die Fußstapfen seines Namenspatrons zu treten, davon ist auf jeden Fall ein Weggefährte überzeugt, mit dem ich mich lange über Bergoglio, über seine Verdienste ebenso wie über seine Perspektiven, unterhalten habe.

Santiago de Estrada, bekennender Katholik, ehemaliger Botschafter beim Vatikan und Sozialminister in verschiedenen argentinischen Kabinetten, ist ein integrer und jeglicher Korruption völlig unverdächtiger Politiker und damit eine Ausnahmeerscheinung in Lateinamerika. Natürlich, denn sonst hätte Bergoglio sich kaum mit ihm angefreundet.

Ich besuchte de Estrada, seit vielen Jahren Mitarbeiter von Mauricio Macri, dem langjährigen Bürgermeister von Buenos Aires und einem einflussreichen Politiker der Konservativen, in seinem Büro im Stadtzentrum von Buenos Aires. Ohne Umschweife begann er zu erzählen.

*Kein Zweifel, dass er als Papst eine bemerkenswerte Persönlichkeit ist. In einem italienischen Zeitungsartikel, in dem es um die Frage ging, ob Franziskus nun fortschrittlich sei oder nicht, stand etwas, das mir sehr gefallen hat. Er werde, hieß es dort, der Tradition der großen Heiligen folgen. Männern wie Don Bosco, die gehandelt haben, ohne Aufheben zu machen, und die auf leise Art eine wahre soziale Revolution bewirkt hätten …*

*Und Bergoglio ähnelt ihnen fraglos in vieler Hinsicht. Auch von ihm sind wichtige Veränderungen zu erwarten. Ich kann nur unterstreichen, was die spanische Zeitung »El País« geschrieben hat: »Wenn dieser Mann so weitermacht wie bisher, wird er den religiösen Bereich transzendieren und zu einer moralischen Instanz werden wie Nelson Mandela, Martin Luther King und Mahatma Gandhi.«*

*Schon seine Predigten und Homilien, in denen er sich als Erzbischof für die Armen und Ausgestoßenen einsetzte, lassen die Zielrichtung erkennen, die er auch als Papst verfolgt. Er lehnte immer eine Kirche ab, die sich gegen die Menschen abschließt und ihnen nur Regeln auferlegt. Stattdessen redet er einer offenen, barmherzigen Kirche das Wort, die Angebote macht.*

*Natürlich wird es nicht immer leicht für ihn sein. Ich war fünf Jahre als Botschafter beim Vatikan und weiß, dass die römische Kurie sich gerne abschottet gegenüber Personen, die von außen kommen, die nicht zum inneren Zirkel gehören. Und Bergoglio war nie ein Mann der Kurie. Während die meisten Kardinäle zumindest in Rom studiert haben und dadurch mit dem Vatikan in Berührung kamen, ist er nur in die Ewige Stadt gereist, wenn es unbedingt sein musste.*

*Aber er ist sehr klug und versteht zu führen, ohne Zwang auszuüben. Hinzu kommt eines, das von ungeheurem Vorteil ist: Er verfügt über eine außergewöhnliche Begabung und hat keine Angst.*

Das, meinte de Estrada, werde ihm mit Sicherheit helfen, sich in Rom zu behaupten. Obwohl er es nicht dezidiert sagte, hieß das wohl: zur Not auch gegen die Kurie. Ansätze gibt es bereits genug. Und sein alter Freund traut ihm in dieser Hinsicht offenbar eine Menge zu.

*So wie ich Bergoglio kennengelernt habe, erreicht er in der Regel, was er will. Dabei geht er keinesfalls autoritär vor, sondern versucht zunächst, einen Konsens zu erreichen. Da ist er ausgesprochen geschickt und agiert taktisch klug. So hat er es früher in Buenos Aires gemacht, und so macht er es jetzt in Rom.*

*Er bildet Kommissionen, die sich mit diesem oder jenem befassen, aber er ahnt voraus, was sie ihm vorschlagen werden. Das bezieht er in seine Überlegungen ein und kann dann die Entscheidungen in der Gewissheit treffen, dass die anderen zustimmen werden. Was wie ein gemeinsamer Entschluss aussieht, ist im Grunde allein seine Idee.*

Im Gegensatz zu den meisten meiner Interviewpartner glaubt de Estrada im Übrigen nicht, dass sein Freund Bergoglio ganz unbedarft zum Konklave gereist und dann aus allen Wolken gefallen sei. Er habe um diese Möglichkeit gewusst oder hätte es zumindest wissen müssen. Nicht dass er sich danach drängte, gewählt zu werden, das nicht, doch für einen Außenseiter habe er persönlich ihn ganz und gar nicht gehalten.

Dafür sei Bergoglio zu oft positiv aufgefallen. Etwa bei der Bischofssynode von 2001, bei der er als Vertreter des Erzbischofs von New York, der wegen des Anschlags auf das World Trade Center seine Teilnahme absagen musste, die Koordinierung der Debatten übernahm und bei dieser Gelegenheit zum ersten Mal aus der Anonymität heraustrat. Dann das Konklave von 2005, als er zunächst fast so viele Stimmen wie Ratzinger erhielt und vielleicht nur deshalb nicht gewählt wurde, weil er ausdrücklich darum bat, nicht mehr für ihn zu votieren, und schließlich die bereits erwähnte Bischofskonferenz von 2007 in Aparecida.

*Als Benedikt zurücktrat, dachten alle, einschließlich Bergoglio selbst, er sei zu alt, um Papst zu werden. Man glaubte, die Kirche würde einen jüngeren Papst suchen, und das war auch ein logischer Gedanke. Trotzdem war Bergoglio einer der stärksten Kandidaten, und ich vermute, das hat er gewusst.*

Wie auch immer, hinsichtlich einer Sache war sich Santiago de Estrada ganz sicher: Bergoglio wird sich niemals verbiegen lassen, auch nicht im Vatikan.

# Die italienische Familie:
# Rechtschaffen, fromm, prinzipientreu

>*Sich mit den Großeltern treffen bedeutet*
>*eine Begegnung mit der Vergangenheit.*«
>Jorge Mario Bergoglio

Die Wahl zum Papst, die Übersiedlung nach Rom bedeutete für den Argentinier Bergoglio eine Rückkehr zu den Wurzeln, denn die Familie stammt väterlicher- wie mütterlicherseits aus Italien. Allerdings aus dem Norden, dem Piemont, der Gegend um Turin, wo man sich bis heute ziemlich abgrenzt gegen die Menschen aus dem Süden.

Und so prägte neben Argentinien, dem Land seiner Geburt, sicherlich die Heimat seiner Vorfahren Persönlichkeit und Charakter des Jorge Bergoglio. Milieu und Überzeugungen von Eltern und Familie hinterließen ihre Spuren. Frömmigkeit etwa, Beständigkeit, eine liebevolle Zuwendung zu den Mitmenschen und ein stolzes Festhalten an Traditionen kennzeichneten diese Familie. Und der sprichwörtliche Dickschädel der piemontesischen Bauern.

Selbst der heimische Dialekt ging nicht verloren, und Franziskus beherrscht ihn heute noch. Zwar redeten die Eltern, die als junge Erwachsene mit ihren Familien Italien verlassen hatten, mit ihren Kindern Spanisch, doch wenn Onkel und Tanten zu Besuch kamen, verfielen alle in die Sprache der alten Heimat und schwärmten wehmütig von der Schönheit des Piemont.

Und dann Großmutter Rosa. Sie erzählte dem Enkel nicht nur Heiligengeschichten und lehrte ihn Gebete, sondern vermittelte ihm auch eine Reihe von Lebensweisheiten. Darunter das bekannt gewordene Bonmot »Das Totenhemd hat keine Taschen«, das Bergoglio immer wieder herangezogen hat, wenn er gegen Gewinnsucht und Korruption predigte. All diese Prägungen haben dazu beigetragen, dass aus einem kleinen Jungen aus Buenos Aires ein Papst wurde, der die Welt in Erstaunen versetzt.

## Ein Dorf voller Verwandter

Seit der Papstwahl befindet sich das Zweitausend-Seelen-Dorf Portacomaro in der Provinz Asti im Franziskus-Fieber. Fast jeder Einwohner reklamiert für sich verwandtschaftliche Beziehungen. Ob es stimmt oder nicht: Alle Bergoglios, von denen es nicht gerade wenige gibt, sind stolz auf diesen berühmten Namensträger. Sie waren es bereits, als sie vor etwa einem Jahrzehnt ein leibhaftiger Kardinal besuchte. Und jetzt ein Papst! Bergoglio berichtete über seinen Abstecher ins Piemont im Jahr 2005, er habe sich gleich zu Hause gefühlt, als er den vertrauten Dialekt wieder gehört und mit dem Bruder seines Großvaters und dessen Familie am Tisch gesessen habe.

Ein Mitglied des argentinischen Familienzweigs erzählte mir übrigens, dass es bei den Bergoglios immer viele Kinder gegeben habe und die Familie von Generation zu Generation wuchs. Außerdem wusste der Betreffende zu berichten, dass der Urgroßvater für seine achtköpfige Familie 1864 einen Bauernhof etwas außerhalb von Portacomaro kaufte, den er von einem jüdischen Kaufmann erwarb. Was insofern interessant ist, als in Sardinien-Piemont, aus dem 1861 das Königreich Italien hervorging, die Juden zu diesem Zeitpunkt rechtlich bereits gleichgestellt waren und nicht mehr allerlei Verboten, darunter dem von Land- und Grundbesitz, unterlagen wie anderswo in Europa, wo man die Emanzipation der napoleonischen Zeit wieder rückgängig gemacht hatte.

Während das Haus der Familie, das inzwischen allerdings den Besitzer gewechselt hat und auch kein Bauernhof mehr ist, im Internet anzuschauen ist und zum Touristenmagnet wurde, sind von der Bäckerei, die Großvater Giovanni Angelo mitten im Ort betrieb, offenbar keine Spuren geblieben.

Obwohl es der Familie nicht schlecht ging in dem piemontesischen Dorf, beschloss er, nach Turin überzusiedeln und dort ein Geschäft zu eröffnen, ein Mittelding zwischen Confiserie und Bar.

Einige Jahre waren die Bergoglios in der norditalienischen Metropole ganz zufrieden, dann zog es sie weiter. Diesmal über die Weltmeere nach Argentinien. Dorthin waren bereits 1922 drei Brüder von Giovanni ausgewandert und viele Briefe seitdem hin und her gegangen. Ein Bruder und eine Schwester hielten der Heimat die Treue.

Doch nicht nur Sehnsucht nach den drei Geschwistern oder wirtschaftliche Gründe trieben Giovanni und Rosa über den großen Teich in die Ferne.

Europa war in jener Zeit ein krisengeschüttelter Kontinent. Die Wunden des ersten großen Krieges waren noch nicht verheilt, als man sich bereits vor neuen Konflikten fürchtete. Zudem belastete neben politischen Krisen permanente wirtschaftliche Instabilität den Alltag.

In Italien, obwohl offiziell noch Königreich, herrschte Benito Mussolini seit spätestens 1926, als er sämtliche politische Parteien auflöste, mit diktatorischen Vollmachten. Aus dem Ministerpräsidenten wurde der »Duce«, der den Faschismus zur Staatsreligion erhob, und in Deutschland stand Adolf Hitler mit seiner NSDAP in den Startlöchern, um es ihm als »Führer« gleichzutun. Grund genug für die Bergoglios, ihr Glück auf der anderen Seite des Erdballs zu suchen.


## Aufbruch zu neuen Ufern

Im Zusammenhang mit der Auswanderung kursiert im Familienkreis eine hübsche Anekdote, die mir María Inés, eine Nichte Bergoglios, erzählt hat und die sich um die inzwischen fast legendäre Großmutter, *Nonna* Rosa, dreht. Um ihrem Unmut über Mussolini Ausdruck zu verleihen, lief sie mit einem Tischchen unter dem Arm zum Hafen von Genua, stellte es alle paar Meter auf den Boden, stieg darauf und protestierte lauthals gegen den

»Duce« und seine Faschistenpartei. Man konnte ihr nur deshalb nichts anhaben, weil sie ihre »Verleumdungen«, wie das die Polizei sah, nicht von italienischem Boden, sondern von einem Tischchen aus als letzten Gruß an die alte Heimat in den italienischen Himmel gerufen hatte. Was man so von ihr hört und liest, eine typische Reaktion, denn Rosa Bergoglio scheint sich vor nichts und niemandem gefürchtet zu haben.

Beinahe ebenso nett wie die Anekdote selbst ist allerdings folgende Begebenheit: María Inés erzählte ihrem berühmten Onkel telefonisch oder per E-Mail, genau weiß ich es nicht, von meinem Besuch bei ihr und erwähnte in diesem Zusammenhang auch die Geschichte von Rosa und dem »Schemel«. Woraufhin Franziskus in Rom es sich nicht nehmen ließ richtigzustellen, es habe sich um einen kleinen Tisch und nicht um einen Schemel gehandelt und das möge María Inés mir doch bitte ausrichten.

»Eminenz, Ihr Wunsch war uns Befehl.«

Im Januar 1929 trafen die Bergoglios mit dem Dampfer *Giulio Cesare* im Hafen von Buenos Aires ein. Es war Hochsommer auf der Südhalbkugel, ein besonders heißer Tag. Trotzdem trug Großmutter Rosa einen Fuchspelz, was natürlich nicht zuletzt bei den Einwanderungsbeamten Verwunderung erregte. Sie habe sich erkältet, schwindelte die gottesfürchtige Rosa zum vielleicht ersten und einzigen Mal in ihrem Leben. Die Wahrheit sah jedenfalls anders aus. In den Pelz waren sämtliche Ersparnisse und der Erlös aus dem Verkauf der Turiner Cafébar eingenäht.

Beinahe hätte es allerdings nicht geklappt mit der Ankunft der Bergoglios in Argentinien. Ursprünglich waren nämlich Passagen auf einem Schiff gebucht, das traurige Berühmtheit erlangen sollte – auf der *Principessa Mafalda*, die nach einer technischen Panne vor der brasilianischen Küste leckschlug und sank. Über dreihundert Menschen fanden den Tod.

Und so ersparte ein glücklicher Umstand, der zunächst als ausgesprochenes Ärgernis empfunden wurde, den Auswanderern aus Turin ein schlimmes Schicksal. Bürokratische Formalitäten hatten eine pünktliche Abreise verhindert und machten eine Umbuchung der Passagen erforderlich.

Nicht auszudenken, was geschehen wäre, wenn ...

Ob man es nun, je nach Perspektive, als schicksalhafte Fügung oder als göttliches Wunder bezeichnen will, was bei einer Familie, die einen Papst hervorgebracht, durchaus erlaubt sein mag – María Inés ist jedenfalls von einem fest überzeugt: »Der Onkel musste einfach geboren werden.«

Immerhin war es nicht das erste Mal, dass irgendwer, irgendwas schützend die Hand über diese Familie gehalten hatte, denn eine Generation zuvor wäre es um ein Haar zu Ende gewesen mit diesem Zweig der Bergoglios. Bei Giovanni und Rosa, den Großeltern, lag nämlich eine Rhesus-Faktor-Unverträglichkeit vor, damals eine so gut wie tödliche Diagnose für die potenziellen Nachkommen. Und von zehn Kindern, die Rosa zur Welt brachte, starben tatsächlich neun im ersten Lebensjahr. Nur Mario, der Jüngste, überlebte und bekam einen Sohn, der Papst wurde. Es klingt fast wie eine biblische Geschichte.

Zurück in die Wirklichkeit zu den heil in Argentinien eingetroffenen Bergoglios.

Noch am gleichen Tag reiste man weiter nach Paraná im Nordosten, wo die drei Brüder von Giovanni mit ihren Familien lebten und eine florierende Betonfabrik führten. Sichtbares Zeichen ihres Wohlstands war die Villa, selbstbewusst Palacio Bergoglio genannt, mit einer weithin sichtbaren, imposanten Kuppel. Als erstes Gebäude der Stadt besaß der »Palast« zudem einen Aufzug, und jeder Bruder hatte in dem vierstöckigen Haus eine Etage für sich.

1932 war es vorbei mit dem angenehmen, sorglosen Leben. Die Weltwirtschaftskrise erreichte auch Argentinien. Die Brüder verloren alles und mussten wieder von vorne anfangen. *Nonno* Giovanni lieh sich zweitausend Pesos und zog mit Frau und Sohn nach Buenos Aires, wo er einen kleinen Lebensmittelladen in Almagro eröffnete – einem Viertel, das im 19. Jahrhundert vor allem von italienischen und spanischen Einwanderern besiedelt worden war. Dort lernte der junge Mario José Bergoglio 1934 bei einer Sonntagsmesse Regina María Sivori kennen, die ebenfalls einer italienischen Familie entstammte und ebenfalls streng katholisch war. Es war Liebe auf den ersten Blick. Ein Jahr später wurde geheiratet, und ziemlich genau nach einem weiteren Jahr bekamen sie ihr erstes Kind.

## Ein ganz normaler Junge

Geboren wurde Jorge Mario am 17. Dezember 1936, einem Donnerstag, im Sternbild Schütze. Astrologen bezeichnen die in diesem südlichsten aller Tierkreiszeichen Geborenen als fantasievoll und offen, als Idealisten mit ausgeprägtem Ehrgefühl.
Egal, was man über astrologische Weisheiten denken mag, auf Jorge Bergoglio scheinen derartige Klischees zuzutreffen. Stimmt es denn nicht, dass er nach moralisch einwandfreiem, ehrenhaftem Verhalten strebt? Und dass er bedingungslos für das eintritt, was er als wahr und richtig erkannt hat, und sein Ich nicht verleugnet? Vielleicht ein Zufall, vielleicht mehr.
Sehr passend fand ich desgleichen die Charakterisierung, der Schütze sei kein Einzelgänger, sondern brauche andere Menschen um sich – es erinnerte mich unwillkürlich an eine Aussage des neu gewählten Papstes, dass er schon deshalb dem vatikanischen Gästehaus den Vorzug vor dem Apostolischen Palast gegeben habe, weil er lieber in Gesellschaft als ganz alleine lebe.

Nach der Geburt von Jorge Mario ging es bei den Bergoglios Schlag auf Schlag weiter. Zwei Jungen und zwei Mädchen folgten: Óscar, Marta Regina, Alberto und María Elena.
Ich habe zwei Papstnichten, mit denen ich längere Gespräche führte, nach dem Geschwisterkreis gefragt. Ob sich außer dem Ältesten noch jemand irgendwie hervorgetan habe. Nein, erklärten mir Virna und María Inés, alle seien sie zwar auf ihre Art besondere Menschen gewesen, aber eine Außenwirkung wie Onkel Jorge habe niemand von ihnen gehabt.
Nun ja, da lag die Messlatte natürlich auch ungemein hoch. Wer hat schon einen Erzbischof und Kardinal zum Bruder und Onkel, der dauernd im Rampenlicht steht? Von einem Papst ganz zu schweigen.

Leider habe ich kaum noch Nachbarn und Freunde auftreiben können, die sich an die Familie aus Flores, einem Mittelstandsviertel, erinnern. An die Zeit, als Vater Mario und Mutter Regina dort in einem Haushalt mit allen vier Kindern lebten. Die wenigen, die ich fand, beschrieben sie durchweg als angenehm, höflich und freundlich. Etwas Negatives war über keinen von ihnen zu hören.

Was den berühmten Sohn hingegen betraf, gab es einige, die bereitwillig Auskunft gaben. Teilweise hatten sie sich nach der Papstwahl selbst an Agenturen und Zeitungen gewandt. Alle, mit denen ich sprach, waren natürlich schrecklich stolz auf ihn. Egal, wie sie persönlich zur Religion stehen mochten, sonnten sich die alten Herren doch alle ein wenig im Glanz des Schulkameraden. Einen Papst in ihren Reihen zu haben, das war schließlich was und bedeutete ihnen eine Menge.

Erwartet hätte diese spektakuläre Karriere vor mehr als einem halben Jahrhundert jedoch keiner. Nur dass der Jorge bereits damals ungewöhnlich hilfsbereit und immer zur Stelle gewesen sei, wenn einer ihn brauchte, das ist ihnen im Gedächtnis geblieben.

Bahnte sich da vielleicht schon eine Haltung an, die später in seine unermüdliche Fürsorge für die Benachteiligten und Ausgestoßenen mündete, schoss es mir durch den Kopf. Sein Eintreten für diejenigen, die sich nicht selbst helfen können? In Buenos Aires, in Argentinien und jetzt in der ganzen Welt? In den bitterarmen Dritte-Welt-Ländern ebenso wie in den vernachlässigten Elendsquartieren der reichen Industriestaaten?

Ich glaube durchaus, dass es so war, und ich hatte das Gefühl, dass einige seiner Klassenkameraden von einst das ähnlich sahen.

Die erste Schule, die er besuchte, lag in unmittelbarer Nähe des großelterlichen Hauses, und *Nonna* Rosa holte ihn oft ab, damit die Mutter mehr Zeit für die jüngeren Geschwister hatte. Und sie war es auch, die dem Enkel seine italienischen Wurzeln nahebrachte, desgleichen die Bedeutung von Werten wie Treue und Beständigkeit. Ihre Bemühungen haben Früchte getragen, und Bergoglio bewahrt ihr Andenken bis heute in seinem Herzen.

Aber auch das anderer Menschen, die er liebte und verehrte oder die für sein Leben in irgendeiner Weise eine Rolle spielten

*Jorge Bergoglio (links)
bei der Kommunion
seines jüngeren
Bruders, dem Vater
von Virna Bergoglio*

Neben der Ausnahmegestalt der Großmutter gehörte dazu unter anderem seine erste Lehrerin. Mit ihr stand er bis zu ihrem Tod in Kontakt. Sie führten einen regen Briefwechsel, und es war für ihn eine Selbstverständlichkeit, sie etwa zu seiner Priesterweihe einzuladen. Von ihr sind ein paar nette Sprüche überliefert, und die derzeitige Leiterin seiner ehemaligen Schule teilte sie nach der Papstwahl bereitwillig der Nachrichtenagentur AFP mit.

»Er war ein Teufel, ein kleiner Teufel wie jeder Junge«, habe die Lehrerin noch im hohen Alter gerne erzählt. Und selbst als Erwachsenen soll sie ihn bei seinen Besuchen regelmäßig gefragt haben: »Hast du dich gebessert?«

Bergoglio liebte solche Geschichten, wusste die Direktorin außerdem zu berichten. Etwa die, dass er sich auf eigene Faust das Einmaleins beibrachte, indem er die Treppenstufen hochgehüpft sei, immer zwei auf einmal.

Für einfallsreich scheint die Lehrerin ihn ja gehalten zu haben, doch dass ihr kleiner Teufel einmal Papst würde, damit dürfte sie nicht gerechnet haben. Schade, dass sie es nicht mehr erlebt hat. Sie starb ein Jahr vor der Wahl im Alter von hundertundeins Jahren.

Was Jorges schulische Leistungen betraf, so waren sie gut, wenngleich nicht herausragend. Oberer Durchschnitt. Nur in Religion habe er immer die Bestnote erhalten, erinnerten sich seine Klassenkameraden. Trotzdem hätte ihn niemand für besonders fromm gehalten, betonten sie. Nein, ein ganz normaler Junge sei er gewesen, der sich für die gleichen Sachen interessierte wie sie. Fußball, später dann Musik und Tanzen, Tango vor allem.

Diese Leidenschaft des jungen Jorge geriet nicht in Vergessenheit. Zum achtundsiebzigsten Geburtstag am 17. Dezember 2014, der mit der wöchentlichen Generalaudienz zusammenfiel, versammelten sich bei strahlendem Sonnenschein nicht allein fromme Pilger, sondern ebenfalls fröhliche Tänzer auf dem Petersplatz und erwiesen dem Jubilar zu Lautsprechermusik mit einem argentinischen Tango ihre Reverenz. Via Facebook hatte eine italienische Tanzlehrerin zu dieser Aktion eingeladen, und über dreitausend Tango- und Franziskus-Fans waren der Aufforderung gefolgt. Angeblich aus aller Welt. Ein ungewöhnliches Geburtstagsgeschenk für einen ungewöhnlichen Mann. Der solchermaßen Geehrte war dem Anschein nach ebenso erfreut wie amüsiert. »Es scheint, dass heute hier der Wind der Pampa weht«, soll er launig gesagt haben, während er die Tanzeinlage verfolgte.

Ein Papst, dem nichts Menschliches fremd ist.

Auch Mädchen nicht. Das erste Mal verliebte er sich in Amalia, die Tochter der Nachbarn, schrieb ihr Briefe und zeichnete auf einem Blatt ein Häuschen mit rotem Dach und weißen Wänden. Darunter ein Herzchen und der Satz: »Das ist das Haus, das ich dir kaufen werde, wenn wir heiraten.«

Es wurde bekanntermaßen nichts daraus. Weder aus dem Haus noch aus der Heirat. Amalias Eltern verboten die unschuldige Kinderliebe. Beide waren zwölf Jahre alt.

Amalia, inzwischen sechsfache Großmutter, ist übrigens die Einzige, die glaubt, dass der geistliche Beruf ihm bereits damals im Kopf herumspukte. Wenn sie ihn nicht heirate, wolle er Priester werden, soll er einmal zu ihr gesagt haben.

Während kein anderer Gefährte seiner Kindheit und Jugend diese Einschätzung teilte, herrschte über etwas anderes jedoch Einigkeit. Alle waren einhellig der Meinung, dass es kaum je einen unbedingteren, bedingungsloseren Fußballfan als ihn gegeben habe.

Wobei seine Anhänglichkeit durch alle Höhen und Tiefen mit unverbrüchlicher Treue einem einzigen Verein gilt: dem Club Atlético San Lorenzo de Almagro. Selbst als Erzbischof und Kardinal verfolgte er Wohl und Wehe seiner Mannschaft mit leidvoller oder frenetischer Anteilnahme. Auch im Stadion. Man konnte ihn durchaus erleben, wie er nach der sonntäglichen Messe davoneilte, um die liturgischen Gewänder gegen ein Fantrikot von San Lorenzo zu tauschen.

Allerdings verlieh nicht erst Jorge Bergoglio dem Club kirchliche Weihen – schon seine Gründung verdankte sich frommer Denkungsart. Der Salesianerpater Lorenzo Bartolomé Martin Massa gründete ihn Anfang des 20. Jahrhunderts, um fußballbegeisterte Kinder und Jugendliche im wahrsten Sinne des Wortes von der Straße zu holen. Ihm war nämlich aufgefallen, dass mangels anderer Möglichkeiten selbst belebte Avenidas bisweilen als Bolzplätze dienten. Um dem einen Riegel vorzuschieben, stellte er ein Grundstück neben seiner Kirche im Stadtteil Almagro zur Verfügung und gewann die Jungen seines Viertels für den von ihm gegründeten Verein und ganz nebenbei zudem für die Kirche. Heute gehört San Lorenzo zu den fünf bedeutendsten Fußballclubs in Argentinien.

Um den Fußball, der sich bekanntermaßen inzwischen selbst päpstlichen Wohlwollens erfreut, rankt sich auch eine nette Geschichte, die mir einer von Jorges Jugendfreunden erzählte.

Eines Tages ging beim Kicken vor der Basilica de San José de Flores eines der schönen Fenster zu Bruch. Tausende Scherben bedeckten den Gehweg. Als die Missetäter, darunter Jorge Bergoglio, drinnen den Pater zetern hörten, machten sie sich schleunigst aus dem Staub. Niemand wollte schuld sein, niemand für den Schaden aufkommen. Als Hirte einer Gemeinde mit ziemlich leeren Kassen wusste sich der Pfarrer keinen anderen Rat, als seine Schäfchen um eine mildtätige, wiewohl großzügige Spende zu bitten. Während andere für sie die Zeche bezahlten, feixten in der letzten Bank die gar nicht schuldbewussten Lausebengel.

Moralisch nicht einwandfrei, aber sehr menschlich.


## Familienbande

Es war eine glückliche Kindheit in der Geborgenheit des Elternhauses, umgeben von Geschwistern, Onkeln und Tanten, Cousins und Cousinen.

Das Wochenende war heilig. Da saßen Eltern und Kinder vor dem Radio oder dem Plattenspieler und hörten Musik. Italienische Weisen, die der Vater liebte, und Opernarien, von denen die Mutter und ihr Ältester nicht genug bekommen konnten. Daneben schmissige Tangorhythmen und gefühlvolle Chansons.

Auch den Mahlzeiten kam an den Wochenenden ein hoher Stellenwert zu, denn nur an diesen Tagen konnte sich die Familie vollzählig um den Tisch versammeln. Bis zu sieben Gänge wurden bisweilen aufgetischt – eher ungewöhnlich in einem Haushalt, in dem man das Geld nicht mit vollen Händen ausgeben konnte. Aber so kannten es die Eltern aus Italien, und zudem kochte die Mutter leidenschaftlich gerne.

Was offenbar auf Jorge Bergoglio abgefärbt hat. In einem Interview hat er einmal auf die Frage, ob er gut kochen könne, mit leiser Selbstironie geantwortet: »Na ja, zumindest habe ich nie jemanden damit umgebracht.« Seine Kommilitonen und später seine Studenten haben es nicht nur überlebt, sondern das von ihm zubereitete

*Hochzeit im Hause Bergoglio: Jorge mit seiner Schwester Marta, der Mutter von María Inés Narvaja. Das Foto an der Wand zeigt Großvater Giovanni Bergoglio.*

Essen durchaus geschätzt, wie mir einer seiner Seminaristen versicherte. Und María Elena, die Jüngste in der Geschwisterriege, hat ihren Bruder als guten Koch bezeichnet. Vor allem seine gefüllten Flusskrebse würden ihresgleichen suchen.

Und alles natürlich Rezepte von *Mamma* Regina, die sie ebenso aus der alten Heimat mitgebracht hatte wie den Grundsatz der Gastfreundschaft. Wenngleich man in dem kleinen, schlichten Haus in der Calle Membrillar in Flores nicht im Überfluss lebte, teilte man doch gern.

Die italienischen Wurzeln, der starke Zusammenhalt mit allen Verwandten prägten den Familiensinn des jungen Jorge. Und später als Priester und Hochschullehrer bezog er seine Seminaristen und Studenten in diesen Verbund ein. Es scheint, dass sein Familienbegriff sehr weit gefasst war, Platz ließ für viele. Auch für die Menschen in den Elendsquartieren. Und jetzt, im weitesten Sinne, für die Menschheit insgesamt.

Ein Mann mit einem großen Herzen eben.

Bis heute ist das vielen, die daran teilhatten und das als Bereicherung empfanden, unvergesslich in Erinnerung geblieben, und nicht zuletzt begründete diese warme, herzliche und selbstverständliche Art viele lebenslange Freundschaften.

## Frühe Einblicke ins Arbeitsleben

Trotzdem wuchs Jorge Bergoglio nicht etwa in idyllischer familiärer Abgeschiedenheit auf, sondern lernte bereits in jungen Jahren den Ernst des Lebens kennen. Darauf legte sein Vater Wert, das fand er wichtig. Er strebte wie viele Einwanderer danach, dass seine Kinder es eines Tages weiterbringen sollten als er selbst, und wollte deshalb den Ältesten so früh wie möglich ins Berufsleben integrieren.

Als er dreizehn war, besorgte er dem Sohn seinen ersten Ferienjob in einer Strumpffabrik, deren Buchhaltung er betreute. Dann, da war Jorge fast siebzehn, verschaffte er ihm einen Laborplatz in einer Chemiefabrik, weil die Branche ihm gute berufliche Chancen zu bieten schien. Morgens Labor, nachmittags der Besuch einer Fachoberschule, die er knapp zwanzigjährig mit einem Diplom als Chemietechniker abschloss.

Über diese Zeit sagte er einmal in einem Interview, sie sei bedeutsam für seine Entwicklung gewesen, und speziell durch die Arbeit im Labor habe er »das Gute und das Schlechte einer jeden Aufgabe« kennengelernt.

Mindestens eine ebenso große Rolle dürfte für ihn die Begegnung mit einer ungewöhnlichen Frau gespielt haben: mit seiner Chefin Esther Ballestrino de Careaga. Die Paraguayerin, die wegen ihrer Sympathien für den Kommunismus ihre Heimat verlassen musste, eröffnete dem jungen Mann eine neue Welt. Sie drückte ihm politische Bücher in die Hand und führte ihn in die großen ideologischen Auseinandersetzungen jener Zeit ein. Und wenngleich er sich damals und später ihren Überzeugungen nicht anschloss, inspirierten ihn doch die sozialen Impulse, die von der politischen Linken in Lateinamerika ausgingen.

Zwanzig Jahre später holte die Vergangenheit Esther in ihrem argentinischen Asyl ein. Unter der Militärdiktatur des Generals Videla gehörte sie zum großen Heer der Entführten, Gefolterten und Ermordeten. Ihre Leiche wurde dreihundert Kilometer südlich von Buenos Aires in dem Badeort Santa Teresita ans Ufer gespült und als unbekannte Tote begraben. Erst 2005 konnten die sterblichen Überreste identifiziert werden.

# Erinnerungen

Bei einem Mann seines Alters nimmt es nicht wunder, wenn viele aus Jorge Bergoglios Generation nicht mehr leben. Von den vier Geschwistern sind drei bereits tot. Mit María Elena, seiner elf Jahre jüngeren Schwester, hatte ich eigentlich ein Gespräch vereinbart, doch nach einem Schlaganfall war sie nicht mehr in der Lage dazu. Schade, sie hat über den Erzbischof, den Kardinal, den Papst Bergoglio immer in einer so erfrischend unprätentiösen Weise geredet. Auf die Frage etwa, wie sie ihren Bruder denn jetzt nenne, reagierte sie fast empört. Na, wie wohl, Jorge. Sie würde ihn ja kaum, wenn er anruft, mit Franziskus anreden. Liebe klang aus ihren Worten, eine tiefe Verbundenheit, aber kein falscher Stolz und keine Ehrfurcht. Für sie ist Papst Franziskus ihr großer Bruder Jorge geblieben.

Stellvertretend für die vielköpfige Familie habe ich statt ihrer mit zwei seiner Nichten gesprochen, die sich dem Onkel seit jeher sehr verbunden gefühlt haben.

## Virna Bergoglio: »Er hat die Begabung, sich um Tausenderlei gleichzeitig zu kümmern.«

Ich traf die Tochter von Bergoglios verstorbenem Bruder Alberto an einem sonnigen, warmen Tag im herbstlichen März auf der Südhalbkugel. Virna ist eine hübsche, grazile, kultivierte und ausgesprochen liebenswerte Mittvierzigerin, verheiratet, mit Familie und zudem als Anwältin tätig.

Sie erinnerte sich im Verlauf unseres Gesprächs an viele Erlebnisse aus ihrer Kindheit, und während sie mir davon erzählte, wurden ihre Augen vor Rührung feucht. Als könne sie es nicht fassen, dass sie ganz einfache Geschichten über einen Mann von Weltgeltung erzählte.

Bei allen Festen und Feiern, das wusste sie noch genau, habe er in der Regel einen seiner Studenten oder Seminaristen mitgebracht. Dazu gehörten unter anderem Enrique und Miguel, die ich ebenfalls besuchte und von denen an anderer Stelle die Rede sein wird.

Die meisten dieser jungen Männer stammten aus weit entfernten Regionen des Landes und konnten nur selten nach Hause fahren, erzählte Virna. Deshalb habe der Onkel abwechselnd immer wieder einen von ihnen mitgebracht, und so seien die Bergoglios praktisch zur Ersatzfamilie geworden. Da der Kreis der Seminaristen sehr groß war – zu groß jedenfalls, um alle mitzubringen –, pflegte der Onkel allerdings Weihnachten mit ihnen im Seminar zu feiern und für sie zu kochen.

Einmal, das wusste Virna noch, sei die ganze Familie Weihnachten zu ihm gefahren. Da hielt er sich gerade nicht im nahen Colégio San Miguel auf, sondern im achthundert Kilometer entfernten Córdoba, dem ältesten Stützpunkt der Jesuiten in Argentinien.

Auf meine Frage, welche Beziehung Bergoglio zu seiner Familie hatte und habe, antwortete sie spontan, ohne eine Sekunde zu zögern.

*Der Onkel ist immer präsent, obwohl er jetzt in Rom lebt. Ein Beispiel aus jüngster Zeit illustriert das sehr gut. Vor Kurzem starb in meinem Bekanntenkreis ein fünfjähriger Junge, der Freund meines Sohnes. Ich war schrecklich niedergeschlagen und schrieb Onkel Jorge. Es dauerte nicht einmal vierundzwanzig Stunden, und ich erhielt per E-Mail von ihm eine Antwort. Seine tröstenden Worte waren Balsam für meine verwundete Seele.*

*So ist er. Er hat die Begabung, sich um Tausenderlei gleichzeitig zu kümmern. Auch wenn er wahnsinnig viel zu tun hat, ist er bei jedem Schmerz und Kummer und wann immer einer von uns verzweifelt ist zur Stelle.*

Als Virna mir das erzählte, war der schreckliche Autounfall, bei dem ihr Bruder Emanuel schwer verletzt wurde, seine Frau und seine beiden Söhne jedoch starben, noch nicht passiert. Von Papst Franziskus selbst habe ich bei der Audienz im August erfahren, dass er mit seiner Nichte in ständigem Kontakt stand, und ich bin sicher, dass er alles darangesetzt hat, ihr und den anderen Familienangehörigen über diese schweren Stunden hinwegzuhelfen. Und für sie da war trotz der Entfernung.

Damals bei unserem Treffen jedenfalls plauderten wir unbeschwert weiter über dieses und jenes, unter anderem darüber, was Bergoglio, von seiner Papstwahl einmal abgesehen, in seinem Leben besonders beeindruckt habe. Es ist eine Geschichte, die ich von Virna zum ersten Mal überhaupt hörte. Bevor sie zu erzählen begann, stand sie auf, verließ den Raum und kam nach einigen Minuten zurück mit einem Umschlag in der Hand, den sie mir reichte. Ihre Stimme klang plötzlich ganz inbrünstig.

*Das ist für Sie, ein Bild. Mein Onkel hat es mir nach seiner Wahl zum Papst geschickt, und es stellt Maria Knotenlöserin dar. Eine Heilige, die er sehr verehrt.*
*Als er sich 1986 studienhalber, um über Guardini zu forschen, für mehrere Monate in Deutschland aufhielt, besuchte er die jesuitische Gemeinschaft in Augsburg und lernte dieses Gnadenbild kennen, das sich dort in einer Wallfahrtskirche befindet.*
*Er war so beeindruckt davon, dass er Postkarten mit nach Argentinien nahm und Jahre später die Malerin Ana Betta de Berti mit einer Kopie beauftragte, die seit 1996 in San José del Talar hängt. Auch in anderen Kapellen in Buenos Aires finden sich inzwischen Darstellungen der Maria Knotenlöserin.*

Nach diesem Treffen mit Virna wollte ich mehr über das Gnadenbild und die Heilige erfahren. Ich betrachtete die Postkarte, die mir die Papstnichte als Gruß ihres Onkels mitgegeben hatte.
Im Vordergrund steht Maria von Engeln umgeben auf der Mondsichel und löst Knoten in einem langen Band, das sie in der Hand hält, während der Heilige Geist in Gestalt einer Taube über ihr schwebt. Ihr rechter Fuß ruht auf dem Kopf einer verknoteten Schlange, und am unteren Rand ist ein kleiner Engel mit einem menschlichen Begleiter und seinem Hund zu sehen.
Das Original, ein barockes Ölgemälde von Johann Georg Melchior Schmidt, befindet sich in der Augsburger Wallfahrtskirche Sankt Peter am Perlach. Maria, die bei der Entknotung von Lebensproblemen hilft, ist seit den Achtzigerjahren, als er das Bild in Augsburg entdeckte, neben der heiligen Jungfrau von Luján die

Lieblingspatronin des Jorge Bergoglio und jetzigen Papstes
Franziskus.

Natürlich gibt es zu Maria Knotenlöserin auch eine schöne
Geschichte, deren Wahrheitsgehalt, wie bei Legenden dieser Art
üblich, jedoch nicht eindeutig gesichert ist. Ein Kanonikus
namens Hieronymus Ambrosius Langenmantel stiftete das Bild
um 1700 angeblich zur Erinnerung an Marias hilfreiches Eingreifen bei einem Problem, das möglicherweise den Fortbestand seiner Familie gefährdet hätte. Weil seine Ehe zu scheitern drohte,
habe der Großvater, heißt es, einen ihm bekannten Ingolstädter
Jesuitenpater aufgesucht und ihn um Rat gefragt. Woraufhin dieser vor einem Bild der Muttergottes ein Gebet folgenden Wort-
lauts gesprochen haben soll: »In diesem religiösen Akt erhebe ich
das Band der Ehe, löse alle Knoten und glätte es.« Danach sei
wieder Friede zwischen den Eheleuten eingekehrt, will die
Legende wissen.

Noch mehr wunderwirkende Kraft traut man dem Gnadenbild in

72

Argentinien zu, wo es eine nie geahnte Popularität erreichte. Dabei geht es längst nicht mehr allein um die Lösung von Eheproblemen. Tausendfaches Eingreifen wird Maria Knotenlöserin inzwischen zugeschrieben, das sich größtenteils auf überraschende Heilungen bezieht – Genaueres erfährt man allerdings nicht, da die Dokumentation dieser angeblichen Wunder unter Verschluss gehalten wird.

Verbürgt und für alle offensichtlich ist jedoch, dass die Patienten eines Krebszentrums, das sich in der Nähe von San José del Talar befindet, regelmäßig zu der Kapelle pilgern. Speziell mittwochs, wenn eigens eine Messe für sie gefeiert wird und Priester ihnen den ganzen Tag über für seelsorgerliche Gespräche zur Verfügung stehen. Was ja, wie man weiß, nicht nur gut für die Seele ist, sondern auch für den Körper, indem es neuen Mut und neue Hoffnung gibt. Und das kann manchmal sogar Wunder bewirken.

Maria Knotenlöserin eine Allzweckwaffe? Oder um es weniger martialisch auszudrücken, gut für alle Lebenslagen? Selbst für die Politik?

Man könnte es fast vermuten, denn immerhin hat Bergoglio in seiner Zeit als Erzbischof der Präsidentin Kirchner einmal bei einem der wenig harmonischen Treffen eine Karte mit dem Gnadenbild überreicht. Es sollte ein Symbol der Versöhnung sein und der Hoffnung Ausdruck verleihen, die angespannten Beziehungen zwischen Regierung und Kirche zu verbessern. Um die Knoten zu lösen zum Wohl der Menschen in Argentinien.

Leider ließ sich Cristina Kirchner seinerzeit von dieser Geste nicht beeindrucken. Auffällig ist indes, dass sie seit der Papstwahl einen moderateren Kurs fährt, sich aufgeschlossener zeigt und Franziskus bereits dreimal besuchte. Was ich allerdings weniger auf die Knotenlöserin als auf die Tatsache zurückführe, dass die Präsidentin es nicht mehr mit einem in ihren Augen unbedeutenden Kirchenvertreter zu tun hat, sondern mit einem Mann, auf den die Welt schaut und hört.

Aber vielleicht geschehen ja doch noch Zeichen und Wunder – selbst in der argentinischen Politik. Worte meiner verstorbenen Mutter fallen mir in diesem Zusammenhang ein, und ich möchte gerne glauben, dass sie recht hatte. »Gott ist für alle da, und alle Menschen erfahren einmal im Leben ein Wunder.«

Mich persönlich hat die Geschichte von der mir bis zu dem Gespräch mit Virna unbekannten Maria Knotenlöserin dermaßen fasziniert, dass ich während meines letzten Besuchs in Deutschland beschloss, mir das Original in der Augsburger Wallfahrtskirche anzusehen.

Es war Sonntag, der 5. Oktober 2014, der dreizehnte Todestag von Emilie Schindler. Eigentlich hatte ich zum Friedhof nach Waldkraiburg fahren wollen, wo sie begraben liegt, was dann an den schlechten Zugverbindungen scheiterte, und so disponierte ich kurz entschlossen um.

Auf nach Augsburg, zur Kirche Sankt Peter am Perlach. Am Hauptbahnhof angekommen, ließ ich mir den Weg beschreiben: erst die Bahnhofsstraße entlang Richtung Innenstadt, dann über den Marktplatz, und neben dem Rathaus würde ich gleich die Kirche sehen, erklärte man mir. Bestimmt war Pater Jorge damals bei seinem Besuch in Augsburg die gleichen Straßen gegangen, dachte ich und fragte mich, was wohl sonst seine Aufmerksamkeit erregt haben mochte in den Mauern dieser alten, einst so bedeutenden Stadt? Worauf hatte er den Blick gerichtet? Ganz in Gedanken versunken erreichten wir, mein Mann und ich, den Marktplatz und entdeckten sogleich den hoch in den an diesem Tag bayrisch blauen Himmel aufragenden Turm.

Ansonsten ist die romanische Kirche, die ursprünglich zu einem Stift gehörte, eher unspektakulär. Bescheiden. Selbst den kleinen Seiteneingang könnte man leicht übersehen – man hat nicht das Gefühl, als würden sich hier viele Wallfahrer einfinden. Aber vermutlich waren wir einfach zur falschen Zeit da.

Auch drinnen wirkte alles wie ausgestorben. Wir waren die einzigen Besucher und gingen gleich zu dem Gemälde auf der rechten Seite neben dem Altar. Ich betrachtete es genauer, und nach einer Weile spürte ich eine merkwürdige Anziehungskraft, und je länger ich es ansah, desto stärker wurde sie. Und als ich das Gnadenbild von allen Seiten fotografierte, schien die Knotenlöserin jede meiner Bewegungen mit ihren Augen zu verfolgen.

Ich holte Kerzen und zündete sie an für Emilie Schindler, die sehr fromm gewesen war, für Papst Franziskus samt seiner Familie und schließlich für uns. Obwohl Juden weder Heilige noch ihre Anbetung kennen, finde ich, dass es eine sehr schöne Sitte ist.

Wir waren schon auf dem Weg nach draußen, als eine Gruppe von vielleicht zehn bis zwölf Jugendlichen mit einem Priester hereinkam, der ihnen von dem Bild erzählte. Und auch davon, wie sehr es den jetzigen Papst beeindruckt habe …

Irgendwie schloss sich der Kreis, und meine Gedanken flogen Tausende Kilometer über die Weiten des Ozeans hinweg nach Buenos Aires, wo ich mit diesem Buch angefangen hatte, das mich seitdem nicht mehr losließ.

Ich nahm den Arm meines Mannes, und gemeinsam traten wir hinaus in den Sonnenschein.

## María Inés Narvaja: »Wo der Onkel ist, geht es turbulent zu.«

Nach der eher zurückhaltenden, empfindsamen Virna begegnete ich mit der anderen Nichte einer richtigen Powerfrau. Man könnte sagen, wenn die erste mehr die schlichte, herzliche Frömmigkeit des Onkels ausstrahlte, dann schien die zweite viel von seiner Energie und Umtriebigkeit geerbt zu haben. Von seinem Willen, etwas zu bewegen.

Die Siebenundvierzigjährige, Tochter von Bergoglios Schwester Marta Regina, scheint es problemlos zu schaffen, auf mehreren Klavieren gleichzeitig zu spielen. Sie hat nicht nur eine Familie mit drei Kindern, sondern zudem einen Doktortitel in Literaturwissenschaft und lehrt an der jesuitischen Universidad del Salvador in Buenos Aires, einer auch international hoch angesehenen Hochschule. Seit zweiundzwanzig Jahren ist sie dort als Dozentin für Literatur tätig.

Sie empfing mich in ihrem Büro. María Inés, offen und lebhaft, vermittelt einem auf Anhieb das Gefühl, dass man sich bereits seit einer Ewigkeit kennt. Ich musste nicht lange nachdenken, woher diese spontane Art der Zuwendung wohl kommen mag. Das Erbe der Bergoglio-Familie sprang mir geradezu in die Augen.

*Zu Besuch bei María Inés Narvaja*

Ich dachte an Filmaufnahmen und Fotos von Papst Franziskus, wie er in der Menge eintaucht, Hände schüttelt, zuhört, umarmt. Da ist nichts Einstudiertes zu erkennen, keine Pflichterfüllung, keine Routine und schon gar keine Befolgung des Protokolls. Nichts als Spontaneität, Neugier und Freude am Umgang mit Menschen. Wie hier. Und so wurde es neben einem aufschlussreichen Gespräch ein rundum netter Morgen.

Als wir uns gegen Mittag wieder voneinander verabschiedeten und sie mich zur Tür begleitete, fiel ihr noch etwas ein. »Bevor ich es vergesse: Wenn Sie meinen Onkel in Rom treffen, bringen Sie ihm eine Rose von mir.« Ich habe mein Versprechen gehalten.

Gleich nach unserer Begrüßung hatte ich María Inés gebeten, einfach draufloszuerzählen, was ihr zu ihrem berühmten Onkel so in den Sinn komme – was ihr wichtig erscheine, was sie beeindruckt habe. Heute wie früher.

Und es überraschte mich nicht, dass sie als Erstes die Kontinuität in seinem Verhalten, seinem Wesen betonte, die sich durch seine plötzliche Berühmtheit keinen Deut geändert habe. Eine Fcststellung, die mir in allen meinen Gesprächen, die ich auf den Spuren des Papstes führte, begegnete.

*Wie er seine Rolle als Pontifex maximus versteht? Es ist zweifellos die Absicht meines Onkels, der Papst aller Menschen zu sein. Und zwar in Demut und Bescheidenheit. Schon früher wollte er die Herzen berühren, ohne nach Herkunft oder Stand zu fragen. Alle waren ihm immer gleich wichtig.*

*Ich freue mich sehr, dass Sie als Jüdin ein Buch über ihn schreiben, denn ich bin überzeugt, dass er dereinst als ein Papst in die Geschichte eingehen wird, der sich insbesondere für den religiösen Dialog und damit für die Aussöhnung der Menschen verschiedenen Glaubens eingesetzt hat. Auch gegen Widerstände, die sicher auf ihn zukommen werden.*

*Aber von so etwas hat er sich noch nie abhalten lassen. So ist er nun mal, wenn ihn ein Thema umtreibt.*

*Und das Miteinander der Religionen war ihm schon früh ein ganz besonderes Anliegen. Das begann spätestens, als er Weihbischof in Flores wurde, dem Stadtteil, wo er aufwuchs. Er verspürte einfach das Bedürfnis, mit Leuten verschiedenster Ethnien und Religionen zu sprechen und immer präsent zu sein. Man könnte fast sagen, dass es wie eine Art Hunger war, der gestillt werden musste …*

*Er hat, das darf man nie vergessen, Religion immer vom Menschen aus betrachtet und sie nie bloß als Lehre gesehen. Wenn man sich Gott zuwendet, nimmt man zugleich Kontakt zu den Menschen auf. So sieht er das. Wir alle sind durch diese Haltung stark geprägt worden. Die Kirche ist seiner Überzeugung nach für alle da – sie gehört allen, und der Onkel versteht es insbesondere jetzt als seine Aufgabe, diese offene Kirche darzustellen und zu zeigen, dass der Vatikan entgegen landläufiger Ansicht keineswegs die Kirche für sich gepachtet hat und die Deutungshoheit besitzt.*

*Nein, die Kirche, das sind die Menschen, und jeder Mensch führt zu Gott. Dass Jesus Mensch geworden ist, verpflichtet uns dazu, nicht nur die Menschen zu akzeptieren, sondern ebenso ihre Verschiedenheit. Das hat der Onkel uns immer wieder vermittelt, und wir sind stolz, dass er das nunmehr in einem viel größeren, ja, in einem weltumspannenden Rahmen tut.*

*Aber trotzdem ist und bleibt er für mich mein Onkel Jorge.*

*Einerseits ist es zweifellos außergewöhnlich, die Nichte eines Papstes zu sein, andererseits wiederum nicht. Oder zumindest nicht so sehr. Wir, das heißt unsere ganze Familie, waren irgendwie daran gewöhnt, dass er etwas Besonderes war, nicht mit dem Strom schwamm. Wobei dieses Anderssein nichts mit Überheblichkeit oder Arroganz zu tun hatte. Im Gegenteil. Es war Ausdruck großer Demut und Bescheidenheit.*

*Und in diesem Sinne sind wir Kinder, meine Geschwister, Cousinen und Cousins, erzogen worden. Onkel Jorge war immer unser Vorbild, nicht erst seit er hohe Ämter bekleidet. Erzbischof, Kardinal, Papst. Meinen Bruder José Luis hat er so stark beeinflusst, dass er ebenfalls Jesuit geworden ist. Seit einigen Jahren lebt er teilweise in Frankfurt am Main, wo er an der jesuitischen Hochschule Papyrustexte aus dem 4. Jahrhundert übersetzt. Sie sehen, wie stark wir von Onkel Jorge geprägt sind.*

*Dennoch ist er gleichzeitig ein ganz normales Familienmitglied. Als wir im Familienkreis zum Beispiel vor dem Fernseher saßen und die Papstwahl verfolgten, drehte meine damals fünfjährige Tochter Regina sich plötzlich ärgerlich zu mir um. »Mama«, sagte sie. »Die Leute da behaupten, der Onkel Jorge heißt jetzt Franziskus. Sie lügen, das kann nicht sein…«*

*Auch uns Erwachsenen geht es so. Ich brächte es nicht über die Lippen, ihn Franziskus zu nennen – wenn er anruft, ist er nach wie vor Onkel Jorge. Das ist das Großartige an ihm: Er hat die Fähigkeit, der Papst Franziskus zu sein und dabei innerlich der alte Jorge zu bleiben. Für mich ist es eine sehr bewegende Erfahrung, dass Rom ihn innerlich nicht verändert hat. Wann immer ich mit ihm telefoniere, ist es genauso wie früher, als er noch in Buenos Aires lebte.*

*Nur kann ich ihn leider nicht mehr so einfach selbst anrufen. Ich schreibe eine E-Mail, und er schickt eine zurück oder ruft an. Früher habe ich wöchentlich mehrmals mit ihm telefoniert.*

*Neulich hatte ich Geburtstag. Da rief er einen Tag früher an, was ihm sichtlich unangenehm war. »Entschuldige, wenn ich dich heute anrufe«, sagte er. »Dein Geburtstag ist erst morgen, aber da bin ich unterwegs.« Schon komisch. Nicht nur dass ein Papst den Geburtstag seiner Nichte nicht vergisst, sondern sich zudem entschuldigt.*

Ich fragte María Inés danach, was sie über all die Dinge denkt, die den Traditionshütern im Vatikan wie eine Palastrevolution vorkommen. Sie lachte.

*Alle Menschen wundern sich und halten ihn für exzentrisch. Für seine Familie ist das nichts Neues. Wir kennen das von früher. Wo der Onkel ist, geht es turbulent zu. Das war immer so und wird immer so bleiben. Er wird nie ein »normaler« Papst sein – einer, wie man ihn sich vorstellt. Dazu ist er zu sehr gegen den Strich gebürstet. Man kann ihn nicht umprogrammieren.*
*Eigentlich war das auch einer der Hauptgründe, warum wir geglaubt haben, er sei nicht papabile. Und damit standen wir bekanntermaßen nicht alleine da. Ich persönlich konnte ihn mir insbesondere nicht mit diesen roten Schuhen vorstellen, die er ja zum Glück prompt abgelehnt hat. Oder mit diesen höfischen Gewändern aus früheren Jahrhunderten. Die passen zu Renaissancefürsten, nicht jedoch zu meinem Onkel.*

María Inés fing erneut an zu lachen bei dieser Vorstellung, bevor sie nach einer Weile das Thema noch vertiefte.

*Ich erzähle gerne folgende Anekdote. Als weißer Rauch aus dem Schornstein der Sixtinischen Kapelle aufstieg, überkam mich so eine merkwürdige Ahnung, dass die Kardinäle allen gegenteiligen Anzeichen zum Trotz den Onkel gewählt hatten. Und als es länger als die üblichen vierzig Minuten dauerte, bis der neue Papst sich auf der Mittelloggia zeigte, da wusste ich es.*
*O je, dachte ich und sagte zu den anderen: »Das kann nur Onkel Jorge sein. Der weigert sich nämlich bestimmt gerade, all das pompöse Zeug und die roten Schuhe anzuziehen – deshalb dauert das so lange.« Und so war es dann ja auch, wie wir später*

*erfuhren. Er hat sich mit Monsignore Marini offenbar heftig gestritten.*

*Ich denke, für die Welt ist dieser Papst ein Gewinn. Wir hingegen haben unseren Onkel trotz aller Bemühungen, den Kontakt zu halten, irgendwie verloren und vermissen ihn sehr. Weil wir ihm so viel verdanken. Meine Geschwister und ich konnten mit ihm über alles, wirklich alles reden. Von hochintellektuellen Dingen angefangen über Himmlisches und Heiliges bis hin zu ganz trivialen und banalen Sachen. Er hat alles gleich ernst genommen und nie die Realität, die Alltagsprobleme, aus den Augen verloren. Diese Bodenhaftung, dieses Mit-beiden-Beinen-im-Leben-Stehen hat mich immer sehr beeindruckt, sodass ich mich bisweilen von ihm besser verstanden fühlte als von Menschen meines Alters und aus meinem Bekanntenkreis.*

*Ich glaube, sein Weg als Jesuit hat ihn sehr geprägt. Dieses In-die-Welt-und-zu-den-Menschen-Gehen. Das ist gleichermaßen seine Lebensmaxime wie seine Lebensaufgabe geworden. Daran hält er fest, wenngleich das viel Disziplin erfordert und zudem eine Menge Zeit.*

*So wäre es für ihn nie infrage gekommen, die Menschen, die ihn vergeblich zu erreichen versucht hatten, nicht am gleichen Tag zurückzurufen. Allerdings spielte er nicht mit, wenn wir für einen Freund oder Bekannten einen Kontakt herstellen sollten. Das war in seinen Augen eine Ausnutzung von Privilegien, eine Art Vetternwirtschaft, und das lehnte er kategorisch ab. Der Betreffende musste sich schon selbst an ihn wenden. Dann rief er immer zurück, egal ob der Anrufer ihm bekannt war oder nicht. Ausflüchte und Ausreden sind seinem Wesen fremd.*

Ich wollte wissen, ob und inwiefern sich ihr Leben und das der Familie durch die Papstwahl verändert hätten.

*Nun, da ist zunächst einmal die Tatsache, dass er uns fehlt. Obwohl wir ihn auch früher nicht allzu oft getroffen haben, dazu war er viel zu beschäftigt. Aber er war immer erreichbar für uns. Jetzt ist es wie gesagt etwas umständlicher geworden.*

*Und ja, auch seine Popularität bleibt nicht ohne Auswirkungen auf uns. Wir versuchen, so weit wie möglich in Deckung zu gehen und die Medienkontakte niedrig zu halten. Normalerweise geben wir keine Interviews. Das heute mit Ihnen ist wirklich eine Ausnahme. Für den Onkel ist es schon schwierig genug, dass ihm beinahe die gleiche öffentliche Aufmerksamkeit zuteilwird wie einem Popstar. Aus diesem Grund wollen wir nicht noch Öl ins Feuer gießen. Immerhin tragen wir mit dem, was wir über ihn sagen, eine große Verantwortung.*

*Allerdings mussten wir uns bereits früher genau überlegen, was wir sagen wollten und konnten und was nicht. Schließlich war Onkel Jorge in unserer Kindheit als Jesuitenprovinzial schon eine wichtige Persönlichkeit, und von unserer Mutter wurden wir mehr oder weniger zu sehr konformem Verhalten angehalten. Er hingegen dachte anders. »Seid frei«, mahnte er uns. »Verliert nie die Freiheit zu sagen, was ihr denkt.«*

*Selbst wenn dabei mal etwas Falsches oder Unpassendes herauskam. Das war ihm lieber, als nur Dinge zu äußern, die erwartet wurden und niemandem wehtaten. Gleichzeitig hat er uns jedoch gelehrt, dass man sich die Umstände genau ansehen sollte. Denn, so sagte er, es gibt Zeiten zum Kämpfen und andere Zeiten, die man besser einfach zu überstehen versucht.*

*Später, als ich bereits studierte, hat er mir das näher erläutert. Ich musste eine Semesterarbeit zu dem Thema »Mut und Freiheit« schreiben, und weil mir dazu absolut nichts einfallen wollte, rief ich meinen Onkel an. Wir trafen uns, und er erklärte mir Folgendes. »Mut hat zwei Seiten, die eine besteht im Durchhalten und Ausharren, die andere im Handeln zum richtigen Zeitpunkt. Menschen, die etwas tun, sind mutig, das bestreitet niemand. Aber die, die sich fügen, wenn die Zeit nicht reif ist zum Handeln, sind es ebenfalls. Genauso hat Freiheit zwei Seiten. Die griechischen Philosophen redeten von der Freiheit von etwas – die jüdischen und die christlichen Traditionen hingegen legten mehr Wert auf die Freiheit für etwas. Beides sollte man miteinander verbinden, erklärte er mir, denn das eine lasse sich nicht von dem anderen trennen.*

*Seine Ausführungen leuchteten mir ein, und in diesem Sinne versuche ich heute meine Kinder zu erziehen.*

Ich musste noch lange über dieses Gespräch nachdenken, denn gerade die letzten Worte schienen mir die Quintessenz aus eigener Erfahrung in schweren Zeiten zu sein. Schließlich gab es im Leben des Jorge Bergoglio neben den unbestreitbaren Höhen zugleich genug Tiefen, die es geduldig und, ja, auch leidend zu überstehen galt. Und die ihm ebenso Mut zum Handeln wie zum Abwarten abverlangten.

# Der Soldat Gottes:
# In der Nachfolge des Ignatius

*»Gott hat mich einige Jahre ganz schön*
*un der Nase herumgeführt.«*
Jorge Mario Bergoglio

Jesuit und Karriere: Zwei Begriffe, die sich nach dem Selbstverständnis des Ordens nicht vertragen und sich sogar mehr oder
weniger ausschließen. Zumindest galt diese ungeschriebene Regel
jahrhundertelang. Wer sich der Gesellschaft Jesu anschloss, strebte
nicht nach hohen Kirchenämtern. Das tat auch Jorge Mario
Bergoglio nicht, doch sie fielen ihm zu. Er wurde Weihbischof,
Erzbischof, Kardinal. Und schließlich Papst, der erste Jesuit an der
Spitze der katholischen Kirche.

## Der Ritter und sein geistliches Heer

»Würden annehmen hieße, unsere eigenen Totengräber zu sein«,
legte Ordensgründer Ignatius von Loyola seinen Brüdern ans Herz.
Sie sollten sich als Diener betrachten, nicht als Auftraggeber.
Dienen war ein Thema seines Lebens, wenngleich zunächst in
anderer Form. Der 1491 geborene baskische Adelige durchlief die
typische Erziehung eines nachgeborenen Sohnes, wurde erst Page,
später Offizier im Dienste des Vizekönigs von Navarra.
Seine Berufung erlebte er ähnlich wie der Heilige aus Assisi. 1521
bei der Verteidigung von Pamplona gegen die Franzosen durch
eine steinerne Kanonenkugel schwer verletzt, beschäftigte er sich
während des langen Krankenlagers mangels anderer Lektüre mit
frommen Traktaten.

Aus dem Lebemann wurde ein Asket, der nach strengen Exerzitien im Kloster Montserrat sein Schwert der Jungfrau Maria weihte, um ihr als »geistlicher Ritter« zu dienen. Nach langjährigen Studien in Paris kam es 1539 zur Gründung einer religiösen Gemeinschaft, die jedoch die adlig-militärische Herkunft ihres Urhebers nie verleugnen konnte, vielmehr in ihrer Struktur und in ihren Statuten stark davon geprägt wurde.

Im Gegensatz zu anderen Orden lebten die Anhänger des Ignatius nicht abgeschottet in Klöstern und führten kein rein kontemplatives Leben, sondern entsandten ihre Leute dorthin, wo sie gebraucht wurden. Und wohin der Papst, dem sie sich durch ein spezielles Gehorsamsgelübde verpflichtet hatten, sie schickte.

Was immer der Orden künftig anpackte – er stellte unter Beweis, dass sich Spiritualität und Tatendrang nicht ausschließen müssen. Nicht Abkehr von der Welt, sondern Hinwendung zu ihr lautete seine Devise.

## Dienst am Menschen zum Ruhme Roms

Als Symbol des Ordens wählte Ignatius, der 1622 heiliggesprochen wurde, das Monogramm IHS. Es handelt sich um die ersten drei Buchstaben des Namens Jesu auf Griechisch, wird allerdings ebenfalls gedeutet als *Iseum Habemus Socium* – »Wir haben Jesus als Gefährten«. 1992 machte der Jesuit Bergoglio dieses Monogramm zum Bestandteil seines Bischofswappens, und auch in seinem Papstwappen findet es sich an zentraler Stelle wieder.

Ein besonderes Merkmal der Jesuiten war und ist ihr Bildungsauftrag. Von Anfang an gründeten sie Schulen und Ausbildungsstätten aller Art, denn Ignatius war davon überzeugt, dass eine solide Bildung die wesentliche Voraussetzung für eine erfolgreiche Seelsorge sei. Doch noch einem anderen Prinzip hängen die Jesuiten an: dass durch konsequente Führung und strenge Disziplin Großes bewirkt werden kann. »Die meisten Menschen ahnen nicht, was Gott aus ihnen machen könnte, wenn sie sich ihm nur zur Verfügung stellen würden«, hat der Ordensgründer einmal gesagt.

Und an diesem Ansatz hat sich bis heute nichts geändert. Nach wie vor gelten jesuitische Einrichtungen als exklusiv, als Kaderschmieden, könnte man auch sagen, und insofern hat die Bezeichnung »Speerspitze des Katholizismus« durchaus ihre Berechtigung. Weltweit sind es immerhin etwa zwei Millionen Eleven, die in Schulen, Gymnasien, Akademien und Universitäten gemäß den Grundsätzen des Ordens zu »Menschen für andere« herangebildet werden.

Was natürlich in erster Linie und in besonderer Weise für den Ordensnachwuchs gilt.

Vor allem in früheren Zeiten zog die Gesellschaft Jesu eine Elite heran, die ihresgleichen suchte. Jesuiten taten sich auf allen Gebieten und in allen Wissenschaften hervor. Als Theologen und Philosophen sowieso, aber auch als Ärzte, Astrologen, Sprachforscher und Naturwissenschaftler.

Wenn man weiß, dass die Ausbildung eines Jesuiten bis zu vierzehn Jahre dauern kann, wundert es einen nicht, dass viele von ihnen über ein so universales Wissen verfügen, wie man es im Zeitalter zunehmender Spezialisierung sonst kaum noch findet. Und nur junge Männer mit überdurchschnittlichen Fähigkeiten überstehen diese Prozedur. Sofern sie zudem den Willen mitbringen, sich einer ebenfalls überdurchschnittlichen Disziplin zu unterwerfen.

Der perfekte Jesuit hat von allem etwas: Er verbindet Glaubensstrenge und Disziplin mit Pragmatismus und einem hohen Maß an Flexibilität; Treue und Gehorsam können bei ihm durchaus einhergehen mit Reformwillen und Obrigkeitskritik, und Traditionsbewusstsein schließt revolutionäre Denkansätze nicht aus.

Hört sich das nicht an, als würde Papst Franziskus, Jorge Mario Bergoglio, beschrieben?

Und wenn man genauer hinschaut und die Klischees vom Bettler beziehungsweise vom Soldaten transzendiert, stellt es auch keinen Widerspruch dar, dass ein Jesuit einen franziskanischen Namenspatron gewählt hat.

Wenngleich Prioritäten und Präferenzen bei den beiden Orden und ihren Gründern sicher anders definiert werden, treffen sie sich in gewisser Weise dennoch hinsichtlich ihrer Handlungsmaximen. Nimmt man einmal die Worte des Franz von Assisi über das Notwendige, Mögliche und Unmögliche und vergleicht sie mit folgender Mahnung des Ignatius: »Man soll nie etwas Gutes, sei es noch so klein, aufschieben in der Hoffnung, in der Zukunft Größeres tun zu können«, so vermag ich hinsichtlich der Quintessenz keinen großen Unterschied zu erkennen.

## Der »Jesuitenstaat« in Südamerika

Keine Frage, dass der Bildungsauftrag, dem der Orden sich verschrieben hat, ihn insbesondere für die Mission prädestinierte. Die Jünger des spanischen Ritters kamen nicht bloß mit frommen Worten daher, sondern brachten den Menschen allerlei Nützliches an Wissen sowie an handwerklichen und landwirtschaftlichen Fertigkeiten bei.

Natürlich taten sie das nicht aus purer Nächstenliebe.

Ihr eigentliches Ziel war die Ausbreitung des Glaubens und der päpstlichen Macht – ihr Auftrag, mit dem sie in die Welt hinausgeschickt wurden, die Bekehrung. Alles andere war Mittel zum Zweck, schmückendes Beiwerk sozusagen, wenngleich zumindest teilweise durchaus fruchtbar für die Missionierten.

Schwer zu entscheiden, ob die Vorteile die unbestreitbaren Nachteile aufwogen, denn die Bekanntschaft mit den sogenannten Segnungen der Zivilisation bedeutete zwangsläufig einen Verlust der eigenen kulturellen und religiösen Identität.

Was immer man heute davon im Einzelnen halten mag – die Jesuiten waren sehr erfolgreich mit ihren missionarischen Aktivitäten und kamen gut an in den fremden Ländern. Wozu nicht zuletzt beitrug, dass sie dank ihrer profunden Ausbildung über ein großes Verständnis der jeweiligen Kultur verfügten, sich vorurteilsfrei auf Land und Leute einließen und sich in Kleidung und Lebensstil den jeweiligen Sitten und Gebräuchen anpassten.

Großen Respekt erwarben sie sich zudem, weil sie tatkräftig anpackten, wo immer sie gebraucht wurden, und sich selbst für die geringste Arbeit nie zu schade waren, sondern klaglos ihren Auftrag erfüllten. Eine Haltung, die ihnen den Beinamen »Soldaten Gottes« eintrug.

»Man muss so an eine Sache herangehen, als ob ihr Erfolg einzig von unserer eigenen Tatkraft und Umsicht abhinge, gleichzeitig aber auch so auf Gott vertrauen, als ob allein von Ihm das Werk vollbracht werden könne«, gab Ignatius seinen Ordensbrüdern mit auf den Weg. Salopp formuliert, könnte man sagen, es mag zwar wichtig sein, auf Gott zu vertrauen, jedoch mindestens ebenso wichtig ist es, selbst die Ärmel hochzukrempeln.

Und genau das taten die frommen Multitalente in den sogenannten jesuitischen Reduktionen in Südamerika, dem vielleicht sinnfälligsten Beispiel für ihr erfolgreiches Wirken.

Bei diesen *reducciones*, Niederlassungen, handelte es sich um landwirtschaftliche Großsiedlungen für die Guarani-Indianer, die ab 1609 auf dem Territorium des heutigen Paraguay sowie in den angrenzenden, seit dem Ende der Kolonialreiche zu Argentinien und Brasilien gehörenden Regionen entstanden. Teilweise lebten bis zu zehntausend Einwohner dort. Ihre partielle Unabhängigkeit von der spanischen und portugiesischen Verwaltung führte irgendwann zu Konflikten und schließlich zum Ende des Experiments.

Die Querelen begannen damit, dass die Jesuiten die Eingeborenen unter ihren Schutz stellten und damit dem lukrativen Sklavenhandel einen Riegel vorschoben. Ein beständiger Stein des Anstoßes für die Kolonialbeamten, zumal es auch sonst nicht so klappte mit der geplanten Ausbeutung der Eingeborenen. Die Reduktionen, die sich nicht allein als erfolgreiches Sozialprojekt, sondern ebenfalls als wirtschaftliche Erfolgsstory erwiesen, gaben nämlich nichts ab von den satten Gewinnen, der in den Manufakturen und landwirtschaftlichen Betrieben erwirtschaftet wurde.

Steter Tropfen höhlt den Stein. 1767 war nach rund hundertsechzig Jahren das Ende des »Jesuitenstaats«, wie die Reduktionen häufig genannt wurden, gekommen. Die Mitglieder der Gesellschaft Jesu mussten die spanischen und portugiesischen Besitzungen verlassen. Sechs Jahre später sah sich der Vatikan sogar gezwungen, auf Druck der Könige Spaniens, Portugals und Frankreichs, denen die Tätigkeit des dem Papst unterstellten Ordens seit Langem ein Ärgernis war, die Sozietät ganz zu verbieten.

Die Reduktionen verfielen, und dennoch hinterließen die Jesuiten sichtbare Spuren in Lateinamerika. Etwa in Gestalt zahlreicher Bildungseinrichtungen und Schulen wie dem Colégio Máximo, das sie 1610 in Córdoba gründeten und das drei Jahre später den Rang einer Universität erhielt, der ersten in Argentinien.

Auch ihre Ideen und Ideale wirkten weiter. Im Großen wie im Kleinen. In der den ganzen Kontinent umfassenden Bewegung einer Theologie der Befreiung ebenso wie im Leben eines jungen Mannes aus Buenos Aires, der den Entschluss fasste, sich der Gesellschaft Jesu anzuschließen.

## Berufung und Ordenswahl

Warum wird ein Mensch, was er ist? Was hat ihn in einem bestimmten Moment zu einer bestimmten Entscheidung getrieben? Ist es einfach Zufall? Oder sind wir das Werkzeug einer unbekannten Macht – mag man sie Gott, Vorsehung oder Schicksal nennen?

Jorge Bergoglio, wiewohl streng katholisch aufgewachsen, verspürte nicht gleich den Herzenswunsch, Priester zu werden, und kaum jemand in seinem Umfeld hatte das vermutet. Zunächst lief alles auf einen »normalen« Beruf hinaus. Chemiker, vielleicht anschließend ein Medizinstudium.

Es sollte anders kommen.

Man schrieb den 21. September 1953, Frühlingsanfang auf der südlichen Halbkugel. Ein schulfreier Tag, den Schüler und Studenten zumeist für Ausflüge oder für ein Picknick im Grünen nutzten. In Buenos Aires ging und geht man bis heute bevorzugt in die Palermo-Wälder, einen in der Innenstadt gelegenen Park, der Ende des 19. Jahrhunderts inspiriert durch die Gartenanlage der römischen Villa Borghese angelegt worden war. Dort wollte der siebzehnjährige Jorge zusammen mit Schulfreunden ein paar schöne Stunden verbringen.

Er stand bereits an der Bushaltestelle gegenüber der Basilica de San José de Flores in der Nähe seines Elternhauses, als er wie aus heiterem Himmel das Bedürfnis verspürte, in die Kirche zu gehen und zu beichten. Da habe er zum ersten Mal den unbestimmten Wunsch verspürt, die geistliche Laufbahn einzuschlagen, erklärte er später. Allerdings zunächst sehr vage, wie er hinzufügte.

Fragen nach diesem Berufungserlebnis, wenn man es denn so bezeichnen will, beantwortete er bei verschiedenen Gelegenheiten auf seine unprätentiöse, schlichte und zugleich von tiefer Frömmigkeit geprägte Art. »Man will ihn finden, und dann findet er dich zuerst«, sagte Jorge Bergoglio einmal. Oder: Es sei ein plötzliches, kaum fassbares Erstaunen gewesen, und er habe den Eindruck gehabt, erwartet zu werden.

Noch aber war es nicht so weit.

Erst einmal beendete er die Schule und machte sein Diplom als Chemietechniker, bevor er sich ernsthaft mit dem Gedanken beschäftigte, Priester zu werden. Es war gewissermaßen eine Berufung auf Umwegen, die er in dem Interviewband *El Jesuita* mit einem ironischen Augenzwinkern kommentierte. »Ich würde es mal so formulieren, dass Gott mich einige Jahre ganz schön an der Nase herumgeführt hat.«

1956 endlich stand sein Entschluss fest: Jorge Bergoglio meldete sich im Priesterseminar des Erzbistums Buenos Aires an, das von den Jesuiten geführt wurde. Es war nur ein erster Schritt auf dem ihm vorgezeichneten Weg. Zwei Jahre später trat er dem Orden selbst bei.

Warum? Weil Denken und Wirken der Nachfolger des Ignatius ihn faszinierten, erklärte er später einmal. Ebenso ihr Intellekt, ihr Gehorsam, ihr Sendungsbewusstsein.

Und, das hat er als ganz wesentlich bezeichnet, die Gemeinschaft. Er brauche Menschen um sich, müsse sein Leben mit anderen teilen, betonte er bei verschiedenen Gelegenheiten, und das klang auch in meinen Gesprächen mit seinen Nichten an. Eigenem Bekunden zufolge war es sogar ausschlaggebend für seine Entscheidung, in Santa Marta wohnen zu bleiben und nicht in den Apostolischen Palast zu ziehen.

Die Reaktionen der Familie auf Jorges Entschluss, einem Orden beizutreten, waren zwiespältig. Während der Vater mit seiner Entscheidung laut Aussage des Sohnes einverstanden, ja glücklich gewesen sei, habe die Mutter damit gehadert und sie als Verzicht erlebt. Trotz ihrer unbestreitbaren Frömmigkeit. Sie weinte und besuchte ihn nie im Seminar. Erst bei der Priesterweihe erbat sie seinen Segen.

Ganz anders *Nonna* Rosa. Als sie von der Berufung des Enkels erfuhr, rief sie aus: »Gepriesen sei der Herr«, erinnerte Bergoglio sich im selben Interview, um als besorgte Großmutter gleich hinzuzufügen, er dürfe nie vergessen, dass die Türen ihres Hauses jederzeit für ihn offen stünden und niemand ihm einen Vorwurf machen würde, falls er es sich doch noch anders überlege.

## Lehrjahre eines Jesuiten

Aus dem Chemietechniker war also ein Mitglied der Gesellschaft Jesu geworden, und in den Folgejahren erwarb Bergoglio eine umfassende Bildung in allen möglichen Disziplinen. Geisteswissenschaftliches und philosophisches Studium erst in Chile, dann in seiner Heimatstadt. Lehrtätigkeit als Dozent für Literatur und Psychologie in Santa Fe und Buenos Aires. Studium der Theologie am Colégio Máximo im hauptstadtnahen San Miguel.

Allerdings musste er zwischendurch eine Warteschleife in Kauf nehmen, denn eine lebensbedrohliche Erkrankung schien gleich während seines ersten Jahres im Priesterseminar alle Zukunftspläne zunichtezumachen. Es begann mit Rückenschmerzen und hohem Fieber, die Ärzte taten sich schwer mit der Diagnose. Ein Infekt der Lunge, so viel war klar. Drei Tage lang schwebte der Patient zwischen Leben und Tod. Dann entschloss man sich zur Operation und entfernte den infizierten oberen Teil der rechten Lunge. Nur langsam erholte Jorge Bergoglio sich, und die Beeinträchtigungen spürt er bis heute.

Vor allem eines machte ihm zu schaffen: dass er wegen seiner angegriffenen Gesundheit auf seinen sehnlichsten Wunsch, als Missionar nach Japan zu gehen, verzichten musste. Damit haderte er eine Weile. Später als Erzbischof spottete er darüber, dass nicht wenige sicher froh wären, hätte das damals mit Japan geklappt.

Noch etwas anderes ereignete sich in diesem Jahr, das seinem Leben eine andere Richtung hätte geben können. Auf der Hochzeit eines Onkels lernte er ein Mädchen kennen, in das er sich – man kann es nicht anders sagen – verliebte. Immerhin überlegte er eine Weile, für sie auf die geistliche Laufbahn zu verzichten und vielleicht doch Medizin zu studieren. Aber dann sei die Erinnerung an den Tag seiner Berufung mit Macht zurückgekommen und er habe erneut Gottes Eingreifen gespürt. Damit war die endgültige Entscheidung gefallen.

In den Folgejahren wurde er viel herumgeschickt. Auf das Noviziat in Córdoba folgte ein Juniorat in Chile. Drei Jahre lang blieb er in der kleinen Landgemeinde Padre Hurtado, zwanzig Kilometer von Santiago de Chile entfernt. Dort sollte er seine geisteswissenschaftlichen Kenntnisse vertiefen – prägend indes wurde für ihn etwas anderes.

Nebenbei versah er nämlich in der chilenischen Hauptstadt pastorale Aufgaben und erteilte Religionsunterricht in den Elendsvierteln. Zum ersten Mal unmittelbar konfrontiert mit den massiven sozialen Problemen in Lateinamerika, die wie ein Riss durch die Gesellschaft gingen, fand eine weitere Weichenstellung für den jungen Jesuiten statt: seine Berufung zum Anwalt der Armen.

An seine Schwester María Elena, damals ein Schulkind, schrieb er im Mai 1960 einen Brief, der diese Empfindungen widerspiegelt und den ich mit ausdrücklicher Genehmigung des Papstes zitieren darf.

*Liebe María Elena,*

*zuallererst möchte ich Dir für den Brief danken, den Du mir geschickt hast. Es ist einer der schönsten Briefe, die ich bis jetzt bekommen habe … Ich freue mich über Deinen Fleiß. Nütze jetzt die Zeit zum Lernen, denn später fehlt sie Dir. Ich hoffe, zum Jahresende schreibst Du mir die Briefe auf Englisch. Worauf Du aber* mehr Acht haben solltest, ist Deine geistliche Bildung. Ich wünsche, Du wärst eine Heilige. Warum versuchst Du es nicht – wir brauchen viele Heilige …

Ich möchte Dir etwas erzählen: Ich gebe Religionslehre an einer Schule in der dritten und vierten Klasse. Die Jungen und Mädchen sind sehr arm, einige kommen sogar barfuß zur Schule, haben oft nichts zu essen, und im Winter leiden sie unter der bitteren Kälte. Du weißt nicht, wie das ist. Dir hat es nie am Essen gefehlt, und wenn es Dir kalt ist, setzt Du Dich vor einen warmen Ofen. Während Du glücklich bist, gibt es viele Kinder, die weinen. Während Du am Tisch sitzt, gibt es viele, die nicht mehr als ein Stück Brot zum Essen haben. Viele haben bei Regen und Kälte nicht mehr als ein Blechdach als Schutz, und manche besitzen nicht einmal etwas, um sich zuzudecken. Vor Kurzem sagte mir eine alte Frau: »Padrecito, wenn ich eine Decke kriegen könnte, wie gut würde mir das tun, Padrecito. Weil es mir nachts so kalt ist, Padrecito. Und das Schlimmste von allem ist, diese Leute kennen Jesus nicht. Sie kennen Ihn nicht, weil es niemanden gibt, der es ihnen beibringt.« Verstehst Du jetzt, warum ich Dir sage, wir haben viele Heilige nötig? Ich möchte, dass Du mir hilfst bei meiner Arbeit für diese Kinder. Das könntest Du machen, indem Du jeden Abend einen Rosenkranz betest. Was meinst Du? Sicher ist das mühsam, aber Dein Gebet wird eine ähnliche Wirkung haben wie der Regen im Winter, der den Boden fruchtbar macht. Ich brauche für meine Arbeit als Seelsorger einen fruchtbaren Boden, und daher bitte ich Dich um Deine Hilfe. Ich warte also bald auf einen Brief von Dir, in dem Du mir sagst, was Du darüber denkst und wie Du mir helfen willst. Vergiss nicht, dass das Glück eines Kindes davon abhängen kann.

Ein Jahr später kehrte Bergoglio nach Argentinien zurück, um sein Juniorat mit dem Studium der Philosophie zu vervollständigen. Es folgten eine Lehrtätigkeit als Dozent für Literatur und Psychologie in Santa Fe und Buenos Aires, anschließend ein Studium der Theologie am Colégio Máximo in San Miguel.

Während ich im Verlauf meiner Recherchen über die Jahre, die Bergoglio in Buenos Aires verbrachte, auf viele Menschen gestoßen bin, die über ihn Interessantes zu berichten wussten, stellte sich das hinsichtlich seiner Jesuitenzeit weniger üppig dar.

Insofern konnte ich mein Glück kaum fassen, als bei der Generalaudienz im August 2014 plötzlich ein älterer Herr sich aus der Argentiniergruppe löste und auf mich zukam. Er hatte gehört, wie Monsignore Karcher mich als Autorin eines Buches über den Heiligen Vater vorstellte.

Sein Name sei Carlos Minatti, erklärte er mir, und er kenne den Papst aus Santa Fe, habe ihn an der dortigen Jesuitenschule, die er zwischen 1961 und 1965 besuchte, als Literaturlehrer gehabt sowie als Betreuer im schuleigenen Internat. Ich hatte bereits von der Immaculada Concepción gehört. Sie genoss seinerzeit einen herausragenden Ruf über die Grenzen Argentiniens hinweg, und viele Leute, die es sich leisten konnten, schickten ihre Kinder dorthin. Ob er mir von seinen Erinnerungen berichten dürfe, wollte Minatti wissen.

Welch eine Frage!

*Die Schüler an der Immaculada kamen aus verschiedenen Regionen Argentiniens, zudem aus Nachbarländern wie Uruguay und Paraguay. Der kulturelle Hintergrund und die Lebensweise waren also denkbar unterschiedlich, und da wir nur wenige Gemeinsamkeiten hatten, richteten wir uns an Pater Jorge aus.*

*Er wies uns gewissermaßen den Weg, wurde unser Vorbild. Ich stand unter seinem Einfluss, bis ich mit achtzehn die Schule verließ. Gleiches galt für die anderen: Uns allen half er, zu einem selbstbestimmten Leben zu finden und gleichzeitig verantwortungsbewusste Bürger zu werden …*

*Was mich immer noch fasziniert an ihm, sind seine Demut und seine Bescheidenheit. Die Loyalität seiner Berufung gegenüber. Für uns ehemalige Schüler der Immaculada ist er nach wie vor unser Pater Jorge. Sicher ist die Zeit an ihm nicht spurlos vorbeigegangen – wir sind schließlich alle älter geworden. Aber im Innern ist er der Alte geblieben.*

Einer seiner Klassenkameraden war übrigens der argentinische Schriftsteller und Journalist Jorge Milia, der vor einiger Zeit ein Buch über seinen einstigen Lehrer verfasst hat, zu dem Bergoglio sogar ein Vorwort beisteuerte. Ein Zeichen, dass auch er die Jahre in Santa Fe und seine Schüler nicht vergessen hat.

Carlos Minatti jedenfalls war überglücklich, ihn wiederzusehen. Ich habe vergessen, ihn zu fragen, ob zum ersten Mal seit damals – wahrscheinlich weil ich zu abgelenkt war von dem Fotoalbum, das er mir zeigte. Darin fanden sich Bilder, auf denen ein gut aussehender Pater von Ende zwanzig in die Kamera lächelte. Ein Mann, der sicher eine Familie hätte gründen können, jedoch seiner Berufung folgte und jetzt auf dem Petersplatz stand, wo Schüler und Lehrer von einst sich bald wiedersehen würden.

## Provinzial in stürmischer Zeit

Der politische Aufbruch der Sechzigerjahre blieb auch für die Gesellschaft Jesu nicht ohne Folgen, zumal das Zweite Vatikanische Konzil von 1962 bereits eine Neuorientierung gefordert hatte mit dem Ziel, die Kirche stärker zu öffnen und sie den Herausforderungen der Gegenwart besser anzupassen.

Bei den Jesuiten stand für diesen Wandel in erster Linie der Spanier Pedro Arrupe, der 1965 das Amt des Generaloberen übernahm. Er brachte als Erster das Thema soziale Gerechtigkeit und eine Option für die Armen auf die Agenda jesuitischer Aufgaben, was von den meist nach wie vor konservativen Amtskirchen nicht unbedingt gerne gesehen wurde. Eine Entwicklung, die Bergoglio viele Jahre später unmittelbar betreffen sollte.

Erst einmal aber fand im Dezember 1969 seine Priesterweihe statt, an die sich sein Terziat anschloss, die dritte und letzte Prüfungszeit, in deren Verlauf er zahlreiche Niederlassungen in Lateinamerika sowie in Europa besuchte.

1973 erfolgte dann ein überraschender Karrieresprung. Nach Ablegung der Letzten Gelübde wurde er zum Provinzial ernannt, zum obersten Jesuiten Argentiniens. Mit gerade sechsunddreißig

Jahren. Daneben war er am Kolleg in San Miguel weiterhin als Dozent sowie als Novizenmeister tätig.

Wie vierzig Jahre später bei der Papstwahl wurde bereits damals seine Fähigkeit, Menschen zu führen und zwischen gegensätzlichen Positionen zu vermitteln, als Grund für diese ungewöhnliche Ernennung angeführt. Er selbst warf sich später vor, »haufenweise« Fehler begangen zu haben, und sprach von seiner Wahl als einer »Verrücktheit«. Der Orden habe seinerzeit in einer schweren Krise gesteckt und niemand sich so recht in die Pflicht nehmen lassen wollen.

Es war in der Tat mehr Belastung als Ehre. Und möglicherweise fand Bergoglio sogar, dass dieses Amt eigentlich eine Nummer zu groß war für einen Mann, der keinerlei Erfahrung besaß im Umgang mit den Niederungen des Lavierens und Taktierens, das für die Führung eines exponierten Ordens wie der Gesellschaft Jesu genauso beherrscht sein wollte wie in der großen Politik.

Damals nämlich begann die Theologie der Befreiung gleichermaßen Gesellschaft und Kirche zu spalten. Und weil die Jesuiten deutliche Sympathien für die linke Bewegung zeigten, blies ihnen zunehmend ein scharfer Wind ins Gesicht. Aus Rom ebenso wie von den überwiegend konservativen Kirchenfürsten und Politikern, die über alles Trennende hinweg eines gemeinsam hatten: dass sie alles Linke fürchteten wie der Teufel das Weihwasser.

Es war also keine leichte Zeit für Bergoglio, zumal es auch innerhalb der Sozietät verschiedene theologische und ideologische Strömungen gab, die einander befehdeten. Und so sollte es nicht lange dauern, bis es zwischen der Generalkongregation, dem höchsten beschlussfassenden Gremium des Ordens, und dem jungen Provinzial aus Argentinien zu Spannungen kam. Der nämlich mochte die mehrheitlich radikal-politische Auslegung der Ordensaufgaben nicht mittragen. Der Konflikt belastete den ganzen Rest seiner Amtszeit, die erst 1979 endete.

Danach schob man ihn aus der Führungsebene ab oder stellte ihn kalt, wie manche Insider das sahen. Zunächst wurde er Rektor des Colégio Máximo in San Miguel, was immerhin noch ein angesehener Posten war, doch als man ihn 1986 ohne besonderen Aufgabenbereich an das Colégio del Salvador in Buenos Aires und vier Jahre später gar ins rund achthundert Kilometer von der Hauptstadt entfernte Córdoba schickte, ließ sich nicht länger übersehen, dass Bergoglio auf dem Abstellgleis gelandet war.

Ein Priester ohne Projekte und ohne Perspektive. Ein Mann scheinbar ohne Zukunft.

Er war zu dieser Zeit Mitte fünfzig und hatte das Gefühl, am Ende seiner Laufbahn angekommen zu sein. Gelegentlich befasste er sich mit wissenschaftlichen Studien zum Werk von Romano Guardini, über den er eigentlich promovieren wollte, reiste zu diesem Zweck sogar nach Deutschland oder las seine Lieblingsautoren Borges, Dostojewski, Hölderlin.

Die Situation belastete ihn.

Bekannte, die ihn in jener Zeit in Córdoba trafen, berichteten mir, er habe niedergeschlagen und mutlos ausgesehen und sich müde und schleppend bewegt. Hinter seinem Rücken nannte man ihn den Pater von der traurigen Gestalt. Seine Karriere als Jesuit war beendet, aber in dieser schier verzweifelten und ausweglosen Situation tauchte wie ein Licht am Ende des Tunnels ein Mann auf, mit dem er nie im Leben gerechnet hatte. Antonio Kardinal Quarracino, der Erzbischof von Buenos Aires, holte ihn 1992 in die Hauptstadt und damit ins Leben zurück.

Über diese schwierige Phase habe ich mich ausführlich mit dem bereits mehrmals erwähnten Santiago de Estrada unterhalten, Politiker und Diplomat sowie ein enger Freund Bergoglios. Er bestätigte mir, was ich bereits von anderer Stelle gehört hatte.

Santiago de Estrada: »Quarracino ebnete ihm Schritt für Schritt den Weg nach oben.«

*Bergoglio war praktisch von der Gesellschaft Jesu nach Córdoba verbannt worden. Dafür gab es viele Gründe. Kurz nach seiner Priesterweihe wurde er bereits Provinzial der Jesuiten in Argentinien. Damals herrschte wegen der Befreiungstheologie Krisenstimmung nicht nur im Orden, sondern in der gesamten Kirche.*

*Ich hatte zu jener Zeit einen Lehrstuhl an der jesuitischen Univer-*

*sidad del Salvador und weiß noch genau, dass man oft vergeblich nach einem Priester X oder Y fragte. Viele hatten dem geistlichen Amt den Rücken gekehrt, und Bergoglio sollte der Sozietät eine neue Orientierung geben.*

*Zwar gelang es ihm unter großen Mühen, eine neue Priestergeneration heranzuziehen, aber viele fanden ihn zu hart und zu streng, zu autoritär und waren mit seiner Amtsführung nicht glücklich. Deshalb hintertrieben sie seine weitere Laufbahn im Orden, und so geriet er ins Abseits. Stellen Sie sich vor: In Córdoba hatte er nichts anderes mehr zu tun, als Predigten zu halten und die Beichte abzunehmen!*

*Er hatte Glück, dass er dort Quarracino kennenlernte. Der Kardinal schätzte und mochte ihn sehr und beschloss deshalb, ihn als Weihbischof aus dem »Exil« zurückzuholen. Quarracino war ein sehr kluger Mann und ebnete Bergoglio Schritt für Schritt den Weg durch die Kirchenhierarchie nach oben. Als Erzbischof stand ihm das Recht zu, seinen Nachfolger zu bestimmen, indem er ihn zum Koadjutor ernannte. Kaum jemand machte davon Gebrauch – Quarracino tat es.*

Ich nickte. Der Rest ist bekannt. Und dass dieser Weg in Rom endete, ebenfalls. Da bleibt einem nur, sich posthum bei dem eigenwilligen Quarracino zu bedanken.

# Die Jahre in Buenos Aires: Verbindlich und doch unbeugsam

*»Wie er sich Problemen annähert und sie anpackt,*
*das zeugt von einer Naturbegabung.«*
Alejandro Russo

Er hatte Jesuit werden wollen aus Neigung, Überzeugung und Leidenschaft. Und ja, er machte in der Gesellschaft Jesu ungewöhnlich früh und ungewöhnlich steil Karriere, aber ähnlich schnell und radikal war es damit dann wieder bergab gegangen. Welch ungeahnte Würden noch auf ihn warteten, das hätte er sich damals in Córdoba in seinen kühnsten Träumen sicher nicht vorzustellen vermocht.

Konsequent protegiert von Quarracino, der ihn zielstrebig zu seinem Nachfolger aufbaute, stieg Jorge Bergoglio Stufe für Stufe die Karriereleiter nach oben. 1992 erst Weihbischof, ein Jahr später Generalvikar und 1997 Koadjutor mit Recht auf Nachfolge. Damit wurde er, als Quarracino 1998 starb, automatisch Erzbischof von Buenos Aires und Primas von Argentinien. Drei Jahre später kam die Kardinalswürde hinzu. Eine grandiose Kirchenlaufbahn, die nach der Beinahewahl von 2005 im März 2013 ihren krönenden Abschluss fand. *Habemus Papam.*

Wir haben einen Papst. Und was für einen!

## Vom Ordens- zum Kirchenmann

Trotz der bitteren Erfahrungen mit der Gesellschaft Jesu konnte und wollte Bergoglio seine jesuitische Herkunft nie verleugnen. Was er auch anfasste, was er auch tat als Repräsentant der Amtskirche – immer blitzten Leitmotive des Ignatius von Loyola auf: Hinwendung zur Welt, nicht Abkehr; Gutes tun und sei es noch so klein; die Dinge tatkräftig anpacken, ohne darauf zu warten, dass einem einer hilft.

Für Bergoglio hieß das in Buenos Aires vor allem, sich um die sozialen Missstände und das Millionenheer der Armen und Hoffnungslosen zu kümmern. Als Weihbischof wies er insbesondere die ihm unterstellten jungen Priester an, in die Slums zu gehen und dort Seelsorge zu betreiben.

Gleichzeitig bedeutete das für ihn eine bewusste Abkehr vom politischen Aktivismus, der damals unter den sogenannten Armenpriestern sehr verbreitet war. So sieht es jedenfalls Santiago de Estrada, mit dem ich mich über vielerlei Aspekte in Bergoglios Denken und Handeln unterhalten habe.

Die jungen Curas villeros hätten damals den Ehrgeiz gehabt, wie politische Führer aufzutreten, meinte er. »Bergoglio hat zwar immer mehr Priester in die Villas geschickt, dabei aber zugleich deren Tätigkeit in eine mehr pastorale, wenngleich nach wie vor sozial engagierte Richtung gelenkt … Vormittags hielt er sich eine oder zwei Stunden frei, um mit den Patres zu telefonieren. Er hörte sich ihre Probleme an, und wenn er sie lösen konnte, war es ein erfolgreicher Tag für ihn.« Schon damals, erfuhr ich weiter, erledigte er seine Sachen überwiegend alleine. Seine Sekretärin habe er nur selten in Anspruch genommen.

Ohnehin war er sich nie zu schade, sich selbst um Dinge zu kümmern, die ein anderer in seiner Position delegiert hätte. War ein Priester seiner Diözese etwa erkrankt, genügte ein Anruf, und Bergoglio übernahm für ihn die Vertretung. Hierarchisches Denken war und ist ihm fremd, weshalb er auch konsequent darauf verzichtete, seine Titel zu nennen. »Pater Jorge« oder »Pater Bergoglio« und manchmal bloß »Bergoglio«, hörte man seine Stimme am Telefon.

Als Primas der argentinischen Kirche entwarf er ein neues seelsorgerliches Konzept für die riesige Erzdiözese, die er zu verwalten und zu betreuen hatte. Typisch für Bergoglio, dass er darin zur Richtlinie machte, was er in den Jahren zuvor als Weihbischof selbst initiiert hatte und was ihm besonders am Herzen lag. Die Gemeinschaft mit anderen Religionen, den Einbezug von Laien in die pastorale Arbeit, um die oft überforderten Priester zu entlasten, eine gezielte Zuwendung zu den einzelnen Menschen sowie schließlich und vor allem die besondere Fürsorge für Arme, Ausgegrenzte und Kranke.

## Soziale Brennpunkte

Buenos Aires ist eine Stadt mit unvorstellbaren Gegensätzen, die einen immensen gesellschaftlichen Sprengsatz darstellen. Und selbst bei allem guten Willen und trotz diverser Initiativen lassen sich die Missstände kaum beheben. Da müssten schon die staatlichen Stellen ran, doch genau daran hapert es.

Drei Millionen Einwohner leben in rund hundert Stadtteilen. Arm und Reich oft dicht beieinander. Ein elegantes Viertel mit Edelboutiquen und Nobelrestaurants kann in unmittelbarer Nachbarschaft zu einem der Elendsquartiere liegen, die sich immer weiter in die Stadt hineinfressen. Ein signifikantes Zeichen, dass sich die Schere zwischen den sozialen Gruppen, zwischen denen da oben und denen da unten, zunehmend weiter öffnet. Die Reichen werden immer reicher und die Armen immer ärmer. Im Rest des Landes sieht es nicht besser aus.

Bettelnde Kinder gehören ganz selbstverständlich zum Stadtbild, ebenso Drogensüchtige und junge Diebe. Vielen mag das im Stil des Fin de Siècle errichtete Buenos Aires wie eine Stadt mit Herz und mit hoher Lebensqualität erscheinen, aber das gilt nur für jene Bewohner, die einen Platz an der Sonne ergattert haben. Für die anderen ist sie Gift, weil sie ihnen keine Chancen bietet, sondern sie lediglich weiter ins Elend zieht.

Zu Bergoglios Zeiten war die Situation um keinen Deut besser, und so stellte sich ihm hier eine Aufgabe von gigantischen Ausmaßen, über die noch eingehender zu berichten sein wird. Ebenso über den Elan, mit dem er sich darauf stürzte, das in seinem Rahmen Mögliche zu tun. Was großen Einsatz für den Einzelnen bedeutete, im Endergebnis jedoch nicht genug und kaum mehr als der berühmte Tropfen auf dem heißen Stein war.

Und trotzdem versuchte er es. Unablässig und immer wieder aufs Neue. Geradlinig, unbeugsam und fast stur ging er seinen Weg, um überhaupt etwas zu bewirken. Getreu der Maxime des Ignatius, dass man nicht kleine Dinge vernachlässigen dürfe, weil man auf größere, bessere Gelegenheiten hoffe.

Für seinen Freund de Estrada allemal ein Grund, ihm Führungsqualitäten zu bescheinigen. »Eine seiner stärksten Eigenschaften ist seine Beharrlichkeit. Vor Kurzem berichtete mir ein Bischof von den Schwierigkeiten, die sie mit den Pfarrern und Pfarreien hätten. Der Einzige, der je über genug Autorität verfügte, einem der Patres vorzuschreiben, was er zu machen habe, sei Bergoglio gewesen … Gerade wenn er glaubte, Werte und Prinzipien verteidigen zu müssen, schwieg er nicht, setzte sich vielmehr vehement dafür ein. Allerdings meist unauffällig, ohne es an die große Glocke zu hängen, denn er war und ist ein bescheidener, demütiger Mensch«, sagte Estrada und fügte hinzu: »Deshalb ahnten viele gar nicht, was er leistete. Genauso wenig wussten sie, dass er häufig einfach in den Villas herumspazierte wie andere im Stadtzentrum, an den Türen der armseligen Hütten anklopfte und mit den Bewohnern Matetee trank.«

## Nah dran sein am Menschen

Ja, solche Berichte habe ich im Zuge meiner Recherchen viele gehört. Und auch, dass diese Menschen ohne Besitz, ohne Rechte und ohne Würde ihn als einen der ihren betrachteten. Weil er sie nicht mit Herablassung behandelte, sondern mit Respekt und Achtung. Auf Augenhöhe gewissermaßen. Das gab ihnen wenigstens ein bisschen das Gefühl, etwas wert zu sein.

Die Bewohner der Villas miserias, wie die Slums in Argentinien genannt werden, dankten es ihm und liebten ihn. Das belegt auch die folgende Anekdote, die für viele andere steht. Der Bewohner einer solchen Elendssiedlung entdeckte im Bus auf der Heimfahrt von der Arbeit den Erzbischof, der auf dem Weg in sein Viertel war, um dort eine Messe zu lesen.

Nach dem Gottesdienst soll der Mann ihn völlig überwältigt angesprochen haben: »Pater, nachdem Sie im Bus mit uns hergefahren sind, betrachteten wir Sie fortan als Teil unserer Gemeinschaft.« Eine rührende Aussage, die verständlich macht, warum die Armen in aller Welt jetzt auf diesen Papst bauen.

Ob in den argentinischen Slums oder anderswo – man wird ihn immer auf der Seite derer finden, die keiner will. So auch bei seiner ersten Reise als Kirchenoberhaupt, die ihn auf die Insel Lampedusa führte, vor deren Küste gerade wieder ein Flüchtlingsboot gesunken war. Diesmal hatte es so viele Tote gegeben, dass man nicht einfach zur Tagesordnung übergehen konnte, obwohl man die unwillkommenen Zuwanderer aus Afrika nach wie vor am liebsten postwendend zurückgeschickt hätte. Nicht nur in Italien, genauso in allen Ländern der EU, was die von Zeit zu Zeit plakativ bezeugte Trauer letztlich als heuchlerisch entlarvt.

Franziskus hingegen nahmen diese trotz glücklicher Rettung unglücklich Gestrandeten seine Betroffenheit angesichts von mehr als fünfhundert Toten ab. Sie erkannten, wie aufrichtig seine Worte gemeint waren, als er sagte, dass nichts, aber auch gar nichts es rechtfertige, den Flüchtlingen Hilfe und Aufnahme zu verweigern. Mit der für ihn typischen, schonungslosen Offenheit geißelte er die »Globalisierung der Gleichgültigkeit« und verurteilte eigensüchtiges Wohlstandsdenken, das »uns gefühllos mache dem Aufschrei der anderen gegenüber«. Das sei nichts als ein Leben »in schönen Seifenblasen«. Sätze, die an seine Predigten zugunsten der Menschen am Rande der argentinischen Gesellschaft erinnern, die ebenfalls niemand haben will.

Egal, ob seine Gesten unmittelbare Wirkung zeigen oder nicht – für die Armen der Welt bedeuten sie einen Trost und ein Signal der Hoffnung, weil sie spontan, aufrichtig und authentisch sind.

Wenngleich er seine Emotionen nicht überschwänglich zur Schau stellt, was, wie María Elena einmal sagte, ein norditalienisches Erbe sei, betrachtet man ihn allgemein als anteilnehmenden, solidarischen Zuhörer mit einem offenen Ohr für die Sorgen und Probleme der Menschen.

Und er war immer zur Stelle, wenn Menschen in Not gerieten oder von einem schweren Schicksalsschlag getroffen wurden. Wie etwa nach dem verheerenden Diskothekenbrand in Buenos Aires von 2004, bei dem fast zweihundert meist junge Menschen ums Leben kamen. Damals zögerte er nicht, verzweifelten Eltern der Opfer seine Telefonnummer zu geben. Ähnlich nach einem Zugunglück von 2012, als er den Angehörigen aller Toten persönlich einen Brief schrieb. Handschriftlich. Was er sich nach Auskunft meines Gewährsmannes Santiago de Estrada selbst im Vatikan nicht nehmen lässt.

## Ein Erzbischof in der U-Bahn und im Supermarkt

Kein Wunder, dass die einfachen Menschen ihn verehrten. Wozu nicht zuletzt seine bescheidene Lebensweise beitrug, sein Verzicht auf die Attribute der Macht und des Reichtums. Bei ihm blieben die Purpurgewänder im Schrank, und es heißt, er habe sich bei der Verleihung der Kardinalswürde eine gebrauchte Robe umschneidern lassen. Im Alltag sah man ihn lediglich im schwarzen Anzug mit weißem Priesterkragen. Solche Sachen kamen an in den Villas, öffneten ihm die Herzen, imponierten den Armen und machten es ihnen möglich, mit Pater Jorge in ihren jämmerlichen Hütten Matetee zu trinken.

Santiago de Estrada hat in diesem Zusammenhang von einer kalkulierten Klugheit gesprochen und Bergoglios Bescheidenheit als Merkmal seiner »Schlauheit« bezeichnet. Das Bezahlen seiner Rechnung in der Klerikerpension, die schwarzen Straßenschuhe: »Er wusste, dass er ein paar Dinge tun musste, die seine Grundeinstellung sichtbar machten.« Und es funktionierte. Die Gesten wurden quasi zu seinem Markenzeichen. Prägnant und unverwechselbar.

Seine Bescheidenheit ist inzwischen legendär und hat Stoff für allerlei Anekdoten geliefert. So weiß inzwischen jeder, dass er nicht nur die päpstlichen Zimmerfluchten im Vatikan ablehnte, sondern bereits in Buenos Aires das erzbischöfliche Palais verschmähte und lieber in seiner schlichten Unterkunft im Diözesangebäude hinter der Kathedrale blieb. Dass er im Supermarkt einkaufte, selbst seine Mahlzeiten zubereitete, sofern er Zeit fand, und alles machte, was in einem Junggesellenhaushalt so anfiel. Einschließlich Wäsche.

Diese Bescheidenheit trieb jedoch bisweilen seltsame Blüten, wie María Elena ausplauderte. Als Bruder Jorge sich 2001 seinen Kardinalshut in Rom abholen musste, durfte die Schwester ihn ausnahmsweise einmal begleiten, obwohl er sonst bekanntermaßen Reisen von Angehörigen zu irgendwelchen feierlichen Anlässen als Verschwendung betrachtete. Warum es diesmal anders lief, ist nicht überliefert.

Allerdings scheint Bergoglio vor Ort sehr gespart zu haben, denn María Elena berichtete nach ihrer Rückkehr, dass sie den ganzen langen Weg von ihrer Unterkunft bis zum Vatikan zu Fuß zurückgelegt hätten. Trotz seiner schmerzenden Plattfüße, fügte sie hinzu. Kein anderer außer ihnen sei auf diese Idee gekommen – die anderen Purpurträger nebst Anhang hätten sich in eleganten Limousinen zum Festakt chauffieren lassen.

Auch in Buenos Aires verzichtete er, wenn eben möglich, auf die Benutzung eines Dienstwagens, ging lieber zu Fuß oder benutzte für längere Strecken Bus oder U-Bahn. Es gibt zahlreiche Fotos, die ihn in seinem schlichten schwarzen Habit dort zeigen, und niemand wunderte sich, wenn er ihn sah. Das war alltäglich.

Ich selbst bin ihm mehrfach in der U-Bahn begegnet, und zwei Ereignisse sind mir besonders in Erinnerung geblieben.

Das erste Mal sah ich ihn in einem U-Bahn-Wagen, in dem ein kleiner Junge den Fahrgästen Heiligenbilder auf den Schoß legte und sie flehentlich ansah. Eine in Buenos Aires übliche Szene. Je jünger das Kind, desto mitleidsvoller sind die Leute, und desto bereitwilliger öffnen sie ihre Geldbörsen.

Ich hatte Bergoglio gar nicht bemerkt, bis mir seine schwarze Soutane inmitten all der sommerlich bunten Kleidungsstücke auffiel. Er stand an der Tür, und als der kleine Junge an ihm vorbeiging,

*Die Catedral Metropolitana, Sitz des Erzbischofs von Buenos Aires*

streckte er die Hand aus und streichelte liebevoll über den Kopf des Kindes.

Was er sagte, konnte ich nicht verstehen. Ich sah nur, dass der Junge verwundert den Blick hob. Ein anrührendes Bild, das ich gerne festgehalten hätte, doch gab es damals leider noch keine Handykameras.

Dann zog Bergoglio etwas aus seiner Tasche und reichte es dem Kind. Obwohl es sichtlich kein Geld war, funkelten die Augen des kleinen Bettlers vor Freude. Zu gerne hätte ich gewusst, womit Pater Jorge, wie der Erzbischof sich nach wie vor nennen ließ, das bewirkt hat.

Ein anderes Mal sah ich ihn auf der Fahrt zur Plaza de Mayo, wo sich das Erzbischöfliche Ordinariat befindet. Obwohl die U-Bahn ziemlich voll war, fasste ich mir ein Herz und sprach ihn an. Wenngleich unser Gespräch lediglich kurz war, werde ich seine Worte nie vergessen.

Auf meine Frage, wie die katholische Kirche zu ihren älteren Brüdern, den Juden, stehe, antwortete er mit leiser Stimme und einem gewinnenden Lächeln, das sich sogar auf seine Augen erstreckte: »Ein Christ kann kein Antisemit sein.«

Nachdem er ausgestiegen war, winkte er mir vom Bahnsteig aus noch einmal zu. Er hatte nicht viel gesagt, aber seitdem war mir klar, was für ein Mensch er ist. Wer nämlich mit dem Herzen spricht und sieht, hat den starken Willen und die Fähigkeit, die Welt zu verändern.

## Mein Thema: Christen und Juden

Zu diesem Zeitpunkt hatte ich bereits eine Menge über den neuen Erzbischof gehört und wusste vor allem, dass er sich seit Jahren um eine Annäherung der Religionen bemühte und ihm insbesondere die Aussöhnung mit den Juden am Herzen lag. Vielleicht hing das ja damit zusammen, dass der argentinische Staat nach dem Zweiten Weltkrieg vielen Naziverbrechern Unterschlupf gewährt hatte, darunter so berüchtigten Tätern wie Adolf Eichmann, dem Organisator der Judendeportationen, Josef Mengele, dem Auschwitz-Arzt, und Klaus Barbie, dem »Schlächter von Lyon«.

Als Jüdin mit deutschen Wurzeln – meine Eltern konnten gerade noch rechtzeitig aus Hitlers Machtbereich fliehen und entgingen dem Holocaust, doch keiner sonst aus der Verwandtschaft überlebte – fühlte ich mich in besonderer Weise von solchen Aktivitäten Bergoglios angesprochen.

Auf seine Initiative, damals noch als Weihbischof, ging auch die Installation eines Wandbilds zurück, das in der Catedral Metropolitana an die Opfer des Holocaust und der in Argentinien verübten Anschläge auf die israelische Botschaft sowie auf das Gebäude der AMIA, der Zentrale der jüdischen Gemeinden in Argentinien, erinnerte.

Zwar hatte ich die feierliche Enthüllung verpasst, war aber öfter in der Kapelle der Jungfrau von Luján gewesen, um das Bild zu betrachten. Und irgendwie wurde ich neugierig, was dieser Mann, der inzwischen Erzbischof von Buenos Aires geworden war, mir, der Jüdin, wohl zu sagen hatte.

Und so ging ich am 25. Mai 1998, dem argentinischen Nationalfeiertag, zum Tedeum in die Kathedrale, nahm ganz vorne links vom Altar Platz und wartete gespannt auf die Predigt. Einzelheiten sind mir nicht im Gedächtnis geblieben, doch ich war beeindruckt, das weiß ich noch. Danach ließ mich der Gedanke an diesen Mann irgendwie nicht mehr los. Die persönliche Begegnung in der U-Bahn hatte dies nur verstärkt.

## Weggefährten

Menschen zu treffen, die eng mit Bergoglio und seinem Wirken in Buenos Aires verbunden waren, ließ seine Persönlichkeit mit jedem Mal deutlicher werden. Mosaikartig setzte sich ihr Bild zusammen aus den Berichten von Verwandten, Freunden, Kollegen und Studenten von einst, aus den Einschätzungen intellektueller Gesprächspartner ebenso wie aus den rührenden Dankesbezeugungen ungebildeter Slumbewohner.

Meine Gesprächspartner repräsentierten gewissermaßen einen Querschnitt durch die Gesellschaft – sie hatten unterschiedliche Lebensläufe, einen unterschiedlichen sozialen und kulturellen Background und unterschiedliche religiöse Prägungen. Die einen waren reflektiert und kritisch, die anderen bewunderten ihn schlicht. Die einen interessierte mehr der Seelsorger, die anderen mehr der Reformer, doch in einem waren sie sich alle einig: dass er die Menschen liebt und für sie lebt und dass er über Gräben hinweg Brücken schlägt.

### Alejandro Russo: »Ämter und Aufgaben haben sich geändert, nicht aber der Mensch.«

Wenngleich Bergoglio in seiner argentinischen Zeit nicht unbedingt in dem Ruf stand, sonderlich teambegeistert zu sein, und lieber alles im Alleingang erledigte – ganz ohne Unterstützung kam auch er nicht aus. Dabei war, vor allem was Verwaltungsaufgaben und Veranstaltungen anging, der Rektor der Kathedrale einer seiner wichtigsten Mitarbeiter. Drei Jahre lang war das Pater Alejandro Russo.

Wir hatten uns an einem Montag um elf Uhr in der Sakristei verabredet, und es herrschte bereits viel Betrieb in der Kathedrale. Touristen- und Schülergruppen, Pilger und erste Gottesdienstbesucher, bald würde die Messe anfangen. Russo, ein jovialer Mann mittleren Alters, kam mir mit einem offenen Lächeln entgegen und zeigte mir erst einmal die Kunstschätze der Sakristei: Gemälde an den Wänden des großen Raumes, Reliquien in den Vitrinen, die Zeugnis ablegen von der erfolgreichen Christianisierung während der Kolonialzeit. Das Blut, das dabei floss, sieht man nicht mehr. Vergessen und vergeben?

Doch darum ging es nicht. Schließlich war ich gekommen, weil ich von dem Pater seine persönlichen Eindrücke über seinen ehemaligen Chef erfahren wollte, den er seinerzeit tagtäglich gesehen hat. Als Erstes kam er auf Bergoglios ungeheure Energie zu sprechen.

*In einer so großen Diözese wie Buenos Aires lag immer vieles an. Neben der Verwaltung der Pfarreien gab es zahlreiche Veranstaltungen in der Kathedrale, die in meinen Aufgabenbereich fielen, und da arbeiteten wir eng zusammen. Ich habe immer bewundert, wie selbstverständlich er in allen Bereichen stets den Überblick behielt und sich persönlich um alles kümmerte.*

*Er schien wirklich außergewöhnlich belastbar zu sein, und diese immense Arbeitskraft kommt ihm im Vatikan zweifellos zugute. Zumal er dort bestimmt erheblich mehr um die Ohren haben dürfte als hier. Ich denke vor allem daran, wie energisch er gleich die überfällige Kurienreform in Angriff genommen hat. Bewundernswert.*

*Imponiert hat mir ebenfalls seine Direktheit. Gerade bei diffizilen Problemen. Er ging, ohne lange um den heißen Brei herumzureden, auf eine Sache zu. Oder auf eine Person. Und das Erstaunliche war, dass alle Leute sich ganz speziell von ihm angesprochen und behandelt fühlten. Als wären sie etwas Besonderes, ganz und gar einzigartig, und als würde er sich nur um sie bemühen.*

*Pater Alejandro Russo, Rektor der Kathedrale von Buenos Aires*

Hinzu kam, dass er jedes Detail im Kopf hatte – ich kenne niemanden, der darin so gut war wie er. Ich glaube, dass er als Papst genauso agiert wie früher als Priester, Provinzial, Weihbischof, Erzbischof und Kardinal. Im Laufe der Jahre haben sich Ämter und Aufgaben geändert, nicht aber der Mensch.

Typisch war ferner, dass die Audienzen, die normalerweise mit zwanzig Minuten angesetzt waren, bisweilen bis zu zwei Stunden dauerten. Das lag allein schon daran, dass er nie jemanden unterbrach, immer genau zuhörte und nie von sich aus ein Gespräch beendete. Er wartete geduldig, bis sein Gegenüber alles vorgebracht hatte. Das schuf Vertrauen.

Einmal habe ich ihm gesagt: »Eminenz, wenn ich Sie mit Ihren Besuchern sehe, fühle ich mich an Anna Boleyn und Heinrich VIII. erinnert.« Er schaute mich verwundert an, und ich erklärte ihm den Vergleich. Es heißt, dass Anna Boleyn in der Nacht vor ihrer Enthauptung von ihrem Bewacher gefragt wurde, welche Gefühle sie dem König, ihrem Ehemann, in dieser Situation entgegenbringe. »Ich war bürgerlich, und durch Heinrich wurde ich Königin«, soll sie geantwortet haben. »Jetzt bin ich Königin und werde, da er mich töten lässt, durch ihn zu einer Heiligen.«

109

*Und hier waren die Besucher beim Verlassen der Sakristei meist glücklicher als beim Eintreten, selbst wenn Bergoglio ihnen eine Standpauke gehalten hatte. Es war diese besondere Art, selbst unangenehme Dinge so vorzubringen, dass der Gemaßregelte sie akzeptieren konnte. Er selbst sagte immer: »Der Ton macht die Musik.« Es sei ein Spruch, den er von den Deutschen gelernt habe.*

Ob er nur im Entferntesten an diesen Ausgang der Papstwahl gedacht habe, fragte ich den Pater. Er schüttelte den Kopf. Nein, absolut nicht. Russo erinnerte sich noch genau an den Tag, als sich die dramatische und völlig unerwartete Lebenswende anbahnte.

*Ich werde den Moment nie vergessen, als ich von Ratzingers Rücktritt erfuhr. Ich fand es eine sehr ehrenwerte und große Geste, vor den Augen der ganzen Welt seinen Platz für einen Nachfolger zu räumen. Aus welchen Gründen auch immer …*
*Bergoglio hingegen fühlte sich dadurch in seinen Plänen gestört. Er fürchtete, dass sich nun die Amtsübergabe an den Nachfolger verzögern würde. Wir hier im Diözesanbüro sahen ihn damals alle bereits im Priesterheim in Flores, nicht aber auf dem Heiligen Stuhl. Mit dieser Wahl hatte wirklich niemand gerechnet. Er selbst am allerwenigsten. Und ich bin nicht sicher, ob er glücklich darüber war. Weil dieses Leben im Vatikan einfach nicht seinem Stil entspricht.*
*Kurz nachdem er zum Papst gewählt worden war, rief er mich an. Ich nützte die Gelegenheit und gab ein Bonmot weiter, das in Buenos Aires über ihn kursierte. »Die Menschen sind überrascht, dass Sie mit einem Mal Zähne haben.« »Was wollen Sie damit sagen?« fragte er, und ich antwortete: »Nun, es fällt auf, dass Sie plötzlich lachen können.«*
*Scherz beiseite. Für mich war die Papstwahl ein Wunder, und ich bin überzeugt, dass Franziskus mit seiner von Herzen kommenden Art, mit seinem Engagement einiges bewirken wird. Mehr als so mancher Regierungschef.*
*»Man sieht nur mit dem Herzen gut«, hat Antoine de Saint-Exupéry einmal gesagt – der Satz könnte ebenfalls von Bergoglio stammen.*

José María del Corral: »Den anderen nicht nur
tolerieren, sondern lieben.«

Den Mann, der im Folgenden zu Wort kommt, verbindet mit
Bergoglio eine ganz besondere Geschichte, die sich durch die
Papstwahl im Grunde noch intensiviert hat. Ich wusste davon
nichts, bis del Corral es mir erzählte. Gemeinsam mit dem Erzbischof Bergoglio rief er nämlich vor Jahren ein schulisches Netzwerk ins Leben, und gemeinsam mit Papst Franziskus treibt er jetzt
den Ausbau weiter. Und gemeinsam werben Jorge und José, die
beiden Freunde, durch Fußballspiele für ihr Projekt.
Außerdem ließ del Corral es sich trotz Mahnung zum Verzicht
nicht nehmen, zur Amtseinführung nach Rom zu reisen. Dass er
mit Sergio, dem Papiersammler, in der ersten Reihe saß, darüber
habe ich bereits berichtet.
José María del Corral, ein Mittfünfziger, also deutlich jünger als
der Papst, empfing mich in seinem Büro in der katholischen Schule
San Martin de Tours in Recoleta, einem der vornehmen Stadtviertel von Buenos Aires.
Obwohl er im Erziehungswesen Beruf und Berufung gefunden
habe, sei er eher auf Umwegen dazu gekommen, erzählte er mir.
Aus sage und schreibe sieben Schulen habe man ihn herausgewor-
fen, und dieses Eingeständnis ist ihm nicht im Geringsten peinlich.
Schließlich reagierten seinerzeit die Bildungseinrichtungen weltweit auf den Protest einer rebellischen Jugend nicht selten mit Hilf-
losigkeit und oftmals mit unangemessener Härte. »Ich kann also
sagen, dass ich auch die Kehrseite des Schulsystems kenne«, meinte
del Corral lachend.
Generell verlief sein Weg nicht unbedingt gradlinig. Kurz vor dem
Diplom brach er sein Wirtschaftsstudium ab, wollte Priester werden
und engagierte sich wie viele Seminaristen neben dem Studium für
die Menschen in den Elendsvierteln. Für den jungen Mann aus
wohlhabendem Hause, dessen Großeltern einst den größten argentinischen Schulbuchverlag gegründet hatten, war das die Villa 1.11.14
in Bajo Flores, in unmittelbarer Nachbarschaft zum luxuriösen
Ambiente seines heimatlichen Viertels Recoleta gelegen.

Doch weil er mit dem Zölibat nicht klarkam, verließ er das Seminar wieder und kehrte zurück zu seinem Wirtschaftsstudium, machte seinen Abschluss und fand irgendwann zu seiner eigentlichen Bestimmung. »Nach vielen Irrwegen entdeckte ich, dass es mich glücklich machte zu unterrichten.«

Erst hatte er einen Lehrstuhl an der Katholischen Universität von Buenos Aires inne, später leitete er Schulen im ganzen Land und legte irgendwann für sich ganz persönlich das Gelübde der Armut ab. Ein Priester letztlich, nur eben verheiratet und mit Familie.

*Seit damals widme ich mein Leben der Erziehung. Zum einen faszinierte es mich, an der Heranbildung und Bildung der Jugend mitzuwirken, und zum anderen hatte ich erkannt, dass auf diesem Sektor neue Wege beschritten werden mussten. Unser Schulsystem trug damals mehr Museumscharakter, als dass es den Erfordernissen einer lebendigen, zeitgemäßen Einrichtung Rechnung getragen hätte.*

*In diesem Zusammenhang lernte ich dann Bergoglio, damals bereits Erzbischof, kennen. Eines Tages rief man mich aus dem Diözesanbüro an und fragte nach, ob ich sie hinsichtlich der Pfarreischulen unterstützen könnte. Die Zusammenarbeit kam zustande, entwickelte sich erfolgreich und zur beiderseitigen Zufriedenheit, sodass Bergoglio mir schließlich die Leitung des Generalbildungsrats der Erzdiözese übertrug.*

*Zuvor hatte es einen solchen Posten überhaupt nicht gegeben, und er war zudem völlig neuartig von der Intention her. Ich sollte mich nämlich neben den katholischen Schulen, den katholischen Kindern und Jugendlichen also, um die Koordination der gesamten Jugendarbeit kümmern. Das heißt, unter Einbezug aller Religionen. Gemeinsam mit Bergoglio erarbeitete ich das Konzept der sogenannten Nachbarschaftsschulen (Escuelas de Vecinos). Ein Modell, an dem Kinder von öffentlichen wie kirchlichen Schulen teilnehmen. Und soweit ich weiß, war es der erste Versuch, gezielt Jugendliche der verschiedensten Glaubensrichtungen und Ethnien zusammenzubringen. Es gibt diese Schulen nach wie vor, und sie haben sich als ebenso erfolgreiche wie hoffnungsvolle Modelle erwiesen.*

*José María del Corral – er und Jorge Bergoglio schufen vor Jahren ein schulisches Netzwerk*

Vor allem waren sie Vorläufer und Grundlage eines größeren Projekts, nämlich der »Scholas Occurrentes«, Schulen der Begegnung. Dabei handelt es sich um ein Netzwerk, zu dem sich weltweit Schulen zusammengeschlossen haben, die gemeinsame Ziele und Interessen wie soziale Integration und Friedenssicherung etwa verfolgen. Sie kooperieren miteinander und tauschen sich über Projekte und Fördermaßnahmen aus.

Bergoglios Überzeugung, nicht zuletzt geprägt durch seine jesuitische Herkunft, war und ist es, dass man die Jugendlichen bilden und bei ihnen ein politisches und soziales Interesse wecken muss, damit sie zu verantwortungsvollen Staatsbürgern und Mitgliedern der Gesellschaft heranwachsen. Deshalb spricht das Modell der Nachbarschaftsschulen insbesondere jene Altersgruppe an, die bald ins Erwachsenen- und Berufsleben eintritt.

Als wir 1997/1998 die erste Schule eröffneten, fingen wir mit hundertdreißig Jugendlichen an. Inzwischen sind es in Buenos Aires siebentausend, die an diesem Projekt teilnehmen. Die jungen Leute

113

beschäftigen sich mit bestimmten Themen – dieses Jahr sind es »Korruption« und »Alkohol« –, stellen Recherchen an, führen Gespräche mit Politikern und Journalisten und haben sogar schon vierzehn Gesetzesvorlagen eingebracht.

Darüber hinaus hat Bergoglio gemeinsam mit der Zentrale der jüdischen Gemeinden und dem Islamischen Zentrum dafür gesorgt, dass an allen Schulen in Buenos Aires Kindern ab zehn Jahren eine interreligiöse Unterweisung angeboten wird. »Den anderen nicht nur tolerieren, sondern lieben«, lautet die Prämisse, die hinter diesem Gedanken steht und sich inzwischen sogar in einem von den Jugendlichen initiierten Gesetz niedergeschlagen hat.

Ohne Bergoglios Unterstützung und Einfluss, den er als hoher kirchlicher Würdenträger nun einmal hatte, wäre das alles nicht möglich gewesen. Da haben wir ihm sehr viel zu verdanken.

Unvergesslich sind auch die Messen, die er einmal jährlich für die Erziehungsarbeit im Sinne eines religiösen Dialogs gehalten hat. Besonders anrührend war es 2000, als er nach dem Gottesdienst in Anwesenheit jüdischer und islamischer Repräsentanten und Tausender gemischtgläubiger Schüler auf der Plaza de Mayo gegenüber der Kathedrale selbst die Schaufel in die Hand nahm und im Namen der drei großen Religionen einen Olivenbaum als Symbol des Friedens pflanzte. Nach seiner Wahl zum Papst erinnerte er spontan an diese gemeinsame Aktion mit seinen »jüdischen und islamischen Brüdern«.

Im Laufe von zwanzig Jahren gemeinsamer Anstrengungen für ein gemeinsames Ziel ist Jorge Bergoglio mir ein guter Freund geworden, ein väterlicher Freund. Und keiner von uns hätte je daran gedacht, dass es so plötzlich vorbei sein würde mit unserer Zusammenarbeit.

Als er mich im Februar 2013 anrief, um mir die Neuigkeiten aus dem Vatikan, den unerwarteten Rücktritt Benedikts XVI., mitzuteilen und sich für die Zeit des Konklaves von mir zu verabschieden, sagte ich im Spaß: »Na, dann kann ich ja schon mal meinen Koffer packen.« Er lachte. »Nein, sicher nicht«, antwortete er. »Ich habe den Rückflug bereits gebucht …« Trotzdem überfiel mich eine

*tiefe Melancholie. Irgendwie habe ich damals gespürt, dass er nicht
zurückkommen würde.*

Als ich del Corral mit großer Bewegung von dem Ölbaum vor der
Kathedrale reden hörte, fiel mir unwillkürlich jener Ölbaum ein, den
Franziskus gerade eben mit Israels Präsident Schimon Peres und
Palästinenserpräsident Mahmud Abbas in den Vatikanischen Gär-
ten gepflanzt hatte, um der Hoffnung auf Frieden im Nahen Osten
Ausdruck zu verleihen. Bislang leider bloß ein frommer Wunsch.
Mehr Erfolg hatte eine andere päpstliche Vermittlungsaktion, die
im Stillen und fast unter Ausschluss der Öffentlichkeit im Vatikan
vorbereitet wurde: eine Wiederannäherung zwischen den USA
und Kuba. Nach über fünfzig Jahren Eiszeit mehrten sich zwar seit
Langem die Stimmen, dass die Zeit reif sei für einen Kurswechsel,
doch nie wurde ein Durchbruch erzielt. Zu verhärtet waren die
Fronten. Bis Franziskus sich einschaltete und durch Briefe und

*José María del Corral
mit seinem väter-
lichen Freund Jorge
Bergoglio, damals
noch Erzbischof von
Buenos Aires*

Telefongespräche mit Barack Obama in Washington und Raoúl Castro in Havanna das schier Unmögliche erreichte. Erst fanden im Vatikan Treffen zwischen Vertretern beider Länder statt, bis im Dezember 2014 die Wiederaufnahme diplomatischer Beziehungen erklärt wurde. Beide Staatschefs bedankten sich ausdrücklich bei dem Vermittler. Für mich war es ein weiteres Zeichen dafür, wie viel gerade auch in der Politik ein Mann wie Jorge Bergoglio bewirken kann. Einer, der es nicht nur als seine Aufgabe als Papst betrachtet, sich einzumischen, sondern ebenso als seine Pflicht als Mensch. Der überdies bestrebt ist, Brücken zu schlagen über ideologische Gräben hinweg, erstarrte Positionen aufzuweichen und scheinbar unversöhnliche Gegner einander näherzubringen. Dieser Papst hat nichts, aber auch gar nichts von dem traurigen Rufer in der Wüste, dessen Worte ungehört verhallen. Im Gegenteil: Nach dieser geradezu historischen Wende wird kaum jemand mehr daran zweifeln, dass noch einiges von ihm zu erwarten sein dürfte. Zum Wohle der Kirche und der ganzen Welt.

## Luis Liberman: »Wir nannten ihn Commandante.«

Der Mann, den ich an einem unwirtlichen Tag im Juni, im argentinischen Winter also, aufsuchte, gehört zu den Intellektuellen eher linker Prägung und weiß Kluges über die Wurzeln von Bergoglios Denken und Handeln zu berichten. Die beiden sind gute Freunde, trotz aller Unterschiede und obwohl sie mehr als dreißig Jahre im Alter trennen.

Luis Liberman ist Leiter einer Gewerkschaftshochschule und Inhaber eines Lehrstuhls für den interreligiösen Austausch an der Katholischen Universität Buenos Aires, der 2010 unter anderem auf Vorschlag Bergoglios eingerichtet wurde. Als ich telefonisch mit ihm einen Termin ausmachte, hielt ich ihn für einen älteren Herrn und war entsprechend erstaunt, von einem dynamischen Mittvierziger empfangen zu werden. Zuvor hatte er übrigens in Rom angerufen und sich vergewissert, ob »Jorge« nichts dagegen habe, wenn er mit mir spräche. »Nein«, sagte der Papst seinen Aussagen zufolge, »besser du als irgendjemand anders. Du kannst ihr ruhig von unserer Freundschaft und von unserer Zusammenarbeit erzählen.« Beruhigend zu wissen, dachte ich.

Kennengelernt hatten sich die ungleichen Freunde durch einen Todesfall.

*Meine Freundschaft mit Bergoglio wurde gewissermaßen durch den Tod meines Großvaters begründet. Das war am 25. Januar 2004. Zwei Tage zuvor hatte ich ihn besucht. Plötzlich sagte er: »Morgen werde ich sterben.« Daraufhin ich: »Nein, morgen bitte nicht.« Ich musste nämlich an diesem Tag meinen Sohn in Mar del Plata abholen. Er antwortete: »Na gut, dann eben übermorgen. Und vergiss nicht, Bergoglio anzurufen.«*

*Mein Großvater war für mich sehr wichtig, auch hinsichtlich meiner politischen Prägung. Seine Eltern hatten wegen des latenten Antisemitismus in ihrer polnischen Heimat das Land verlassen. Sie waren Kommunisten gewesen, und der Sohn schloss sich später in Buenos Aires ebenfalls der kommunistischen Partei an. Irgendwann machte ihn jemand mit Bergoglio bekannt, und nach einer Zeit freundeten sie sich an, der Katholik und der Kommunist.*

*Wie versprochen rief ich im erzbischöflichen Ordinariat an, um Bergoglio vom Tod meines Großvaters in Kenntnis zu setzen. Er kam auch prompt vorbei und fragte meine Mutter nach dem Enkelsohn von Julio, so hieß mein Großvater. Sie stellte ihm einen meiner Brüder vor, aber er erwiderte: »Nein, ich meine einen anderen.« Nach einigem Hin und Her kapierte sie, dass er mit mir reden wollte. Nur war ich wegen irgendwelcher Vorbereitungen für die Beisetzung außer Haus. Ich solle ihn doch anrufen, ließ er mir ausrichten.*

*So lernten wir uns kennen. Ich war zu der Zeit im Stadtrat für das Erziehungs- und Bildungswesen zuständig, und seitdem kamen wir aufgrund gemeinsamer Interessen oft zusammen. Oder wegen Interessenskonflikten wie beim Thema »Sexualerziehung«. Es gab da eine umstrittene Gesetzesvorlage... Die einen waren dafür, die anderen dagegen, und wir führten damals viele Gespräche.*

*Einmal besuchte ich ihn in seinem Büro: einem winzigen Raum, der nur mit dem Nötigsten möbliert war. Ich erfuhr, dass er das* große Audienzzimmer lediglich als Lager für irgendwelche Kunst-schätze nutzte.

Von da an trafen wir uns regelmäßig. Wir waren die Gruppe der Sechs: Omar Abboud vom Islamischen Zentrum, ein Wirtschafts-wissenschaftler; Rabbi Daniel Goldman; José María del Corral, der Bildungsspezialist; der Gewerkschafter Oscar Mangone sowie Bergoglio und meine Wenigkeit. Raten Sie, wer das Sagen hatte! Der Erzbischof, wer sonst? Wir nannten ihn »Commandante« oder »Jefe«. Ja, er war in der Tat der Boss.

Hauptsächlich sprachen wir über Politik und Bergoglios Engage-ment. Aber auch über Ereignisse, die gerade die Gemüter beweg-ten. Wie den schrecklichen Diskothekenbrand von 2004.

Immerhin kamen fast zweihundert Menschen ums Leben und weitere siebenhundert wurden schwer verletzt. Jemand aus dem Publikum hatte eine bengalische Kerze angezündet. Schlimmer war, dass die Brandvorschriften und Fluchtwege im Cromanón nicht dem erforderlichen Standard entsprachen. Dennoch versuch-ten die Politiker, die Verantwortung für die Katastrophe der Band in die Schuhe zu schieben.

Die Musiker waren erledigt. Dabei hatten sie wirklich keine Schuld. Ich sprach mit Bergoglio darüber und bat ihn, etwas für die Jungs zu tun. Ein Zeichen zu setzen als Erzbischof. Als Erstes empfing er sie an seinem Amtssitz. Ursprünglich sollten sie das Gebäude durch einen Nebeneingang betreten, doch dann änderte er seine Meinung. »Nein, Luis, lass sie durch das Haupttor reinge-hen. Ich will sie vor niemandem verstecken.«

Später hielt er eine Messe ab zum Gedenken an die Opfer. »Diese eingebildete, leichtsinnige und bestechliche Stadt hat nicht genug um Cromanón geweint. Sie ist die Stadt der Heuchelei…« Danach begann man endlich, die Vorfälle gründlicher zu untersuchen, was mit der Amtsenthebung des Bürgermeisters endete…

Andererseits konnte Bergoglio auch sehr versöhnlich sein. Als bei-spielsweise 2010 Nestór Kirchner starb, der bekanntlich nicht gerade sein Freund war, fragte er mich erschrocken, was wir nun tun sollten. »Nun, eine Messe halten«, sagte ich. Darauf er: »Ja, aber wir müssen vorsichtig sein, denn die Messe soll der Einheit dienen.« Daran sieht man, dass Bergoglio die Einheit stets über den Konflikt stellt.

Die Kathedrale war an dem Tag brechend voll, und einige unserer Freunde, wie wir eher Kirchner-Gegner, setzten sich ganz nach vorne, weil nur dort noch Platz war. Da kam Bergoglio zu mir und sagte: »Schaff sie da weg. Sie müssen woandershin. Diese Messe ist für alle da und soll Einheit stiften.«

Der Trauergottesdienst, der in einer recht feindseligen Stimmung vor allem seitens der Kirchner-Anhänger begonnen hatte, endete versöhnlich mit einer gemeinsamen Kommunion. Bergoglio hatte seine Gegner entwaffnet. In einer Situation das Richtige zu erkennen und zu tun, dabei helfen ihm neben seiner reichen Bildung gleichermaßen seine intuitiven Fähigkeiten sowie seine langjährige Erfahrung im Umgang mit den Repräsentanten der Macht.

Im Dezember 2012 schlug ich ihm vor, ein Buch gemeinsam mit Gianni Vattimo zu machen. Er schaute mich spöttisch an. »Mit

Luis Liberman, einer der vielen ungewöhnlichen Weggefährten des Jorge Bergoglio, und seine Frau Andrea

119

*einem Marxisten, der homosexuell und katholisch ist?« Dann überschlugen sich die Ereignisse bekanntermaßen, und der Gedanke wurde nicht weiterverfolgt. Der italienische Philosoph kommentierte das auf seine Weise: »Bergoglio ließ sich bloß deshalb zum Papst wählen, um nicht mit mir diskutieren zu müssen.« Inzwischen haben die beiden miteinander gesprochen: in meiner Gegenwart im Vatikan. Irgendwann meinte Vattimo: »Öffnen Sie die Kirche vollständig, Eminenz, und ernennen Sie zwei neue Kardinäle: eine Frau und einen Homosexuellen.« Schlagfertig erwiderte Bergoglio: »Da gibt es wahrscheinlich schon mehr als einen ...«*

*Als wir uns das letzte Mal vor seiner Abreise zum Konklave nach Rom sahen, war ich ziemlich bedrückt – ich hatte so ein komisches Gefühl. »Wer weiß, ob du zurückkommst«, sagte ich. »Unsinn«, antwortete er, »ich habe schon den Rückflug gebucht und einen vollen Terminkalender. Und da stehst du am 23. März drin. Warum sollten sie ausgerechnet mich wollen?« »Trotzdem, der Gedanke geht mir nicht aus dem Kopf. Welchen Namen würdest du dann wählen?« Er lachte und machte einen seiner Scherze. »Eventuell Juan Domingo zum Gedenken an Perón?«*

Nun, das hat er zum Glück nicht getan, dafür aber nach dem Konklave über andere Namensvorschläge gewitzelt. Ich fragte Liberman abschließend, ob er sich an Bergoglios Nichte erinnere, die an der Universidad del Salvador arbeitet. Er nickte. Die beiden lernten sich kennen, als er noch gar nicht wusste, dass es sich um eine Verwandte seines Freundes handelte. Jetzt bieten sie in ihren jeweiligen Fachbereichen bisweilen gemeinsame Projekte an. Und das alles haben sie dem »Onkel« beziehungsweise dem »Jefe« zu verdanken. So klein ist die Welt manchmal.

# Pater Jorge und die Villas miserias

*»Sünde ist, wenn man sich an*
*das Leid der Armen gewöhnt.«*
Carlos Mugica

Über den ehemaligen Erzbischof von Buenos Aires zu sprechen, ohne in die Slums der argentinischen Metropole zu gehen und dort nach ihm zu fragen, hieße, ihm nicht gerecht zu werden und sein Selbstverständnis als Priester nicht zu begreifen. Nicht den Bewohnern der reichen Stadtteile galt seine besondere seelsorgerliche Fürsorge, sondern denen der Elendsviertel, den Marginalisierten und von der Gesellschaft Ausgestoßenen.

»Kardinal der Armen« wurde er deshalb auch genannt. Allerdings nicht von den Slumbewohnern. Die interessierten seine Titel nicht, und nie redeten sie ihn mit Monsignore, Exzellenz oder Eminenz an. Und ich bezweifle, dass sie ihn heute mit Heiliger Vater begrüßen würden. Nein, für sie war und ist er einfach ihr Pater Jorge. Der Mann, der sich ganz selbstverständlich an ihre Seite stellte, sich mit ihnen solidarisierte.

Dafür lieben und verehren sie ihn.

## Leben am Rande der Gesellschaft

Von den knapp drei Millionen Einwohnern der Hauptstadt leben geschätzte fünf bis zehn Prozent in diesen »Villas miserias«, die zumeist in den Außenbezirken entstanden und zur Unterscheidung durchnummeriert wurden. Allerdings längst nicht alle, und folglich lässt sich ihre Zahl kaum beziffern. Vermutlich geht sie in

121

die Hunderte, wenn man die kleinsten Ansammlungen behelfs-mäßiger Unterstände hinzuzählt, die nicht einmal die Bezeichnung Hütte verdienen.

Zumeist ziehen sich die Slums an Flussbetten, Ausfallstraßen und Mülldeponien entlang, machen aber auch vor den guten Wohn-gegenden nicht Halt. Manche haben eine gewisse Infrastruktur, die meisten nicht. Mehr als achtzig Prozent, davon geht zumindest eine 2011 vorgelegte Studie aus, verfügen weder über Wasser, Abwasser und eine Kanalisation noch über Strom und Gas. Und so werden eben illegal Leitungen und Rohre angezapft, was zumin-dest bei Gas und Strom nicht ungefährlich ist.

Die älteste und bekannteste dieser informellen Siedlungen, wie sie in der Bürokratensprache genannt werden, ist die Villa 31. Zugleich stellt sie das augenfälligste Beispiel dafür dar, wie nah in Buenos Aires Armut und Reichtum bisweilen nebeneinanderliegen. In unmittelbarer Nähe befindet sich nämlich einer der elegantesten Stadtteile der Hauptstadt: Recoleta.

Wie viele Einwohner in der Villa 31 leben, ist völlig unklar, wie bei allem, was sich am Rande der Illegalität bewegt. Die Zahlen schwanken zwischen dreißig- und sechzigtausend. Desgleichen ist umstritten, ob die Villa 31 wirklich die größte Elendssiedlung der Hauptstadt ist – um diese zweifelhafte Ehre konkurrieren inzwi-schen auch andere Slums. Fest steht indes, dass es sich um die am dichtesten besiedelte Villa handelt und mehr als die Hälfte ihrer Bewohner aus dem lateinamerikanischen Ausland stammt. Doch zunehmend treibt es auch verarmte Argentinier hierher, die sich infolge der Wirtschaftskrise die Mieten für normale Wohnungen und Häuser nicht mehr leisten können.

Alles begann 1929, als der Schwarze Freitag an der New Yorker Börse einen weltweiten Zusammenbruch der Märkte nach sich zog. Firmen gingen pleite, es kam zu Massenentlassungen und Massenarbeitslosigkeit. Die Krise hielt bis weit ins nächste Jahr-zehnt an.

Damals errichteten arme Eisenbahnarbeiter die ersten provisori-schen Hütten auf dem Gelände des Bahnhofs Retiro. Sie wurden zur Keimzelle der Villa 31, die sich im Laufe der Zeit nach dem

Vorbild der brasilianischen Favelas zu einer Siedlung mit teilweise festen Häusern und einem gewissen, wenngleich begrenzten Maß an Infrastruktur entwickelte und damit zu den »besseren« Siedlungen zählt. Allerdings wurden zwischenzeitlich, während der Zeit der Militärdiktatur, die Häuser und Hütten gewaltsam geräumt und die Bewohner in die Vororte von Buenos Aires umgesiedelt. Kaum waren die Militärs weg, entstand nach 1983 die Villa 31 neu. Seitdem gab und gibt es immer wieder Überlegungen, was mit den Slums geschehen soll. Ob man sie auflöst oder den planlos entstandenen Siedlungen den Status regulärer Stadtviertel zuerkennt. Immerhin haben siebzig Prozent der Menschen in der Villa 31 beispielsweise bereits Eigentum an ihren Häusern erworben. Der Rest wohnt zur Miete. Die Zahl der illegalen Bewohner wird auf nur ein Prozent geschätzt.

An der Armut hat das jedoch nichts geändert, ebenso wenig an der Geringschätzung der »normalen« Bürger von Buenos Aires. Und noch immer suchen ins Land geschleuste Arbeitskräfte aus Paraguay, Bolivien und Peru Unterschlupf in den Villas. Auf ihre Notlage wies Bergoglio als Erzbischof in einer seiner Predigten auf der Plaza Constitución hin, bezeichnete diese Illegalen als Opfer der modernen Sklaverei und des Menschenhandels.

## Die guten Geister der Slums

Als ich mich im Zuge meiner Recherchen mit den Villas zu befassen begann, wurde mir klar, dass ich wenig Ahnung davon hatte, wie das Leben dort aussieht. Vermutlich geht es den meisten Bürgern von Buenos Aires nicht anders. Selbst ohne auf sie herabzuschauen, nimmt man die Ärmsten der Armen nicht wahr und weiß kaum etwas über die Männer, die sich seit Jahrzehnten hingebungsvoll um sie kümmern: die Curas villeros.

Es handelt sich um Armenpriester, die aus Überzeugung in den Elendsvierteln leben und dort still und ohne große Publicity ihren Dienst versehen. Oft muss eine Garage als Gemeindehaus oder als Raum für den Gottesdienst reichen. Erst seit der argentinische

Kardinal Bergoglio zum Papst gewählt wurde, sind sie plötzlich in aller Munde. Schließlich war er es, der schon früh seine Studenten und Priester zur Seelsorge in den Slums anhielt, und auch ihn selbst sah man häufig in den Straßen der Villas. Er hielt Gottesdienste und sprach mit den Menschen.

Urheber dieser Bewegung aber war ein anderer: Pater Carlos Mugica, der in den Armenvierteln von Buenos Aires wie ein Heiliger verehrt wird. »Nichts und niemand wird mich aufhalten, Jesus Christus und seiner Kirche zu dienen. Ich kämpfe gemeinsam mit den Armen für ihre Befreiung«, erklärte er und fügte hinzu: »Wenn der Herr mir die Gnade erweist, mein Leben in diesem Kampf zu verlieren, dann bin ich bereit.«

Er verlor sein Leben.

Der Sohn aus reicher und politisch konservativer Familie schloss sich der Bewegung »Priester für die Dritte Welt« an, die den wachsenden Einfluss der multinationalen Konzerne anprangerte und die Kirche zu einem stärkeren sozialpolitischen Engagement aufforderte. Das sowie der Kontakt zu linken Gruppierungen brachte ihn auf die Todesliste der paramilitärischen, antikommunistischen Alianza Anticomunista Argentina, auch Triple A genannt, die ihn 1974 ermordete. In der Kirche Señora del Carmen in der Villa 15, einem der gefährlichsten Slums, hängt ein Foto, das an das Wirken des mutigen Paters erinnert.

Zunächst wurde er auf Wunsch seiner Familie auf dem Friedhof von Recoleta beigesetzt, bevor seine sterblichen Überreste 1999 exhumiert und in der bescheidenen Kapelle der Villa 31 in Retiro beigesetzt wurden. Dass der Erzbischof selbst dem Sarg folgte, trug ihm endgültig die uneingeschränkte Verehrung der Menschen in den Villas ein.

»Erbarme dich unser, o Herr. Hab Erbarmen mit seinen Mördern und mit all jenen, die diesen Mord geplant haben, und mit den vielen in der Gesellschaft, die sich durch ihr Schweigen zu Komplizen gemacht haben. Erbarme dich unser für all die Male, die wir als Glieder der Kirche nicht den Mut hatten, diesen Mord anzuklagen«, betete er an der Grabstelle eines der ersten Curas villeros.

Nach wie vor sind die Villas gefährliche Pflaster. Die einen mehr, die anderen weniger, wie mir die Patres, die ich aufsuchte, erzählten. Zwar hätten sie durch ihre Arbeit manches bewirken können, doch seien Schießereien, Gewalttätigkeiten, Messerstechereien, Mord und Drogenkriminalität unverändert an der Tagesordnung.

Dass aber überhaupt inzwischen so viele Priester ihren Dienst in den Villas miserias tun, ist nicht zuletzt das Verdienst des Mannes, der jetzt in Rom auf dem Heiligen Stuhl sitzt.

Als Jorge Bergoglio 1992 als Weihbischof nach Jahren der Abwesenheit in seine Heimatstadt zurückkehrte, war die Begeisterung der Siebzigerjahre für die seelsorgerliche Arbeit in den Slums bedenklich abgeflaut. Zu oft waren junge Idealisten bei den Kirchenoberen in Verdacht geraten, mit dem radikalen Flügel der Befreiungstheologie oder gar mit linken Terrorgruppen zu sympathisieren.

Um diesen Trend aufzuhalten, schickte Bergoglio junge Priester in die Villas, ermunterte sie, Gemeinden aufzubauen und selbst dort zu wohnen. Und den Menschen bei der Bewältigung ihres Alltags zu helfen. Sie kümmerten sich um die schulische Ausbildung der Jugendlichen, organisierten Kindergärten und Horte, damit die Mütter arbeiten konnten. Packten sogar beim Hausbau an. Inzwischen gibt es etwa dreißig Armenpriester, die dauernd in den Villas leben.

Pater Guillermo Torres: »Was die Armen wollen, ist gut für das Volk.«

Der Mann, der dieses Wort plakativ an den Anfang unseres Gesprächs stellte, lebt seit fünfzehn Jahren in der Villa 31, der Wirkungsstätte des ermordeten Carlos Mugica, und ist ein langjähriger Weggefährte Bergoglios.

Ich nahm Kontakt zu ihm auf, und wir verabredeten uns für einen Dienstagmorgen um neun Uhr. Gerade die Begegnung mit den Armenpriestern schien mir wichtig zu sein, um nicht nur Bergoglios frühere Motivation nachzuvollziehen, sondern auch sein Denken und Handeln als Papst zu verstehen. Die Curas vil-

*Pater Guillermo Torres, einer der Armenpriester von Buenos Aires.*
*Im Hintergrund: die bescheidene Kapelle der Villa 31, letzte Ruhestätte*
*von Pater Carlos Mugica.*

leros bilden gewissermaßen die Schnittstelle zwischen Theorie
und Praxis.

Obwohl Pater Guillermo mir eine exakte Wegbeschreibung gegeben hatte, verfuhr ich mich. Dabei liegt die Villa 31 nur sechs Kilometer von meiner Wohnung entfernt zwischen La-Plata-Hafen
und Autobahn. Nachdem ich zwei Ausfahrten verpasst hatte, fragte
ich bei der nächsten ein Fernsehteam, das zufällig am Straßenrand
parkte. Die Leute wussten zwar nicht den Weg, hatten dafür aber
eine Warnung parat: »Passen Sie bloß auf – die Bewohner der Villa
werfen gerne Steine auf vorbeifahrende Autos ...«

Na, großartig, dachte ich. Diese Verabredung fing ja gut an.

Trotzdem machte ich mich weiter auf die Suche, bemühte mich,
meine aufkeimende Beklemmung zu bekämpfen und die Schwarz-
malerei der Fernsehleute zu verdrängen. Endlich sah ich ein riesiges Metallkreuz, das mir Pater Guillermo als Erkennungszeichen
genannt hatte, und bog in die Villa ein. Noch eine Kurve und ich

entdeckte eine kleine Kapelle sowie rechts davon die Pfarrei. Inzwischen hatte ich ganz schön Verspätung.

Unter den teils neugierigen, teils misstrauischen Blicken einiger Bewohner, die hier müßig herumlungerten, parkte ich mein Auto und ging hinüber zur Pfarrei, um nach dem Pater zu fragen. Auf mein Klopfen hin öffnete er mir selbst die Tür und begrüßte mich mit einem breiten Lächeln. Er sah gar nicht aus wie ein Priester, war auch nicht so gekleidet.

Als Erstes zeigte er mir die bescheiden ausgestattete Kapelle. Sicherlich keine Sehenswürdigkeit im eigentlichen Sinn, aber berühmt als Wirkungs- und letzte Ruhestätte von Carlos Mugica.

Später, in der Wohnung über der Pfarrei, die er mit einem Priesterkollegen teilt, erzählte Pater Guillermo mir von den Beweggründen der Menschen, die Seelsorge in den Slums treiben, von den theologischen und sozialpolitischen Strömungen, denen sich die Bewegung der Armenpriester verdankt, und den vielen Hindernissen, die ihnen immer wieder in den Weg gelegt werden.

Im Grunde habe alles 1963 mit dem Zweiten Vatikanischen Konzil angefangen, begann der Pater, mit der Mahnung von Johannes XXIII., sich nicht nur für den Himmel, sondern auch für die Erde zu interessieren.

*Wenn Jesus sein Leben für die Welt opferte, dann sollte die Kirche gefälligst den Kontakt zur Welt suchen und nah an der Realität sein. Das war das Credo des Konzils, und damit rückte nicht zuletzt die soziale Frage ins Zentrum. In Lateinamerika mit diesem ungeheuren Gegensatz zwischen Arm und Reich fiel das auf fruchtbaren Boden.*

*Um diese notwendige Anpassung ging es auch 1968 auf der Bischofskonferenz im kolumbianischen Medellín, und folgerichtig stellte man sich im Abschlussdokument auf die Seite der Armen, also der Schwächsten innerhalb der Gesellschaft. Damit waren die Grundpositionen für die nächsten Jahre festgelegt.*

*In Argentinien ging man noch weiter. Dort entstand eine Bewegung, die es als erste Pflicht der Kirche betrachtete, sich aktiv um eine Verbesserung der sozialen Situation zu kümmern. Angeführt wurde sie von Bischof Angelelli, der später auf unerklärliche Weise ums Leben kam, und einigen seiner Gesinnungsgenossen. Es reichte nicht länger, das Gotteswort zu predigen – man musste es leben.*

*Eine Politisierung, durch die man unweigerlich in Konflikt mit der Staatsmacht geriet, zumal es überall Militärdiktaturen in Lateinamerika gab. Es waren schwere und gewalttätige Zeiten. Nicht wenige Geistliche und Theologen glaubten, dass Veränderungen nur mit Waffengewalt möglich seien, und noch mehr sympathisierten wegen seines sozialen Ansatzes mit dem Peronismus. Darunter auch die Dritte-Welt-Priester. Sie sahen dort die größte Nähe zu ihrer eigenen Ideologie. Wenn das Volk es will, müsse es gut sein, dachten sie.*

Bis heute scheiden sich am Peronismus die Geister. Ich fragte den Pater, ob General Juan Domingo Perón die Kirche nicht fälschlich als Sündenbock hingestellt und so getan habe, als wäre sie selbst schuld daran gewesen, dass regierungstreue Randalierer Kirchengebäude in Brand steckten.

*Ja, freilich. Woran die Kirche mit der Exkommunizierung Peróns durch Pius XII., weil er Kirchengut enteignet hatte, allerdings nicht ganz unschuldig war. Die Armen verstanden das nicht und weinten ihm nach, als er ins Asyl nach Madrid ging. Andere wiederum verwandelten sich zu Gegnern und bejubelten 1955 seinen Sturz. Ich denke, es gab Fehler auf beiden Seiten.*

*Peróns Rückkehr 1974 bedeutete erst einmal die Rückkehr zur Demokratie. Leider spaltete sich der Peronismus später in einen rechten und einen linken Flügel auf. Eine schlimme Entwicklung. Viele Linke wurden als Terroristen verdächtigt. Auch Carlos Mugica, der als einer der ersten Priester in den Villas arbeitete.*

*Sie können sich denken, dass all die Restriktionen und Verdächtigungen sowie das verstärkte Auftreten von Todesschwadronen die Bereitschaft junger Priester, in die Slums zu gehen, nicht unbedingt förderten. Dass sich das wieder änderte, daran hat einer maßgeblichen Anteil: Bergoglio.*

*Nachdem er in Buenos Aires zum Weihbischof ernannt worden war, setzte er alles daran, die Arbeit der Kirche in den Villas neu zu beleben. Mit Erfolg, denn seitdem hat sich vieles verbessert. Nicht zuletzt die finanzielle und personelle Unterstützung. Er selbst ist regelmäßig in die Villa 1.11.14 in Bajo Flores gegangen, in deren Nähe er ja aufwuchs, las dort Messen und half den Bewohnern, wo er konnte. Oft bei ganz praktischen Dingen. Zugleich kümmerte er sich um die Priester und Laien, die in der Villa ihren oft schweren Dienst versahen*

Dieses Engagement, so Pater Guillermo, habe sich nach Bergoglios Ernennung zum Erzbischof noch verstärkt, denn jetzt konnte er nach eigenem Ermessen Mittel zuteilen und Initiativen unterstützen. Und gezielt die Seminaristen zur Arbeit in die Slums schicken. Sie müssten rausgehen und auf den Straßen missionieren, pflegte er zu sagen. Ebenso habe er dafür gesorgt, dass die seelsorgerliche Betreuung in den Krankenhäusern und Gefängnissen verbessert wurde. Diesen Kampf, davon ist Pater Guillermo überzeugt, wird er auch als Papst fortsetzen. Zum Wohl der Armen, Unterdrückten und Ausgegrenzten weltweit.
Seine Schützlinge in Argentinien jedenfalls werden für ihn beten. Ich bin sicher, dass ihn das sehr glücklich macht.

Pater José María di Paola: »Bergoglios revolutionäre Entscheidungen sind ein Licht der Hoffnung für die Welt.«

Einer der bekanntesten unter den Curas villeros ist Pater Pepe, wie er genannt wird. Seinen richtigen Namen kennt man kaum. Da er seinerzeit in besonders engem Kontakt zu Bergoglio stand, war ich sehr gespannt auf ihn.
Wir verabredeten uns vor der Kirche Del Buen Benefactor im Stadtteil Caballito, wo er einmal in der Woche Religionsunterricht erteilt. Sonst lebt er in einer Villa weit außerhalb von Buenos Aires. Obwohl wir zehn Uhr ausgemacht hatten, stand ich aus lauter Furcht, zu spät zu kommen, bereits eine halbe Stunde früher wartend vor der Kirchentür.

Plötzlich hörte ich lautes Hupen und sah einen alten Fiat vorfahren, den ich an den vielen aufgeklebten Marienbildern unschwer als den von Pepe erkannte. Dann stand er vor mir, und unwillkürlich dachte ich, dass er mit seinen langen dunklen Haaren und dem Bart wie ein junger und moderner Jesus wirkte. Dabei ist er immerhin um die fünfzig.

Er kam mir mit einem offenen Lächeln entgegen, übersah meine ausgestreckte Hand und drückte mir einen Kuss auf die Wange. Als würden wir uns seit einer Ewigkeit kennen. Ich war ebenso überrascht wie gerührt von dieser Geste.

In der Sakristei bot er mir Matetee an, und zwischen mehreren Gläsern dieses in Argentinien beliebten Getränks unterhielten wir uns über dieses und jenes. Natürlich vor allem über Pater Jorge, der so unverhofft zu päpstlichen Würden gekommen war.

Wie er und die anderen Curas villeros die Nachricht von Bergoglios Wahl zum Pontifex maximus aufgenommen hätten, wollte ich wissen. Pepe lachte.

*Wir haben nicht damit gerechnet – beim vorigen Konklave schon, aber nicht dieses Mal. Auch er selbst dachte so. Wenn man sich allerdings seinen Werdegang anschaut, dann merkt man, dass er in Argentinien schon lange eine wichtige Persönlichkeit ist. Ein Mann, der unserer Gesellschaft wieder Werte vermitteln kann. Unsere Zeit leidet doch unter einem Werteverfall. Gefühle, Zuwendung, Moral, Liebe, Hoffnung, Glaube, das zählt nicht mehr …*

*Eine Schlüsselposition ist bei dieser Wahl der Volkstheologie zugekommen, die wir Curas villeros praktizieren. In dieser Hinsicht bin ich mir mehr als sicher, dass die richtige Person im richtigen Moment als Pontifex das Ruder in die Hand genommen hat. Es ist allerdings eine Aufgabe von gigantischen Ausmaßen. Dennoch wird Bergoglio neue Maßstäbe setzen, und seine revolutionären Entscheidungen werden für die Kirche ein Vorbild und ein Licht der Hoffnung für die Welt sein, nicht bloß für die katholische Christenheit …*

*Wenn ich allein an seine Bemühungen um eine Annäherung zwischen Juden und Katholiken denke. Auf seine Anregung hin* besuchte ein Priester jüdische Feierlichkeiten und ein Rabbiner katholische. Ich erinnere mich außerdem daran, dass jüdische Jugendliche zu uns in die Elendssiedlung kamen und unseren Kindern Nachhilfestunden erteilten.

In der Villa 21 unterstützte uns ein Rabbiner beim Aufbau von Suppenküchen und spendete ein Jahr lang Lebensmittel wie Fleisch und Gemüse. Als unsere erste Kantine eröffnet wurde, kam der Rabbiner mit Mitgliedern seiner Gemeinde. Es war eine wunderschöne Feier mit Gebeten und Andachten nach katholischem wie jüdischem Ritus. Gesungen wurde in Hebräisch, Spanisch und Guarani, denn viele Paraguayer, die einen großen Teil der Bevölkerung in der Villa stellen, verständigen sich überwiegend in dieser alten Eingeborenensprache.

Ich lernte Bergoglio 1992 kennen, nachdem Kardial Quarracino ihn als Weihbischof nach Buenos Aires geholt hatte. Wir sahen ihn nie als Vorgesetzten an, eher als einen älteren Bruder. Auch noch als Erzbischof. Für uns war er immer Pater Jorge. 1996 vertiefte sich unsere Beziehung. Weil er erkannt hatte, dass ich nicht nur Seelsorger war, sondern Kindern auch Wissen vermitteln konnte, legte er mir die Arbeit in den Villas ans Herz.

Nachdem ich eingewilligt hatte, brachte er mich zunächst in der Villa San Pantaleón unter, die in einer damals sehr gefährlichen Nachbarschaft lag. Bergoglio kam oft, um mit uns Mate zu trinken und sich mit eigenen Augen ein Bild von der Situation der Kinder und Jugendlichen zu machen, die durch die Gefährdungen in den Slums oftmals Schäden fürs ganze Leben davontragen. Allerdings arbeiten auch viele Menschen in den Villas hart, um sich ihr tägliches Brot zu verdienen. Nicht alle sind Verbrecher. Das wird gerne übersehen. Das Negative, die Drogen und die Gewalt – das fällt stärker auf.

Eine Pfarrei in einem Slum kann da Abhilfe schaffen. Hier werden den Menschen nicht nur die Sakramente gespendet, sie erhalten auch seelische Unterstützung. Und speziell die Kinder und Jugendlichen werden gefördert, damit sie ihre Begabungen und Fähigkeiten entwickeln können.

Als ich 1998 zum Pfarrer in der Villa 21 ernannt wurde, war

*Bergoglio gerade Erzbischof von Buenos Aires geworden und unterstützte mich dabei, viele Projekte und Träume zu verwirklichen. Außerdem stellte er mir drei Mitarbeiter zur Verfügung. Vier Priester für vierzigtausend Menschen! Trotzdem schafften wir eine Menge. Wir richteten Räume für Religions- und Schulunterricht ein, denn viele Kinder waren mehr oder weniger Analphabeten, und boten Unterricht für Werken, Nähen und Musik an. Sogar ein Fußballclub und eine Tanzgruppe entstanden. Aus der ersten Kantine wurden acht, in denen wir täglich achthundert Menschen verköstigten. Bergoglio ließ sich von unserer Begeisterung anstecken, und wir konnten immer mit seiner Hilfe rechnen.*

*Weil damals die Villa 21 ein Zentrum für Drogenhandel und Drogenmissbrauch war, schufen wir Möglichkeiten, Suchtabhängige aufzunehmen und zu behandeln. Es gab durchaus Erfolge sowohl hinsichtlich der Vorsorge als auch beim Entzug. Dennoch wurden die Drogenbanden zum Problem. Sie bekämpften sich gegenseitig und verschreckten mit ihren Schießereien die anderen Bewohner dermaßen, dass sie sich kaum noch aus ihren Behausungen trauten – deshalb mussten wir etwas tun.*

*Die meisten Bewohner der Villa 21 stammten aus Paraguay und kamen als mittellose Migranten nach Argentinien. Alles hatten sie in ihrer Heimat zurückgelassen: ihre Familien, die vertraute Umgebung, die Gewissheit, geborgen zu sein. Daher war es mir sehr wichtig, eine Pfarrei einzurichten, die einer Heiligen aus Paraguay gewidmet war: Nuestra Seniora de Caacupé. Nur hatte ich nicht bedacht, dass dort die Heiligen anders verehrt werden als bei uns. Die Riten unterscheiden sich nämlich beträchtlich.*

*Eines Tages fragten mich einige Bewohner, ob ich die Messe nicht in einer anderen Form halten könnte. Da das mit katholischen Gepflogenheiten wirklich nicht mehr viel zu tun hatte und ich völlig ratlos war, wandte ich mich an Bergoglio. Der hörte sich meine Ausführungen ruhig an und erwiderte:* »Wenn diese Art, die Messe zu lesen, den Leuten hilft und sie sich seelisch und geistig unterstützt fühlen, tu es. Warum denn nicht? Ein Pfarrer soll die seelischen Schmerzen seiner Gemeinde lindern, und du bist ein Instrument Gottes.«

Pepe erzählte mir weiter, dass er des Öfteren von den Drogenbossen bedroht worden sei. Als die Situation zu eskalieren drohte, schickte Bergoglio seinen Pater nach Santiago del Estero im Nordwesten Argentiniens, wo er drei Jahre lang blieb. Dann trieb es ihn in die Villas zurück. Dort und nirgendwo anders gehöre er hin, meinte er.

Pater Jorge, Erzbischof und Freund, akzeptierte schweren Herzens seinen Wunsch und schickte ihn 2012 nach José León Suarez, eine Ortschaft rund zwanzig Kilometer von der Hauptstadt entfernt. Nicht nur, dass er nun erneut inmitten von Elend und Müllbergen lebt – die Villa Cárcova gehört außerdem zu den gefährlichsten Slums im Großraum Buenos Aires.

Aber der furchtlose Pater hat die Ärmel schon wieder aufgekrempelt: Unter seiner Anleitung haben Bewohner der Villa ein Gemeindezentrum einschließlich einer der Jungfrau von Luján gewidmeten Kapelle errichtet. Auch für Spaß ist gesorgt. Im Fußballverein »Die glücklichen Küken« kicken begeisterte Jungs, und wen der Fußball nicht lockt, der kommt wegen des Gratisessens nach dem Spiel.

Als Letztes fragte ich ihn, ob er Bergoglio nach der Papstwahl bereits wiedergesehen habe. Ja, hatte er. Pepe war zu einem Vortrag nach Rimini eingeladen worden und nutzte die Gelegenheit, Station in Rom zu machen. Es sei eine riesige Freude gewesen. Im Gästehaus hätten sie sich wie früher beim Matetee über allerlei unterhalten. Zwar bezweifelte der Pater, ob er noch einmal in die Ewige Stadt fahren werde, aber eines weiß er gewiss: dass er immer auf den Rat und die Unterstützung seines alten Freundes rechnen kann. Eine E-Mail genüge, habe Pater Jorge ihm zum Abschied versichert.

Wie Pepe vertrauen auch die anderen Curas villeros unverbrüchlich auf ihren neuen Oberhirten. »Bitten wir Franziskus, dass er weiter an der Seite der Armen steht, damit sich die Kirche ein bisschen ändert«, formulierte es einer von ihnen. »Hier in diesem Viertel ist er schließlich durch die Gassen gegangen.«

Feliciana: »Pater Jorge hat mir gezeigt,
dass Gott für alle da ist, nicht nur für die Reichen.«

Nachdem ich mit Pepe gesprochen hatte, beschloss ich, nach einem
Bewohner der Villas zu suchen, der Bergoglio persönlich kennen-
gelernt hatte. Kein leichtes Unterfangen, denn in manche dieser
Slums traut sich nicht einmal die Polizei.

Durch Vermittlung des hilfsbereiten Paters hatte ich Kontakt mit
Feliciana aufgenommen. Sie war zwischen Anfang und Mitte vierzig, hatte neun Kinder von verschiedenen Vätern, ohne jemals verheiratet gewesen zu sein. In den Villas durchaus nicht ungewöhnlich, wie ich wusste. Als sie das erste Kind bekam, war sie gerade
mal dreizehn. Ihr letzter Partner starb vor einem Jahr. Seitdem
muss sie ihre Familie alleine durchbringen und verdient ihr Geld
als Putzfrau.

Eines Morgens Mitte Januar 2014 wagte ich das Abenteuer und
machte mich auf zur Villa 21, in der Feliciana lebt. Mein Auto
parkte ich diesmal vorsichtshalber in sicherer Entfernung, obwohl
Pater Pepe mir versichert hatte, es gebe in den Slums mehr ordentliche und ehrliche Leute, als die meisten braven Bürger denken.
Aber eben nicht nur – und deshalb nahm ich trotz der stickigen
Hitze einen weiten Fußmarsch auf mich.

Ehrlich gesagt hatte ich ganz schön Herzklopfen, als ich mein Ziel
erreichte. Nicht bloß vor Aufregung, sondern auch vor Angst, denn
geheuer war es mir nicht, mich in das Gewirr der engen, schmutzi-
gen Gassen zu begeben, in denen einen Armut und Elend nur so
anzuspringen schienen. Dann atmete ich tief durch, dachte an den
Papst und an seine Liebe zu diesen Menschen. Und daran, dass
hier, wenngleich auf mich alles bedrohlich wirkte, Priester lebten
und arbeiteten und dass es hier Pfarreien und Kirchen gab, so schä-
big oder provisorisch sie auch sein mochten.

Vor allem jedoch wollte ich um jeden Preis mit Feliciana sprechen.

Ihr als einer der Ärmsten und ihrem Pater Jorge, der sich für sie
und ihre Schicksalsgenossinnen eingesetzt hat, widme ich diese
Zeilen. Was er als Priester und Erzbischof begonnen hat, das setzt

er inzwischen als Papst fort und nimmt sich derer an, die in unserer Gesellschaft bislang keine Lobby hatten.

Wie in Armenvierteln üblich tauchte sofort eine Schar neugieriger Kinder auf. Natürlich erwarteten sie, dass ich ihnen etwas zusteckte. Weil ich den kleinen Bettlern kein Geld geben wollte, hatte ich in weiser Voraussicht unterwegs an einem Kiosk Schokolade und Lutscher gekauft. Nachdem ich sie solchermaßen für mich gewinnen konnte, waren ein paar ältere Jungs bereit, mich zu Feliciana zu bringen.

Sie führten mich über unbefestigte, vom Regen der letzten Nacht aufgeweichte Wege durch ein Gewirr von Gässchen, in denen dicht an dicht armselige Hütten und Häuser standen. Bei den einen handelte es sich um Notunterkünfte aus Wellblech und Pappe, die anderen waren aus billigen Baumaterialien zusammengeschustert, sahen aber zumindest mehr wie Häuser aus. Überall stolperte man über selbst verlegte Wasserrohre, überall hingen Stromkabel herunter, und überall türmte sich der Abfall.

Ein widerlicher Gestank schwebte über allem und verpestete die Luft, wehte herüber vom Riachuelo, einem Flüsschen mit verseuchtem Wasser. Vielleicht liegt es daran, dass ein Teil der Villa auf einer ehemaligen Mülldeponie errichtet wurde. Man bekommt den Gestank nicht aus den Kleidern heraus, doch solche Klagen dürften für die Bewohner ein Luxus sein, den sie sich nicht erlauben können. Sie haben schließlich damit zu kämpfen, dass die Kloake eine Gesundheitsgefährdung erster Ordnung und eine Brutstätte für alle möglichen Krankheitserreger darstellt.

Man kann sich die Villas noch so deprimierend vorstellen, man kann sich schonungslose Fernsehdokumentationen anschauen – die Realität übertrifft alles. Es ist der blanke Horror. Die Unterwelt für die Armen. Ihre Hölle. Ohne Perspektive. Ebenso trostlos wie hoffnungslos.

Wobei mir die Curas villeros in diesem Punkt sicher widersprechen würden, denn ohne ein Licht am Horizont könnten sie ihre schwierige Arbeit kaum auf Dauer ertragen.

Vorbei an schiefen Behausungen, an denen Schilder wie: *Panadería* (Bäckerei), *Carnicería* (Metzgerei), *Modista* (Schneiderin) einen

Schein von Normalität zu suggerieren versuchten, folgte ich meinen Begleitern weiter durch ein verwinkeltes Labyrinth von Gassen, in dem ich mich alleine nie zurechtgefunden hätte. Schließlich zeigte einer der Jungen mit dem Finger auf ein Häuschen. »*Acá vive Feliciana*, hier wohnt Feliciana.«

In Ermangelung einer Türklingel klatschte ich in die Hände, und nach einer Weile öffnete sich die Wellblechtür. Feliciana bat mich mit einem freundlichen Lächeln herein.

In dem Raum, den ich betrat, fiel mir als Erstes ein riesiges Plakat mit dem Konterfei von Papst Franziskus auf, das neben einem Bild der Heiligen Jungfrau von Luján hing. Darunter war als improvisierter Altar ein Brett angebracht, auf dem allerlei Statuen von Heiligen sowie ein Kerzenhalter mit einer riesigen roten Kerze standen. Feliciana wies mir einen Korbstuhl zu, während sie selbst auf einem Hocker Platz nahm. Auf einem anderen Hocker standen eine Thermosflasche mit heißem Wasser und eine Dose mit Matetee. Obwohl ich im Gegensatz zu den meisten Argentiniern dieses Getränk nicht besonders mag, nahm ich aus Höflichkeit einen Becher, den sie für mich aufgoss.

Schließlich begann Feliciana zu erzählen. Dass sie in dieser Villa aufgewachsen sei und immer hier gelebt habe. Offenbar kamen die kirchlichen Hilfsangebote, die ihr vielleicht eine Chance hätten geben können, für sie zu spät. Pater Jorge lernte sie kennen, als sie in einer der Suppenküchen arbeitete.

Er sei oft in der Villa gewesen, erinnerte sie sich, habe Taufen, Kommunionen, Firmungen und Hochzeiten vorgenommen, Prozessionen organisiert und häufig die Messe gehalten. Besonders an Feiertagen. Da sei er dann gerne noch geblieben und habe gemeinsam mit den Leuten gegessen. Oft hätten sie Locro gekocht, einen herzhaften Eintopf aus Mais, Fleisch und Gemüse.

Voller Dankbarkeit erwähnte Feliciana zudem, dass Bergoglio seine Priester in die Villa geschickt habe. Das sei für viele Bewohner eine Hoffnung gewesen, dass sich die Verhältnisse für sie zum Besseren wenden würden.

Teilweise sei das ja auch geschehen, meinte sie. Allein schon durch die vielen Angebote, irgendwelche Dinge zu erlernen. Vor allem hätten die Schießereien und Prügeleien aufgehört, zumindest hier in ihrer Ecke. In den Straßen, wo die Drogendealer das Sagen hätten, sehe es leider nach wie vor anders aus.

Dann kam sie auf Bergoglio zurück. Eines Sonntags, als er mal wieder die Messe zelebrierte, habe sie sich ein Herz gefasst und ihn gefragt, ob er ihre drei jüngsten Kinder taufen könne. Warum nur die drei Kleinen, wollte er wissen. Offenbar habe sie ja mehr.

Da redete sie sich ihren ganzen Kummer von der Seele und erzählte ihm auch, dass der älteste Sohn wie viele Jugendliche in den Villas Paco rauche, die Droge der Armen, hergestellt aus den Abfällen der Kokainproduktion. Ihre Folgen sind fürchterlich, denn die Konsumenten werden mit der Zeit zu körperlichen Wracks.

Pater Jorge habe sich alles angehört und versprochen, nicht bloß sämtliche Kinder zu taufen, sondern auch dem drogenabhängigen Sohn zu helfen. Sie solle auf Gott vertrauen und sich in Gottes Hände begeben.

Als Feliciana daraufhin resigniert antwortete, Gott werde eine Sünderin wie sie nicht annehmen, tröstete Bergoglio sie. »Wir sind alle Sünder, und wer kein Sünder ist, der soll den ersten Stein werfen«, sagte er. »Die Kirche ist für alle da, für die Guten wie für die Schlechten.« Es war das erste Mal, dass Feliciana sich von jemandem, der nicht selbst aus einer der Villas miserias stammte, wie ein Mensch behandelt fühlte.

Und seit Bergoglio zudem ihrem Sohn half, von den Drogen wegzukommen, indem er ihm einen Therapieplatz in einer speziellen Einrichtung besorgte, lässt sie auf ihren Pater Jorge nichts mehr kommen.

Außerdem fand sie durch Bergoglio zum Glauben an Gott. Früher, vertraute sie mir an, sei sie der Meinung gewesen, Gott stehe auf der Seite derer, die viel besitzen. Pater Jorge habe ihr gezeigt, dass Gott für alle da sei.

Und dieses Bewusstsein half ihr offenbar wirklich, ihren schwierigen Alltag zu bestehen.

Felicianas Geschichte ist nur eine unter vielen. Schicksale wie ihres gibt es zuhauf in den Villas. Sie allerdings hatte zumindest das kleine große Glück, dass wenigstens an einem Punkt ihres an leidvollen Erfahrungen reichen Lebens jemand da war, der ihr half und ihr neue Hoffnung schenkte.

Nachdem Feliciana mich durch die Gassen zurück auf sicheres Terrain begleitet hatte und ich wieder in meinem Auto saß, dachte ich an Papst Franziskus und an das, was er für diese Menschen, die nie die Sonnenseite des Lebens kennenlernen, voller Barmherzigkeit, Zivilcourage und Liebe geleistet hat. Und ein Text aus einer Homilie fiel mir ein, auf den ich bei meinen Recherchen gestoßen war.

Im Zusammenhang mit einer seelsorgerlichen Anweisung, dass man Kindern nicht den Familienstand der Eltern zur Last legen dürfe, führte der damalige Erzbischof ein eigenes Erlebnis an.

*Vor längerer Zeit taufte ich einmal sieben Kinder einer armen Witwe, die als Dienstmädchen arbeitete. Ihre Kinder waren von zwei verschiedenen Männern. Ich hatte die Frau auf einem Fest der Pfarrei des heiligen Kajetan getroffen. Sie sagte mir: »Ich lebe in Todsünde, habe sieben Kinder und keines von ihnen taufen lassen, weil mir das Geld für den Pater und das Fest fehlte.« Wir trafen uns erneut, und nach einer kurzen Katechese taufte ich alle ihre Kinder. Sie sagte mir: »Pater, ich kann es nicht glauben, aber Sie geben mir das Gefühl, wichtig zu sein.« Ich erwiderte: »Was liegt schon an meiner Person? Jesus lässt Sie wichtig sein.«*

Es könnte die Geschichte von Feliciana gewesen sein.

Pater Gustavo Carrara: »Wir heilen unsere Wunden, wenn wir anderen helfen, die ihren zu heilen.«

Auf meiner Wunschliste der Gesprächspartner nahm dieser Pater einen besonderen Rang ein, denn seit 2009 betreut er als Seelsorger die Villa 1.11.14, die im Stadtteil Flores liegt. Dort also, wo Papst Franziskus als Jorge Mario Bergoglio geboren wurde und inmitten einer italienischen Großfamilie aufwuchs. Eigentlich ein Wohngebiet der Mittelschicht, einschließlich zahlreicher Auswanderer aus Europa. Aber in Buenos Aires kann das nächste Elendsquartier bekanntermaßen gleich um die Ecke liegen. Wie immer bei meinen Verabredungen, zu denen ich mit dem Auto fuhr, blieb ich erst einmal im Stau stecken. Um neun sollte ich in der Villa sein, doch der morgendliche Verkehr in Argentiniens Hauptstadt entspricht dem Inferno dantescher Höllenbilder.

Hinzu kam, dass ich die Gegend wenig oder gar nicht kannte und es mir plötzlich vorkam, als sei ich in den falschen Film geraten. In eine ganz und gar fremde Stadt nämlich. Und zu allem Überfluss fing es in Strömen zu regnen an. Das hatte mir gerade noch gefehlt. Ich hatte mit Pater Gustavo verabredet, dass er mich an einer Tankstelle nahe der Villa abholen würde. Das Werbeplakat des Mineralölkonzerns zeigte den weltweit bekannten Tiger, allerdings ohne den Spruch »Pack den Tiger in den Tank«. Ich stellte mein Auto ab und rief den Pater auf dem Handy an. Leider, sagte er, müsse ich mich etwa eine halbe Stunde gedulden, weil er schnell noch etwas Dringendes zu erledigen hätte. Unaufschiebbar, es täte ihm leid.

Nun ja, dann hieß es also warten.

Ich vertrieb mir die Zeit damit, die vorbeieilenden Passanten zu betrachten, und stellte fest, welch ein Bevölkerungsgemisch Buenos Aires doch bot. Sowohl in ethnischer als auch in kultureller und sozialer Hinsicht. Lauter Gesellschaften in der Gesellschaft, die verteilt auf achtundvierzig Stadtbezirke leben und vielfach eigene kleine Welten bilden. Und dennoch werden die Menschen trotz aller Unterschiede im großen Schmelztiegel der Stadt in gewisser Weise zu einer Einheit verschmolzen.

Nicht alle, schoss es mir durch den Kopf. Die Bewohner der Villas nicht. Mit ihrer Welt wollen die braven, saturierten Bürger nichts gemein haben, und so scheinen sie fast auf einem eigenen Planeten zu leben. Pater Gustavo gehört zu denen, die ständig den Finger in diese schwärende Wunde legen und Solidarität und Integration anmahnen. Genau wie die anderen Armenpriester, die sich für diese Ausgegrenzten manchmal unter Gefahr für ihr eigenes Leben aufopfern. Zum Glück haben sie jetzt einen mächtigen Fürsprecher in Rom, dachte ich.

Punkt halb zehn fuhr ein Auto vor. Ein Mann in mittleren Jahren, der lediglich an seinem Kragen als Priester zu erkennen war, stieg aus und begrüßte mich freundlich. In seinen Zügen sah ich Güte und eine große Liebe zu den Menschen. Er wies mich an, seinem Wagen zu folgen. Geradeaus bis zur Kreuzung und dann links. Dann waren wir im Niemandsland.

Der Pater bremste vor einem Gebäude, dessen Fassade ein Heiligenbild zierte: die Jungfrau von Luján, die überall präsent zu sein schien. »Das ist unsere Pfarrei«, erklärte Pater Gustavo, nachdem wir unsere Autos geparkt hatten. »Im ersten Stock befinden sich eine Werkstatt, eine Küche, Unterrichtsräume und eine Anlaufstelle für Drogensüchtige. Wir schulen die Leute hier für verschiedene Berufe. Das alles haben wir Bergoglio zu verdanken.«

In seinem kleinen, bescheidenen Büro sah ich mir die Bilder an den Wänden an: wieder Argentiniens Nationalheilige, dazu der Salesianer Don Bosco und der Erzbischof Bergoglio, wie er Kindern die Füße wäscht, sowie ein netter Brief des Papstes an das Kinderheim.

*Vatikanstadt, 7. September 2013*

*Liebe Freunde des Christusheims,*
*mit großer Aufregung und Freude habe ich das wunderschöne Buch erhalten. Ich freue mich wirklich sehr zu sehen, wie das Don-Bosco-Heim sich weiterentwickelt. Dank des Einsatzes der Priester und der Frauen, die dort täglich mithelfen, und vor allem dank Euch, weil Ihr dort einen Raum gefunden habt, wo Gott Euch tröstet, heilt und umarmt.*
*Ich habe mir die Bilder angesehen, aber die Briefe, die mit viel Eifer, Hingabe und Liebe geschrieben worden sind, konnte ich noch nicht lesen.*
*Ich ermutige Euch, auf dem hoffnungsvollen Weg, den Ihr eingeschlagen habt, weiterzugehen.*
*Mögen der gute Gott und die Heiligen Euch segnen und Euch auch in Zukunft begleiten.*

*Und bitte vergesst nicht, für mich zu beten.*
*Franziskus*

*Pater Gustavo Carrara, Armenpriester in der Villa 1.11.14*

Ich fragte Pater Gustavo nach der merkwürdigen Nummer der
Villa 1.11.14.

*Wie Sie sicherlich wissen, wurden unter der Militärjunta alle Vil-
las durchnummeriert. Das war verwaltungstechnisch einfacher,
nicht zuletzt bei Räumungen. Unsere Nummer entstand durch die
Zusammenlegung der Villas 1, 11 und 14. Nachdem die Zahl der
Einwohner durch die Umsiedlungen zunächst einmal gesunken
war, ist sie mittlerweile auf etwa fünfundvierzigtausend Einwohner gestiegen. Siebzig Prozent davon sind Ausländer vor allem aus
Peru, Paraguay, Bolivien – die restlichen dreißig Prozent kommen
aus dem Landesinneren. Alle wurden durch Not und fehlende
Arbeitsplätze aus ihrer Heimat vertrieben.*
*Unser vorrangiges Ziel ist der Aufbau einer Infrastruktur: Wasser,
Strom, eine Kanalisation. Bislang hat die Stadtverwaltung darauf
nicht reagiert. Wir müssen auch über Schulen und die Ansiedlung
von Firmen mit dem Magistrat sprechen. Bergoglio hat als Erzbischof und Kardinal diesen Kampf unterstützt und sprach in die-*

*sem Zusammenhang von der Notwendigkeit einer Integrations-
und Begegnungskultur.*

*»Die Einwohner geben nicht nur zu denken, sondern sie denken
selbst«, sagte er. »Sie wecken nicht nur Gefühle, sie fühlen selbst
und haben eine eigene Weltsicht.«*

*Die Menschen in den Villas von Buenos Aires sind jung, vierzig
Prozent unter fünfundzwanzig Jahren. Ihre »Sünde«, oder wenn
man so will ihr Vergehen, besteht darin, in einem Elendsviertel
geboren worden zu sein und dort leben zu müssen. Obwohl sie sich
das weder ausgesucht noch es verantwortet haben, leiden sie unter
Ausgrenzung. Die Mittel- und Oberschicht meidet in der Regel
jeden Kontakt zu den Villas. Die Vorurteile sind allgegenwärtig.*

*Bergoglio ging in seinen Predigten und bei öffentlichen Auftritten
immer wieder auf dieses Thema ein. Gott habe uns Güter anver-
traut, die wir nicht als Privateigentum betrachten dürften, betonte
er. Alle Menschen hätten ein Recht auf Wasser, auf Wohnung und
Bildung.*

*Wir hoffen sehr, dass es uns eines Tages gelingt, unsere großen Ziele
zu erreichen. Wobei es unsere Hauptaufgabe bleibt, Menschen bei-
zustehen und sie zu begleiten. Das war Bergoglio immer wichtig,
und das hat er auch im Schlussdokument von Aparecida so formuliert. Es sei, heißt es dort, die Pflicht der Kirche, sich in Christi
Namen der Ärmsten anzunehmen und sie zu integrieren. Im
Grunde ging es ihm um Seelsorge und nicht um theologische Positionsbestimmungen.*

*Diese Forderung versuchen wir hier in der Villa, die eine Pfarrei
und vier Kapellen hat, umzusetzen. Konkret bieten wir eine Reihe
von Kursen an, die gezielt zur Ausübung bestimmter Berufe befä-
higen sollen: Informatiker, Elektriker, Zimmermann, Klempner,
Mechaniker, Friseurin und Köchin etwa. Außerdem haben wir
inzwischen eine Grundschule und eine Oberschule, eine Musik-
schule, einen Chor, ein Kinderorchester, Kinderkrippen und Kindergärten.*

*Es gibt Nachhilfeunterricht und kostenfreies Essen. Im nahe gele-
genen Sportclub San Lorenzo können unsere Kinder und Jugendlichen sich sportlich betätigen: Fußball spielen, Schwimmen gehen.*

*All das hätten wir ohne Bergoglio, unseren Pater Jorge, nicht geschafft. Schließlich brauchten wir Grundstücke für diese Projekte, und wir brauchten Geld.*

*Es war im September 2011. Ich rief ihn an und bat ihn um seine Hilfe. Er versprach, mir innerhalb einer Woche Bescheid zu geben. Nach drei Tagen rief er zurück und teilte mir mit, er hätte die erforderliche Summe aufgetrieben.*

*»Wir heilen unsere Wunden, wenn wir anderen helfen, die ihren zu heilen.« Jesaja 58, es ist einer von Bergoglios Lieblingspsalmen. Hilfe zur Selbsthilfe, nur so geht es. Eine rein karitative Betreuung bringt nichts.*

*Das gilt auch und vor allem für unsere Drogenabhängigen. Das ist ein großes Problem. Wir haben derzeit hundertfünfzig Jugendliche, die einen Entzug machen müssen, da kommen wir mit unseren Rehabilitationskapazitäten an unsere Grenzen. Und das, wo Paco, dieses Teufelszeug, praktisch beim ersten Mal süchtig macht. Bergoglio hat uns immer eingeschärft, uns am Ideal der Großfamilie zu orientieren. Weil sie den Einzelnen selbstverständlich integriert und auf Werten wie Vorurteilslosigkeit und Barmherzigkeit basiert. Wir haben viel von ihm gelernt und von seinen Ratschlägen profitiert.*

*Ebenso von seiner zupackenden Art. Wenn er etwas für machbar hielt, dann hat er gehandelt und es gleich umgesetzt. Aber das Wichtigste, was wir von ihm gelernt haben, ist, offen zu sein für das Leben und alle Menschen als gleich wertvoll zu betrachten. Gerade in einer Umgebung wie der unseren.*

*Vor allem müssen wir immer realistisch bleiben und das Leben nehmen, wie es kommt. Das musste schließlich auch unser Pater Jorge. Ich weiß noch, wie er vor drei Jahren zu mir sagte: »Gustavo, man muss sich vorbereiten.« Damit meinte er seinen Ruhestand, und er hatte ja wirklich begonnen, den Umzug vorzubereiten und allmählich Abschied zu nehmen. Und plötzlich griff Gott in seinen Lebensplan ein und änderte alles. Als am Ostermontag 2013 mein Handy klingelte, nahm ich ab und hörte am anderen Ende der Leitung die Stimme des neuen Papstes, der mich freundlich grüßte und fragte, wie es uns denn geht.*

# Für Menschenrechte und Menschenwürde

*»Hass und Gewalt des Tyrannen nachzuahmen*
*bedeutet, sein Erbe anzutreten.«*
Jorge Mario Bergoglio

»Mein Volk ist arm, und ich bin einer von ihnen«, hat Bergoglio während seiner Zeit als Erzbischof von Buenos Aires immer wieder betont, um seinen bescheidenen Lebensstil zu erklären und zu verteidigen. Wobei er nicht die Argentinier in ihrer Gesamtheit meinte und auch nicht die Schäfchen seiner Diözese.

Nein, wen er hier als »mein Volk« titulierte, das waren die, um die sich sonst niemand kümmerte. Die aus dem normalen Leben, aus der Gesellschaft herausgefallen waren oder nie dazugehörten. Die in den Slums von Buenos Aires hausten oder sich in den Straßen der bürgerlichen Viertel herumtrieben. Die vom Abfall der Wohlstandsgesellschaft lebten, als Papier- und Flaschensammler, als Bettler oder als Gelegenheitsdiebe. All die Opfer einer verfehlten Politik, die man am liebsten weghaben wollte aus dem eigentlich gar nicht so armen, aber schrecklich ungerechten Land.

Das hautnahe Erleben dieser zum Himmel schreienden Ungleichheit bewog Bergoglio, sich energisch einzumischen.

## Menschliches Treibgut

So wurde neben Seelsorge und Hilfsprojekten in den Slums die spezielle Fürsorge für die illegalen Wanderarbeiter und die zur Prostitution gezwungenen Mädchen zu einem seiner zentralen

Anliegen. Und nie wurde er müde, Rechte für diese unglücklichen, ausgebeuteten Entrechteten zu fordern und mit scharfen Worten die Verantwortlichen zur Rechenschaft zu ziehen. Nämlich die Politiker und ihre Seilschaften aus der Wirtschaft, die er mafiöser Strukturen bezichtigte.

Als Erzbischof machte er Menschenrechte und Menschenwürde endgültig zur Chefsache, wurde Ankläger und Anwalt in einer Person. Sehr zum Missfallen der Damen und Herren in der Regierungsverantwortung, denn Bergoglio prangerte den, wie er es sah, gesellschaftspolitischen Skandal nicht bloß bei Messen an, die er in den Villas hielt, sondern medienwirksam auch bei hohen Fest- und Feiertagen sowie bei öffentlichen Auftritten.

Besinnung und Einsicht hatten seine zornigen Worte kaum zur Folge, nur beleidigtes Auf-Distanz-Gehen.

Da von der Politik bei der Bewältigung der brennenden sozialen Probleme keine Hilfe zu erwarten war, blieb die Kirche auf sich alleine gestellt. Wobei Bergoglio konsequent die Möglichkeiten und Freiheiten nutzte, die seine Stellung als Erzbischof ihm gewährte, und Initiativen und Organisationen unterstützte, die den Kampf gegen Menschenhandel und moderne Sklaverei ebenfalls auf ihre Fahnen geschrieben hatten.

Als Großkanzler der Pontificia Universidad Católica Argentina – ein Amt, das ihm als Erzbischof von Buenos Aires automatisch zugefallen war – regte er 2001 die Gründung eines Instituts an, das sich mit allen Aspekten der zunehmenden Marginalisierung in der Gesellschaft befasst.

Dieses Soziale Observatorium, wie es kurz genannt wird, hat sich im Laufe der Jahre zu einer unabhängigen, weder partei- noch religionspolitisch gebundenen Institution entwickelt, die Fakten ungeschönt beim Namen nennt und vor allem den Regierungsvertretern auf die Finger schaut. So korrigierte man jüngst den letzten Armutsbericht, der den Anteil der Armen mit unter sechs Prozent angab. Falsch, konterte das Institut, in Wirklichkeit seien es über siebenundzwanzig Prozent, und rechnete vor, wieso. Peinlich für die ehrgeizige Präsidentin, und so konnte es nicht wundern, dass kurz darauf eine weitere Neuberechnung auftauchte, diesmal eine von Regierungsseite angeordnete, die die geschönten offiziellen Zahlen bestätigte.

So läuft das nun mal in Kirchners Argentinien.

Ein weiteres Zeichen setzte Bergoglio 2008, als er seinen ganzen Einfluss und, nennen wir es ruhig so, seine Macht für die in Bedrängnis geratene Stiftung Alameda in die Waagschale warf. Sieben Jahre zuvor von Gustavo Vera begründet, setzt sich die Organisation insbesondere für die illegal eingeschleusten Arbeiter aus Paraguay und anderen Nachbarländern ein sowie für das tausendköpfige Heer der Zwangsprostituierten.

Als Vera und seine Streetworker zunehmend von kriminellen Handlangern der mächtigen Gegner bedroht wurden, wandte er sich an Bergoglio, obwohl er nicht wirklich Hilfe erwartete. Schließlich bestand zwischen seiner Stiftung und der katholischen Kirche keinerlei Verbindung. Doch der Erzbischof sagte spontan seine Hilfe zu und demonstrierte in einem eigens anberaumten Gottesdienst in einer den Einwanderern gewidmeten Kirche öffentlich seine Unterstützung für Alameda.

Es war das Ende der Drohungen und der Beginn einer Zusammenarbeit zwischen dem Seelsorger und dem politischen Aktivisten. Trotz unterschiedlicher ideologischer Positionen kämpften sie, jeder auf seine Weise und doch gemeinsam, fortan gegen Menschenhandel und moderne Sklaverei und damit gegen das Profitstreben der herrschenden Klasse. Solche Aktivitäten waren es auch, die ihm medienwirksam die Etikettierungen »Sozialutopist« oder »Sozialrevolutionär« eingetragen haben.

Auch mir sprachen diese Aktivitäten aus dem Herzen. Und je länger ich mich mit ihnen beschäftigte, desto mehr reifte in mir der Wunsch heran, selbst einmal in dieses Milieu einzutauchen und mir ein Bild zu machen von den tristen Orten, an denen diese Menschen gestrandet waren. Und dazu gehörten nicht zuletzt die Straßen, in denen das Geschäft mit der Zwangsprostitution blühte. Für mich als Frau ein besonders bedrückendes Thema.

Aber ich wollte nicht nur sehen, sondern desgleichen hören, mich unterhalten. Und zwar mit einem der Mädchen oder einer der Frauen, die Bergoglio durch seine seelsorgerliche Tätigkeit oder bei einer seiner großen Messen auf der Plaza Constitución persönlich kennengelernt hatten.

## Im Rotlichtviertel

Obwohl durch meine Recherchen in den Villas miserias schon etwas mutiger geworden, war mir – ich gebe es unumwunden zu – ganz schön mulmig zumute, als ich mich in die Straßen begab, in denen diese bedauernswerten Geschöpfe ihrem aufgezwungenen Gewerbe nachgehen. Normalerweise meidet man besonders als Frau solche Viertel, aber anders würde ich nicht erfahren, was die Menschen, die hier lebten, über den ehemaligen Erzbischof und jetzigen Papst dachten.

Die Plaza Constitución, das Zentrum dieses Stadtteils, liegt vor dem gleichnamigen Kopfbahnhof, um den herum sich der vielleicht bekannteste Straßenstrich von Buenos Aires gebildet hat. Bis ins 19. Jahrhundert befand sich an dieser Stelle ein großer Bauernmarkt, doch mit der Erweiterung des Schienennetzes strömten immer mehr Menschen, vor allem europäische Einwanderer, hierher. Heute weist Constitución mit rund fünfzigtausend Einwohnern eine überdurchschnittliche Bevölkerungsdichte auf.

Seit Bergoglio als Erzbischof die Politik der Diözese bestimmte, gerieten auch die Menschen rund um Bahnhof und Plaza Constitución in den Fokus seines seelsorgerlichen Interesses. Gemäß dem Motto »Wenn du Jesus suchst, wirst du ihn auf der Straße finden« startete er ein pastorales Experiment. Einmal alle zwei Monate wurde ein Missionszelt auf dem Platz errichtet – eine mobile Pfarrei, in der Priester und Laien sich für die Sorgen und Nöte Rat- und Hilfesuchender bereithielten. Und wenn seine Zeit es erlaubte, kam der Erzbischof selbst vorbei.

Zu einem besonderen Ereignis wurden die großen Messen, die er dort seit 2008 regelmäßig unter freiem Himmel zelebrierte und die ausdrücklich den »Opfern des Menschenhandels« gewidmet waren. Prostitution betrachtet er, ebenso wie die Ausbeutung der Wanderarbeiter, als Spielart der Sklaverei – verdeckt, aber nicht weniger grausam als Erscheinungsformen der Kolonialzeit, wie er 2010 in einem Gespräch für den Interviewband *El Jesuita* erläuterte.

»Wir wissen ganz genau, dass Bolivianer etwa nach Argentinien eingeschleust werden und als illegale Arbeitskräfte ausgebeutet werden. Sie leben unter menschenunwürdigen Bedingungen und enden schließlich in den Elendsvierteln in und um Buenos Aires. Das ist ebenso moderne Sklaverei wie die Praxis, dass Frauen aus der Dominikanischen Republik hierher verschleppt und zur Prostitution gezwungen werden.«

Ich bin sicher, dass er bei diesen Worten an die Menschen von Constitución dachte. Und genau die waren es, die ich suchte.

Das Problem war jedoch, dass ich keinen Namen kannte und keine Anlaufstelle wusste. Ich war einfach aufs Geratewohl losgezogen. Aber so einfach eine der Prostituierten anzusprechen, die am Bahnhof auf Freier warteten, schien mir wenig ratsam. Zuhälter sehen es nicht gerne, wenn ihre Mädchen allzu mitteilsam sind, und überdies wäre ich mir dumm vorgekommen und ein bisschen überheblich.

Was also tun?

Voller Vertrauen ging ich zum nächsten Polizeirevier. War von keinem Gedanken angekränkelt, dass man mir dort nicht weiterhelfen konnte. Doch genau das passierte. Die Beamten schauten mich zunächst einmal komisch an. Warum ich denn mit den Nutten Kontakt aufnehmen wolle? Erst der Name Bergoglio alias Papst Franziskus besänftigte ihr Misstrauen und löste ihre Zungen. Ja, natürlich werde man mir behilflich sein, hieß es plötzlich. Nur müsse ich mit den Kollegen sprechen, die in der Bahnhofsgegend täglich Streife fuhren.

Dann saß ich da und wartete, unterdrückte mehr als einmal den Impuls, einfach klammheimlich zu verschwinden. Als nach etwa einer Stunde die Beamten tatsächlich aufkreuzten, war zum Glück einer dabei, der sich in dem Milieu auskannte und nicht lange fackelte. Das Warten hatte sich gelohnt. Der Mann sprang gleich wieder in seinen Wagen, fuhr zu einem der Mädchen, erklärte ihr, was Sache war, und stellte so den Kontakt her.

Kurz darauf traf ich Roxana in einem kleinen Café hinter dem Bahnhof. Die etwa Dreißigjährige zu erkennen, fiel nicht schwer: langes, pechschwarzes Haar, superkurzer Minirock, dazu eine glänzend grüne Bluse, deren Farbe so grell war, dass es in den Augen schmerzte.

Mit Absicht stellte ich keine konkreten Fragen. Sie solle mir einfach erzählen, was ihr so in den Sinn komme, bat ich sie.

Es war eine ebenso schreckliche wie traurige Geschichte, die ich zu hören bekam. Roxana stammte aus dem Nordwesten, aus Santiago del Estero, einer der ärmsten Provinzen Argentiniens, und schien niemals die Sonnenseite des Lebens kennengelernt zu haben. Als Kind bereits von den Eltern verlassen, erlebte sie nur Misshandlungen und Missbrauch, wurde erst zur Kinderarbeit und später zur Prostitution gezwungen, geriet in die Drogenszene und erkrankte an HIV. Kein Unrecht, das nicht an ihr begangen worden wäre. Wie an so vielen Mädchen und Frauen in diesem Viertel, in dieser Stadt, in diesem Land.

Ich fragte Roxana, ob sie je an einer der Messen des Erzbischofs Bergoglio teilgenommen habe. Sie selbst leider nicht, sagte sie bedauernd, wohl aber eine Bekannte und die habe sogar mit ihm nach dem Gottesdienst gesprochen. Wir verabredeten uns für die nächste Woche, gleicher Tag, gleiche Zeit, gleicher Ort. Und hoffentlich mit der Freundin.

Roxana wollte ihr Möglichstes tun, sie zum Mitkommen zu bewegen.

Isabella: »Wir spürten, dass er auf unserer Seite stand, und bestimmt wird er vieles Böse in der Welt ändern.«

Dann war es so weit. Ein bleigrauer Himmel mit schweren Regenwolken hing über der Stadt wie häufig im argentinischen Sommer. In der Ferne hörte man es donnern, und es war so unerträglich schwül, dass einem die Kleidung am Körper klebte. Ich fuhr mit der U-Bahn nach Constitución und traf bereits vor der vereinbarten Zeit in dem kleinen Café ein. Lieber wollte ich warten, als erwartet zu werden.

In Buenos Aires weiß man nämlich nie, wann man genau am Ziel ankommt. Sei es mit öffentlichen Verkehrsmitteln, mit dem Auto, zu Fuß. Ständig werden Straßen abgesperrt, meist wegen irgendeiner Demonstration, oder die U-Bahn bleibt im Tunnel stecken.

Kurz nach elf erschien Roxana mit ihrer Freundin, und beide bestellten einen *cafecito,* eine lateinamerikanische Espressovariante. Die junge Frau, nennen wir sie Isabella, wollte als Erstes von mir wissen, ob sie wirklich anonym bleiben würde. Ich versprach es hoch und heilig.

»Sie müssen das verstehen«, erklärte sie. »Ich will keine zusätzlichen Schwierigkeiten – davon hab ich auch so schon genug.«

Nein, es sei nicht meine Absicht, sie über ihr Leben auszufragen. Mich interessiere lediglich der Eindruck, den die Predigt des Erzbischofs bei der letzten Messe auf der Plaza bei ihr hinterlassen habe. Sie musterte mich eine Weile, und ich konnte erkennen, wie sie sich innerlich einen Ruck gab. Dann begann sie zu reden.

*Wissen Sie, ich werde den Tag nie vergessen. Viele von uns waren dort. Dass er wieder nach Constitución kommen wollte, hatte sich schon eine Woche vorher herumgesprochen. Und dass er eine Messe speziell für »uns« halten würde, war etwas ganz Außergewöhnliches. Ich nahm einen Rosenkranz mit und hoffte, dass er ihn segnete – zumindest wollte ich es versuchen.*

*Der Platz war brechend voll, denn aus dem ganzen Viertel waren die Leute gekommen. Ich glaube, an diesem Tag und zu dieser Uhrzeit sind viele von uns nicht »arbeiten« gegangen, denn niemand wollte die Messe verpassen. Er hat mit sanfter, aber fester Stimme gesprochen und dabei deutliche Worte gesagt, und wir spürten, dass er einer von uns war, dass er auf unserer Seite stand. Er gab uns das Gefühl, wichtig zu sein ...*

*Als die Messe vorüber war, kämpfte ich mich durch die Menge bis zu ihm vor und bat ihn, mich und meinen Rosenkranz zu segnen. Er hat es getan.*

Auf meine Frage, was sie in Bergoglios Augen gesehen habe, erwiderte sie: »Große Liebe, Verständnis und Demut. Er ist eine Persönlichkeit, und bestimmt wird er vieles Böse in der Welt ändern.«

## »Waschen wir unsere Hände nicht in Unschuld.«

Die Predigt, die er an jenem Tag hielt, als Isabella ihm auf der Plaza Constitución zuhörte, geißelte in scharfen Worten jede Form der Ausbeutung. Ich erhielt diesen Text ebenso wie andere von Bischof Rubén Oscar Frassia.

*Diese Stadt ist eine Sklavenfabrik. Für viele ist sie wie ein Fleischwolf, der sie zerreißt. Der ihr Leben zerstört, sie ihres freien Willens beraubt und ihrer Freiheit. Es gibt Sklaven in dieser Stadt, und sie wurden dazu gemacht von Männern, die den Menschenhandel verwalten. Und es gibt illegale Unternehmen hier, deren Geschäftsbasis die Prostitution ist.*

*Diese Männer sind echte Mafiosi, die ihre Netzwerke mithilfe von Bestechungsgeldern aufbauen. Scharen feiner Herren, die diesen Mafiabanden angehören, sitzen in den noblen Restaurants von Puerto Madero, aber ihr Geld ist mit Blut befleckt, mit dem Fleisch ihrer Mitmenschen. Sie sind die Sklavenhändler.*

*In dieser Stadt werden Menschenopfer gebracht. Man nimmt den Menschen ihre Würde, indem sie durch diese Form des Menschenhandels der Sklaverei unterworfen werden. Wir können angesichts all dieser Missstände nicht stumm bleiben. Diese Stadt ist voll von Männern und Frauen, Jungen und Mädchen, die gestrandet sind, die in die Gewalt anderer gerieten und versklavt wurden. Sie werden von korrupten Organisationen zusammengeschlagen, man nimmt ihnen die Willensfreiheit, setzt sie unter Drogen und lässt sie dann einfach am Straßenrand liegen.*

*Und dass diese Stadt zur Sklavenfabrik, zum Fleischwolf wurde, daran sind die Behörden schuld. Weil sie die Mafiosi schützen … und die eigene Haut zu retten versuchen. Vielleicht hat das auch*

*mit einem für Buenos Aires typischen Verhalten zu tun, das wir*
*Bestechung nennen.*
*Ich flehe alle an, etwas dagegen zu tun. Eines aber müssen wir*
*vermeiden: unsere Hände in Unschuld zu waschen, sonst werden*
*wir an dieser Sklaverei mitschuldig.*

Mal sprach Bergoglio von Mafiamethoden, mal von einem »wirtschaftlichen und finanziellen Terrorismus«. Dieser, sagte er, verletze die Menschenrechte ebenso wie politischer Terrorismus und diktatorische Unterdrückung, und zwar indem er eine extreme Armut nach sich ziehe und eine »Tyrannei des Marktes« begünstige.

Nicht genug der harten Formulierungen, bezeichnete er es sogar als Sünde, den Menschen ihre Würde zu nehmen. Und das meinte er nicht bloß im umgangssprachlichen Sinn, sondern gemäß theologisch-kirchlichem Verständnis.

Egal wie: Bergoglio ließ nicht ab, ex cathedra zu mahnen, zu kritisieren und zu verurteilen, denn infolge von Globalisierung und weltweiter Wirtschaftskrise war zu Beginn des neuen Jahrtausends auch Argentinien in einen dramatischen Abwärtstaumel geraten. Und mit das Schlimmste sei, hielt der Erzbischof seinen Landsleuten vor, dass die Menschen angesichts des alltäglichen Elends abstumpfen und sich an die Situation gewöhnen würden. In einem Interview hat er sich ausführlich zu diesem Thema geäußert.

*Eine der größten Gefahren ist die Gewöhnung. Wir gewöhnen uns*
*an das Leben, wie es ist, so sehr, dass uns schon nichts mehr überrascht. Weder das Gute, um dafür Danke zu sagen, noch das*
*Schlechte, um traurig zu werden. Vor Kurzem fragte ich einen*
*Bekannten, wie es ihm geht. Seine Antwort versetzte mich in*
*Erstaunen und Ratlosigkeit: »Schlecht, aber schon daran*
*gewöhnt.«*
*Wir gewöhnen uns daran, jeden Tag aufzustehen, als ob es nicht*
*anders sein könnte. Wir gewöhnen uns an die Gewalt als etwas*
*Unvermeidliches in den Nachrichten. Wir gewöhnen uns an den*
*Anblick von Armut und Elend, wenn wir durch die Straßen unse-*

*rer Stadt gehen. Wir gewöhnen uns an Frauen, die nachts im Stadtzentrum aufsammeln, was andere wegwerfen ...*
*Die Gewöhnung betäubt unser Herz. Es ist kein Platz mehr zum Erstaunen, das in uns die Hoffnung erneuert. Es ist kein Platz mehr für das Erkennen des Bösen und auch nicht für die Kraft, die Gewöhnung zu bekämpfen ...*

Worte, denen nichts mehr hinzuzufügen ist, und die alles über das Denken des Menschen Jorge Mario Bergoglio sagen. Worte, die ernst und ehrlich gemeint waren und aus voller Überzeugung und aus tiefstem Herzen kamen. Worte, denen er Taten folgen ließ.

## Demut lernen hinter Gefängnismauern

Auch um eine weitere Randgruppe kümmerte sich der nonkonformistische Kirchenmann in besonderer Weise. Um die Insassen der argentinischen Haftanstalten, die ebenfalls zu den Ausgegrenzten gehören. Man nahm ihnen, verdientermaßen wahrscheinlich, die Freiheit, doch dass man ihnen gleichzeitig das letzte bisschen Würde raubte, das fand Bergoglio nie in Ordnung.
Viel hatten sie davon sowieso nie, denn die meisten gerieten durch soziales Elend und Perspektivlosigkeit auf die schiefe Bahn. Die steigende Kriminalitätsrate besonders in der Hauptstadt legt dafür ein beredtes Zeugnis ab.
Vor allem sind es junge Männer, die keinen Platz in der Gesellschaft finden und am Ende hinter Gittern landen. Aus den Augen, aus dem Sinn. Solche »Elemente« stören nur das Bild der eleganten, properen Metropole, machen es den politisch Verantwortlichen schwer, den schönen Schein aufrechtzuerhalten.
Und die Bürger auf der Sonnenseite des Lebens sind froh über jeden, der die Straßen nicht mehr unsicher macht. Verständlich irgendwie. Nicht akzeptabel ist es indes, zu glauben, man müsse sich um die Weggesperrten nicht mehr kümmern. Schließlich löst man gerade das Problem zunehmender Gewaltbereitschaft unter den Jugendlichen höchstens, indem man die Ursachen beseitigt und den

Marginalisierten ein menschenwürdiges Dasein erlaubt. Und ihnen zeigt, dass man für sie da ist, ihnen hilft.

Beides hat Jorge Bergoglio getan in dem Jahrzehnt seines Wirkens in Buenos Aires.

Warum? Darauf habe ich eine Antwort gefunden, die alles sagt über die innere Einstellung dieses Mannes. Zwar bezog sie sich auf die spektakuläre Fußwaschung in einem römischen Jugendgefängnis, aber es hätte genauso gut Argentinien sein können. »Es war ein Gefühl im Herzen«, sagte er laut Radio Vatikan, »dort hinzugehen, wo die sind, die mir am besten helfen, demütig zu sein.«

Ein Papst lernt Demut von Gefangenen!

Welch eine Neuinterpretation vatikanischen Selbstverständnisses und für mich ein Grund mehr, einem von Bergoglios Schützlingen aus Buenos Aires einen Besuch abzustatten.

## El Polilla: »Dass er Papst geworden ist, gibt uns mehr Hoffnung und Zuversicht.«

Durch Vermittlung von Bischof Frassia kam ich in Kontakt zu einem jungen Mann, der seine Haftstrafe in einem Gefängnis verbüßt, das in Villa Devoto liegt – einem Viertel von Buenos Aires, das wegen seiner vielen Bäume auch »Stadtgarten« genannt wird.

Zu diesem Bild allerdings wollte das heruntergekommene Gebäude, aus dessen Fenstern Bettlaken, Handtücher und Decken heraushingen, überhaupt nicht passen. Die Haftanstalt leide unter Überbelegung, erfuhr ich, was die ohnehin miserablen Bedingungen für die Insassen offensichtlich nur noch schlechter gemacht hat. Neben der zunehmend anwachsenden allgemeinen Verelendung ein weiterer Beweis dafür, mit welch kalter, herzloser Gleichgültigkeit der argentinische Staat die Menschen behandelt, die aus allen gesellschaftlichen Rastern herausgefallen sind.

Ein Grund mehr für Bergoglio, diese Lücke zu füllen. So weihte er 2007 in diesem Gefängnis in Villa Devoto eine eigene Pfarrei ein, nachdem die jüdische Gemeinde im Jahr zuvor mit einer Synagoge den Vorreiter gespielt hatte. Auch das ein Beweis für das praktische

Funktionieren des interreligiösen Dialogs in unserer Stadt, in der ansonsten so vieles im Argen liegt.

Seitdem machte es sich der vielbeschäftigte Erzbischof zur Gewohnheit, regelmäßig die Inhaftierten zu besuchen, einschließlich der in einem gesonderten Trakt untergebrachten HIV-Infizierten. Er las für sie Messen und versicherte sie durch Fußwaschungen am Gründonnerstag seiner Solidarität.

Da stand ich also um neun Uhr morgens in Devoto und betrachtete das deprimierende Gebäude, an dem außer Grau keine andere Farbe zu erkennen war. Hätte es an diesem Tag nicht einen strahlend blauen Himmel gegeben, wäre mir der Anblick wie eine dieser alten, unscharfen und grobkörnigen Schwarz-Weiß-Fotografien vorgekommen.

Vor dem Betreten des Zellentrakts musste ich mich erst einmal einer Kontrolle unterziehen. Alles wurde untersucht. Meine Kleidung, der Inhalt meiner Tasche, und während ich alles ausbreitete, fragte ich mich unwillkürlich, ob man das seinerzeit auch von dem Erzbischof verlangt hatte.

Nachdem ich bis auf Handy, Schlüsselbund und Taschenmesser meine Siebensachen wieder eingepackt hatte, folgte ich einem Aufseher in einen Besucherraum. Hinter mir Gitter, vor mir Gitter, Gitter überall. Ich hatte das Gefühl, keine Luft zu bekommen in der vergitterten Enge, und gleichzeitig kam mir zu Bewusstsein, welch kostbares Gut es doch ist, sich frei bewegen zu können.

Nach ein paar Minuten führte ein anderer Beamter einen Häftling herein. Wie lange ich für das Interview brauchen würde, fragte der Uniformierte mürrisch. Heute sei eigentlich kein Besuchstag, deshalb solle ich mich beeilen. Man merkte ihm an, wie sehr ihm meine Ausnahmegenehmigung gegen den Strich ging und wie lästig ihm das Ganze war. Ich begann, El Polilla und die anderen zu bedauern, und zugleich begriff ich, dass es der reinste Hohn war, unter solchen Verhältnissen überhaupt an die Möglichkeit einer Besserung zu glauben.

Wie auch? Der Gedanke der Rehabilitation basiert schließlich auf dem Prinzip einer Wiedereingliederung ins normale Leben, doch die Gefangenen hier waren niemals Teil der Gesellschaft. Wo also sollte man sie integrieren? Sie würden nach ihrer Entlassung dorthin zurückkehren, woher sie gekommen waren: von der Straße, aus den Slums, aus der Drogenszene, aus der organisierten Bandenkriminalität.

Ich nahm mir vor, El Polilla mit ausgesuchter Höflichkeit zu behandeln und so zu tun, als befänden wir uns nicht in einem vergitterten Raum und würden ein ganz normales Gespräch führen.

Obwohl inzwischen um die vierzig, hatte er von Jugend an immer am Rand oder gar außerhalb der Gesellschaft gelebt, weil man ihm nie eine Chance gab. Seine Lebensgeschichte, die er mir erzählte, spricht Bände und steht stellvertretend für ungezählte andere in Argentinien. Leider.

Genauso typisch ist es allerdings für mein Land, dass selbst schwere Jungs wie El Polilla voller Rührung und Dankbarkeit von einem Kirchenmann sprechen und ihn fast wie einen Heiligen verehren. Ich sehe darin ein Zeichen, dass auch für Gestrauchelte wie sie noch Hoffnung bestünde, wenn man sich ihrer gezielter annähme.

El Polilla bat mich, seinen richtigen Namen nicht zu nennen, zumal ihm sein Spitzname, den er in der Kindheit bekam, vertrauter ist und alle ihn so zu rufen pflegen. »Motte« – in Deutschland ein durchaus liebevoller Name für ein kleines Kind, in Argentinien nicht. Hierzulande erinnert es eher an einen Gangnamen.

Und eben das war die Realität meines Gesprächspartners. 1970 in der Provinz Tucumán in traurigen Verhältnissen geboren, über die er sich nicht näher ausließ, landete er irgendwann im Alter von zwölf oder dreizehn, genau wusste er das nicht mehr, mit anderen Burschen in Buenos Aires. Es war der Anfang vom Ende – der Traum von einem besseren Leben erfüllte sich nicht.

*Wir hatten keine Bleibe, kein Geld, und niemand wollte uns Arbeit geben. Ich habe zunächst auf der Straße auf Autos aufgepasst und damit ein bisschen Geld verdient. Gerade genug, um mir etwas zum Essen zu kaufen.*

*Ein Freund besorgte mir eine Schlafstelle in der Villa 21. Dort geriet ich in schlechte Gesellschaft und begann, mit den neuen*

*Kumpanen Autos aufzuknacken, statt weiter auf sie aufzupassen. Und, na ja, bei einer Polizeirazzia kam es dann eines Tages zu einem Schusswechsel, bei dem ein Passant getötet wurde. Seitdem sitze ich im Knast. Das ist schon eine Ewigkeit her.*

Er machte eine Pause, schien auf Kommentare von mir zu warten. Deshalb forderte ich ihn auf, einfach weiterzureden. Was er bereitwillig tat und noch dieses und jenes von seiner Bande, vom Leben in der Villa, seinem Gefängnisalltag erzählte – alles deprimierend und doch ein tausendfaches Schicksal hierzulande.
Schade, dachte ich, dass er nicht rechtzeitig Pater Pepe kennenlernen konnte, der in der Villa 21 so erfolgreich gearbeitet und so manche kriminelle Karriere verhindert hatte. Dennoch brachte ich, nicht zuletzt wegen des ungeduldigen Aufsehers, das Gespräch irgendwann auf Bergoglio. Schließlich war ich deswegen hergekommen. Wie alle Menschen am Rande der Gesellschaft, denen ich im Zuge meiner Recherchen begegnete, sprach auch El Polilla immer nur von Pater Jorge, nicht etwa vom Erzbischof.

*Wenn er herkam, um die Messe zu halten, ging er durch die Gänge und grüßte alle. Manchmal blieb er vor einer Zelle stehen und führte ein Gespräch mit uns: über Fußball, übers Essen oder über Jesus. Wir fanden ihn sehr aufgeschlossen und anteilnehmend – ein Mensch, dem man vertrauen konnte. Er sprach so, als ob er einer von uns wäre. Alle sind Gotteskinder, und alle sind Sünder auf dieser Welt, sagte er immer. Das hieß natürlich nicht, dass er billigte, was jeder Einzelne von uns getan hatte. Trotzdem: Früher glaubte ich nicht an Gott, auch nicht an Wunder – jetzt tue ich es. Seit ich Pater Jorge kennengelernt habe.*
*Aber es ging ihm nicht nur darum, uns zum Glauben zurückzubringen. Er hat sich genauso in anderer Weise um uns gekümmert. Einmal, als ich sehr krank war, sorgte er dafür, dass ich die richtigen Medikamente bekam und dass sie immer rechtzeitig geliefert wurden.*

Schon damals machte er also alles selbst, gab nichts aus der Hand, dachte ich. Als befürchtete er, dass etwas vergessen werden könnte.

Selbst wenn es sich um so banale Dinge handelte wie das Begleichen der Rechnung in der römischen Klerikerpension oder das Abbestellen seines argentinischen Zeitschriftenabonnements nach der Papstwahl oder eben um die Beschaffung der Medikamente für El Polilla.

*Er sagte immer: Wir alle sind Brüder und vor Gott gleich! Ihr seid Gotteskinder genau wie ich. Niemand hatte mich vorher so behandelt und so zu mir gesprochen. Als er im vorigen Jahr zum Papst gewählt wurde, haben wir alle vor Freude geweint. Nicht nur weil er Argentinier ist, sondern weil er die Armen vertritt. Und es hilft uns, für die Zukunft mehr Hoffnung und Zuversicht zu haben. Dass wir eines Tages, wenn wir entlassen werden, ein anderes und besseres Leben führen können. Für uns ist es ein riesiger Trost zu wissen, dass Papst Franziskus Gefangene wie alle anderen Menschen behandelt und sie nicht diskriminiert.*

*Das hat er uns schließlich bewiesen, indem er einer Gruppe, darunter mir, bei seinem letzten Besuch die Füße gewaschen und geküsst hat. Es war an einem Gründonnerstag. Das werde ich in meinem Gedächtnis bewahren, solange ich lebe. Zu Weihnachten bekamen wir einen Brief von ihm. Er hat uns nicht vergessen, und wir wünschen uns sehnlich, dass er uns noch einmal besucht.*

Nach einer Stunde etwa erschien kauend der Aufseher, der nach seiner Kaffeepause nun unser Gespräch beendete. Diskussion sinnlos. Als ich mich von El Polilla verabschiedete, flüsterte er mir zu: »Wenn das Buch fertig ist, bringen Sie mir dann ein Exemplar? Bitte.«

Ich versprach es ihm – ist schließlich selbstverständlich.

Draußen auf der Straße fielen mir Worte ein, die ich einmal irgendwo von Bergoglio über die Situation der Häftlinge gehört hatte: Sie seien eingesperrt und hätten dennoch ein Recht auf Glück. Und sie müssten respektiert werden. Das sicherzustellen, sei sein Anliegen.

# Argentinier aus Überzeugung: Bergoglio und sein schwieriges Vaterland

> »Vaterland ist ein Erbe – das Wertvollste, das man hat
> und an künftige Generationen weitergibt.«
> Jorge Mario Bergoglio

Argentinien ist ein Einwanderungsland, ein Vielvölkerstaat, ein Schmelztiegel voller Menschen, deren Vorfahren aus allen Ecken der Welt hierhergekommen sind. Hauptsächlich stammten sie aus Spanien und Italien. Es gibt ein Bonmot, die Spanier hätten uns politisch erobert, die Italiener hingegen kulturell mit ihren Sitten und Gebräuchen. Wie weit es stimmt? Auslegungssache. Unbestritten führte ihr Einfluss jedoch dazu, dass die spanische Sprache in Argentinien einen ganz besonderen Einschlag erhielt.

## Profil eines Argentiniers

Wem auch immer was zu verdanken ist: So oder so hat die Mentalität dieser beiden Einwanderergruppen aus dem Mittelmeerraum dafür gesorgt, dass der Argentinier in der Regel ein offener, anpassungsfähiger Mensch mit einem hohen Maß an Einfallsreichtum und Improvisationstalent ist. Voraussetzungen, die in einem Land wie unserem, in dem nicht immer alles problemlos funktioniert und man sich oftmals arrangieren muss, von unschätzbarem Vorteil sind. Vielleicht ist das sogar mit ein Grund, warum die Menschen sich selbst durch schwere Wirtschaftskrisen und politische Turbulenzen kaum aus der Ruhe bringen lassen. Man ist gewöhnt, schnell zu reagieren, weil man nicht weiß, was morgen sein wird.

Doch wo Licht ist, gibt es auch Schatten, und das ist das allgegen-
wärtige Chaos. Man könnte süffisant sagen, dass vielleicht zu wenig
Einwanderer gekommen sind, die dem argentinischen Genpool
Tugenden wie Ordnung, Disziplin und Fleiß hätten hinzufügen
können. Zum Glück ist zumindest selbst in all diesem Wirrwarr
eine gewisse Systematik zu erkennen, die uns vor dem Schlimm-
sten bewahrt und immer wieder positive Kräfte freisetzt. Irgendwie
geht es schon weiter, denkt jeder.

»Ich glaube an Wunder«, hat Bergoglio einmal in einem Gespräch
über die desolate soziale Situation in seiner Heimat gesagt und
lächelnd hinzugefügt: Die Argentinier seien ein großes, schönes
Volk, dessen spirituelle Ressourcen durchaus Ansatzpunkte für
Wunder darstellten. Und ein andermal antwortete er ironisch auf
die Frage, wie er seine vielen Verpflichtungen bewältige: »Ich bin
Argentinier.«

Seine Liebe zur Heimat geht so weit, dass er nur ungern reist, wie
mir unter anderem Pater Pepe bestätigte, und bei anderen Gelegenheiten sprach er gar von Heimweh. In *El Jesuita* findet sich dazu
eine bezeichnende Anekdote.

1985, während seines Aufenthalts in Frankfurt an der Jesuiten-
hochschule Sankt Georgen, wo er seine geplante, aber nie vollen-
dete Doktorarbeit über Romano Guardini vorantreiben wollte, sei
er immer auf einen Friedhof gegangen, von dem aus man die Starts
und Landungen auf dem nahen Rhein-Main-Flughafen habe beob-
achten können. Einmal begegnete er dort einem zufällig des Weges
kommenden Bekannten. Auf die verwunderte Frage, was er da tue,
antwortete der heimwehkranke Bergoglio. »Ich grüße die Flugzeuge, die nach Argentinien fliegen.«

## Das böse Erbe der Kolonialzeit

Allerdings hat das Land seiner Geburt es dem inzwischen weltberühmten Sohn nicht immer leicht gemacht. Was genauso umge-
kehrt gilt. Zumindest in seiner Zeit als Erzbischof wurde er nämlich
nicht müde, hart mit den Mächtigen in Politik und Establishment

160

ins Gericht zu gehen. Womit er sich nicht gerade Freunde schuf. Im Gegenteil.

Der zweitgrößte Staat Lateinamerikas, dem man nachsagt, der europäischste auf dem Halbkontinent zu sein, ist ein Land unvorstellbarer sozialer Gegensätze. Dabei ist Argentinien eigentlich ein reiches Land, verfügt es doch über große Vorkommen an Bodenschätzen und Rohstoffen und gehört weltweit zu den bedeutendsten Nahrungsmittelproduzenten.

Dass es dennoch riesige Elendsviertel gibt, dass eine ständig wachsende Zahl von Menschen aus der Gesellschaft herausfällt und von dieser wie »Abfall« behandelt wird, während gleichzeitig die Profiteure des Systems immer reicher werden, das hat den Pater Jorge umgetrieben. Da schreckte er auch nicht davor zurück, von der Kanzel herab von »Wirtschafts- und Finanzterrorismus« zu sprechen.

Allerdings hat er zum Thema des so reich bedachten Landes in *El Jesuita* auch eine nette Anekdote zum Besten gegeben, die ich bis dahin nicht kannte. Botschafter verschiedener Länder kommen zu Gott und beschweren sich neidvoll darüber, dass Argentinien so verschwenderisch mit Ressourcen und fruchtbarem Boden beschenkt worden sei. Worauf der Allmächtige antwortete: »Ja, aber dafür habe ich dem Land die Argentinier gegeben.«

Eigentlich kein Thema für Scherze, denn die Ungleichheit hat Tradition in meiner Heimat. Sie ist ein Erbe der Kolonialzeit und geht darauf zurück, dass das Verhältnis zwischen den spanischen Eroberern und den Ureinwohnern klar definiert war: hier die Herren, dort die Knechte. Die einen herrschten, die anderen wurden ausgebeutet. Von Teilen konnte keine Rede sein, von Verantwortung ebenfalls kaum. Die Jesuiten mit ihren Siedlungen für die Indianer bildeten da eine Ausnahme.

Vertraglich an die Krone gebunden, fühlten sich Konquistadoren wie Hernando Cortés und Francisco Pizarro neben ihrem König nur sich selbst verpflichtet. Je mehr Schätze sie auf ihren Schiffen nach Europa transportierten, desto reicher wurden sie belohnt. Mit Land und mit Titeln.

Wer Glück hatte, wurde Generalgouverneur, später sogar Vizekönig.

Die spanischen Granden, die ihre Heimat zumeist aus wirtschaftlicher Not verlassen hatten oder weil sie als nachgeborene Söhne keine Perspektive sahen, ließen es sich gut gehen in den überseeischen Besitzungen und bauten eine Verwaltung auf, die sich wiederum aus Zuwanderern aus dem Mutterland rekrutierte. Und alle wollten etwas abhaben vom sagenhaften Reichtum.

Ein idealer Nährboden für Korruption. Fälle von Ämterkauf aus der Frühzeit »Neuspaniens« lassen sich bis ins Detail nachvollziehen, und bis heute sind in ganz Lateinamerika kleine und große Gefälligkeiten an der Tagesordnung. »Schmiergeldmentalität« hat Bergoglio das genannt.

Desgleichen geht die ausgeprägte hierarchische Struktur der argentinischen Gesellschaft auf die Kolonialzeit zurück. Insbesondere der Landadel, der aus Spanien in die Pampa kam, um dort große Rinderfarmen, *estancias*, zu errichten, genoss weiterhin aristokratische Privilegien.

Doch während diese in der Alten Welt durch Kriege und Revolutionen hinweggefegt wurden, konnten sie sich in der Neuen Welt ungehindert entfalten und führten zu einem Zweiklassensystem. Oben und unten, dazwischen gab es lange nichts. Und die Mittelschicht, die nach und nach entstand, ist infolge der permanenten Wirtschaftskrisen seit der Jahrtausendwende bereits wieder im Schwinden begriffen.

## Sich einmischen als Christenpflicht

Bergoglio selbst hat in *El Jesuita* zu der Frage Stellung bezogen, warum ein so reiches Land wie Argentinien seine Bevölkerung nicht ernähren kann. Als »ungeheure Ungerechtigkeit« brandmarkte er die Tatsache, dass es »in unserem gesegneten Vaterland« Menschen gibt, die keine Arbeit und nicht einmal genug zu essen haben.

Und die »zum Himmel schreiende Verantwortungslosigkeit« lasse sich nicht mit einer vorübergehenden Krise entschuldigen. Das

Problem liege tiefer, sagte er und holte zum Rundumschlag aus. Warf dem Land – oder im Grunde der Politik – vor, dass Argentinien in einem Zustand der Sünde lebe. Denn genau das sei es, eine Sünde, wenn man sich nicht um die Menschen kümmere, denen es an Arbeit und Brot mangele. Und: Verantwortlich dafür seien diejenigen, die kein soziales Bewusstsein besäßen und sinnlos Geld verschleuderten. In einem seiner vielen Interviews fügte er noch hinzu, dass die Politik dazu neige, solche Forderungen als unangemessene Kritik abzutun, anstatt die angeprangerten Missstände ernst zu nehmen.

Ferner hat er in diesem Zusammenhang darauf hingewiesen, dass konjunkturelle Maßnahmen nicht die Wurzel des Übels zu beseitigen vermögen. Sie könnten bestenfalls kosmetische Korrekturen vornehmen und wie Almosen das Gewissen beruhigen. Um das Problem jedoch dauerhaft zu beheben, müsse zuallererst eine Bewusstseinsveränderung stattfinden.

Und dies sah Bergoglio nicht bloß als Aufgabe jedes Einzelnen, sondern vor allem als die der Politik an.

Einer, der diese ständigen Reibereien zwischen Erzbischof und den politisch Verantwortlichen in Stadt und Land hautnah mitbekam, war der bereits mehrfach erwähnte Santiago de Estrada als Mitarbeiter von Mauricio Macri, dem konservativen Bürgermeister von Buenos Aires. Besonders nach der Wahl von Néstor Kirchner zum Präsidenten verschlechterte sich das Verhältnis zwischen Staat und Kirche zusehends.

*Bergoglio ist ein Mensch, der Sachen schonungslos beim Namen nennt, wenn er etwas als falsch erkannt hat. Er streitet nicht, diskutiert nicht, sagt einfach laut seine Meinung. So musste sich Kirchner seine ständigen Vorhaltungen wegen des Armutsproblems und der Korruption in Argentinien anhören. Der Präsident bezeichnete ihn deshalb als seinen schärfsten politischen Gegner. Das war nicht bloße Rhetorik, er glaubte fest daran, und die Äußerung sorgte damals für gewaltigen Wirbel.*

*Auch Entscheidungen von Macri hat Bergoglio immer wieder heftig attackiert. Im Gegensatz zu Kirchner belasteten den Bürger-*

*meister solche Differenzen. Ich bildete eine Art Puffer zwischen den beiden und versuchte zu vermitteln. Meist durch eine gemeinsame Besprechung oder durch ein gemeinsames Mittagessen. Aber es war manchmal ganz schön mühsam.*

Insbesondere die große Wirtschaftskrise zu Anfang des neuen Jahrtausends war es, die Bergoglio bewog, Stellung zu beziehen und eine geistige Erneuerung zu verlangen, ohne die ihm eine Änderung der gesellschaftlichen Verhältnisse nicht möglich erschien. Man müsse die Politik, wenngleich sie durch die Politiker diskreditiert worden sei, als »eine der höchsten Formen der Nächstenliebe« wiederentdecken, forderte er bei einer Gelegenheit.

Hehre Worte in einer Zeit, in der das Land von einer Krise in die nächste taumelte und die Politik keine Antworten fand.

## Die Ära Kirchner

Fünf Präsidenten hatten sich seit der Jahrtausendwende im rosafarbenen Palast des Staatsoberhaupts, der »Casa Rosada«, bereits nacheinander die Klinke in die Hand gegeben. Nestór Kirchner, ehemals dem Linksperonismus nahestehend und erklärter Gegner der Militärdiktatur, erschien da wie ein Hoffnungsträger. 2003 wurde er erstmals zum Präsidenten gewählt, verzichtete 2007 wegen seiner schweren Herzkrankheit zugunsten seiner Frau Cristina, blieb aber bis zu seinem Tod drei Jahre später die Graue Eminenz der argentinischen Politik und zog alle Fäden.

An der Politik der Kirchners schieden sich die Geister. Das Ausland bewertete ihre Maßnahmen zur Sanierung der maroden Staatsfinanzen als fragwürdig, weil sie das Land vom internationalen Kapitalmarkt abschotteten. Im Inland zielte die Kritik auf die Vorliebe des Präsidentenpaares für einen starken Staat. Was vielen nach den Erfahrungen der Militärdiktatur suspekt war, wenngleich man den Kirchners eines nie vorwerfen konnte: Sympathie für die Junta des Generals Videla.

*Die »Casa Rosada« – Sitz der argentinischen Regierung*

Dennoch vermochten sie mit dieser Gegnerschaft und der zugegeben konsequenten Aufarbeitung der traumatischen Vergangenheit
nicht auf breiter Ebene zu punkten. Hinzu kamen beziehungsweise
kommen neue wirtschaftliche Probleme, denn nach anfänglichen
Erfolgen droht das Staatsschiff inzwischen erneut auf Grund zu
laufen. Zudem mehren sich die Stimmen, die der Präsidentin
Populismus und undemokratisches Verhalten vorwerfen, weil ihre
Programme und Proklamationen nur Lippenbekenntnisse zum
Zweck der Wiederwahl seien.

Erinnerungen werden wach an die Ära Perón. An die Machtfülle
des Juan Domingo, die sich nicht zuletzt seiner Frau Evita verdankte. Gezielt zur Wohltäterin des Volkes stilisiert, wird sie bis
heute gerade von den einfachen Leuten als Ikone und Lichtgestalt
geliebt und verehrt. Und auch der Musicalsong »Don't cry for me,
Argentina« hat dazu beigetragen, die Erinnerung an Eva Perón
lebendig zu halten. Weltweit.

Ein Ansporn für die Kirchners? Mit dem Bau eines protzigen Mausoleums in der patagonischen Heimat, einem mächtigen Klotz aus grauem Granit, hat Witwe Cristina den Grundstock dafür gelegt, dass der verstorbene Nestór vielleicht ebenfalls in die Galerie der Nationalheiligen aufrücken kann.

Obwohl die Kirchners zu Beginn ihrer Präsidentschaft das Wohl der Armen auf ihre Fahnen geschrieben hatten, fanden sie nie zu einem Konsens mit ihrem Erzbischof, der in jungen Jahren ebenfalls Sympathien für den linken, den sozialen Flügel der Peronisten gehabt hatte.

Allerdings gab es zwischen der Regierung und Bergoglio von vornherein grundlegende Differenzen, die sich nicht so einfach aus der Welt schaffen ließen und die in einem emotional aufgeheizten Klima für Sprengstoff sorgten. Dazu gehörte vor allem die geplante Liberalisierung des Zivilgesetzbuchs im Bereich der Familienpolitik. Abtreibung, Pille danach, künstliche Befruchtung standen ebenso auf der Agenda wie Scheidung und homosexuelle Partnerschaften.

Damals Reizthemen für Bergoglio, der in dieser Situation offenbarte, dass er neben seinem fast radikal zu nennenden sozialen Ansatz im ethischen Bereich eher traditionelle Positionen vertrat. Inzwischen wirkt er offener, scheint als Oberhirte die Sorgen und Wünsche seines Kirchenvolks ernst zu nehmen und einen versöhnlichen Kompromisskurs zu steuern.

Zurück zu Argentinien. Ich glaube, dass Bergoglios entschiedene Ablehnung der kirchnerschen Politik auch persönliche Gründe hatte. Denn als ein Mensch, der nicht nur zu Bescheidenheit, Armut und Demut aufrief, sondern dies selbst praktizierte, rieb er sich ständig am politischen Stil der Kirchners, an dieser taktlosen Zurschaustellung von Macht und Reichtum. Unangemessen fand er das angesichts des unvorstellbaren Elends, das überall im Land ins Auge sprang. Eine Sünde eben.

Grund genug, die Kathedrale von Buenos Aires als Podium für eine Generalabrechnung zu nutzen. Zum ersten Mal 2004, ein Jahr nach Nestór Kirchners Amtsantritt. Beim Tedeum am Nationalfeiertag, zu dem sich traditionsgemäß die maßgeblichen Damen und Herren Politiker einfanden, geißelte er schonungslos deren Unterlassungssünden.

Retourkutschen blieben nicht aus. Während er etwa die politische Klasse anhaltender Korruption bezichtigte, sein Lieblingsthema, und ihr vorwarf, die Fürsorgepflicht für die Armen zu verletzen, revanchierte sich Nestór Kirchner damit, Jorge Bergoglio als heimlichen Oppositionsführer oder gar als »Teufel im Talar« zu bezeichnen.

Den Erzbischof focht das nicht an. Jahr für Jahr griff er das Thema, das ihn nicht ruhen ließ, erneut auf: die Verstrickung des Landes in Ungerechtigkeit und Korruption. »Wir wissen schon, wohin die gefräßige Machtgier ... und die Verunglimpfung des Andersdenkenden führen: zur Einschläferung des Gewissens«, mahnte er 2011, aber zu diesem Zeitpunkt zog es Cristina Kirchner, inzwischen Witwe, schon seit Jahren vor, sich die Schelte nicht mehr anzuhören, sondern dem Gottesdienst zum Nationalfeiertag lieber anderswo beizuwohnen.

Als sie von der Wahl ihres ungeliebten Erzbischofs zum neuen Pontifex maximus hörte, gratulierte sie eher kühl und recht unpersönlich. »Zum ersten Mal in zweitausend Jahren Kirchengeschichte gibt es einen Papst, der aus Lateinamerika kommt. Hoffentlich kann er durch sein Handeln mehr Verständnis und Gemeinschaft unter den Völkern und Religionen erreichen«, sagte sie auf einer kurzfristig anberaumten Pressekonferenz. Andere Glückwünsche klangen da weitaus euphorischer.

Trotzdem mochte sie dem Papst ihre Reverenz nicht verweigern, reiste mit großem Gefolge nach Rom zur Amtseinführung und wurde von Franziskus sogar in einer Privataudienz empfangen.

# Die Militärdiktatur:
# Zwischen allen Stühlen

*»Wenn man das Böse, das man getan hat, nicht*
*anerkennt, entzieht man sich der Verantwortung.«*
Jorge Mario Bergoglio

Über das Verhältnis von Franziskus zur Politik zu reden, ist bei
einem Mann, der Einmischung als Christenpflicht empfindet, ein
schier unerschöpfliches Thema. Das war so in Argentinien und
prägt auch in hohem Maße sein Pontifikat.
Und doch gibt es einen Lebensabschnitt, in dem man ihm ausgerechnet mangelnde Einmischung zum Vorwurf machte. Kaum war
er zum Papst gewählt worden, wurden neben dem allgemeinen Jubel
Stimmen laut, die ihn beschuldigten, während der Zeit der Militärdiktatur nicht nur geschwiegen, sondern gar kollaboriert zu haben.
Was war geschehen?

## Ein Kontinent im Umbruch

Als Bergoglio nach Beendigung seiner langjährigen Ausbildung
1973 als Provinzial der argentinischen Jesuiten Verantwortung
übernahm, waren weltweit schwierige Zeiten angebrochen. Der
Vietnamkrieg hatte eine ganze Generation aufgeschreckt. In den
Ländern der westlichen Hemisphäre äußerte sich das vor allem
durch ein Aufbegehren der Studenten gegen das Establishment,
während sich in Lateinamerika der Protest unmittelbarer und akti-
vistischer auch in Form einer Stadtguerrilla artikulierte.
In diesen Ländern ging es schließlich nicht allein um ein ideologi-
sches Problem, sondern zugleich um ein soziales. Eines, das exis-

tenziell war und auf den Nägeln brannte: die Beseitigung von Armut, Ausbeutung, Entrechtung und Unterdrückung. Und zum Sprecher dieser Bewegung wurde die Befreiungstheologie, die ihren Namen einem im Jahr 1971 erschienenen Buch von Gustavo Gutiérrez verdankte.

Obwohl die Bewegung sich durch das Zweite Vatikanische Konzil, das eine Öffnung und Erneuerung der Kirche verlangt hatte, in ihren Bestrebungen ermutigt sah, war die Amtskirche gespalten. Weltweit und speziell in Lateinamerika. Während der konservative Flügel dort seit Kolonialzeiten unverbrüchlich und fest an der Seite der Mächtigen stand, meldete sich nun eine Gruppe zu Wort, die dieses Bündnis mit den Eliten infrage stellte.

Erschwerend kam hinzu, dass in jener Zeit überall in Lateinamerika – den Anfang machte 1964 Brasilien – von den USA sanktionierte und unterstützte Militärdiktaturen entstanden, was der Befreiungstheologie zusätzliche Legitimation verlieh und ihr starken Zulauf bescherte. Eine Provokation für die Politik. Eine Herausforderung für die Kirche.

Wie sollte sie Position beziehen? Auf wessen Seite sollte sie sich stellen?

1968, auf der zweiten lateinamerikanischen Bischofskonferenz in Medellín, versuchte man eine Abgrenzung gegenüber der Befreiungstheologie und den sich daraus ergebenden politischen Implikationen. Eine eindeutige Festlegung vermied man jedoch, erklärte lediglich die »Option für die Armen« zur Leitlinie kirchlichen Handelns. Damit war Interpretationen jeglicher Art Tür und Tor geöffnet. Vor allem dem Einzelnen blieb eine Menge Spielraum. Egal ob Pfarrer oder Kardinal. Egal ob Franziskaner oder Jesuit. Der Riss ging durch Länder, Gemeinden, Orden.

Obwohl Bergoglio bereits damals die Hinwendung zu den Menschen in den Slums als vordringliche kirchliche Aufgabe und Verpflichtung betrachtete, war die Theologie der Befreiung seine Sache nicht. Je mehr sie in den Sog politischer Aktivisten geriet, die Gewalt nicht ausschlossen, desto größer wurde seine Distanz. Sie habe »ihr Gutes und ihr Schlechtes« gehabt, meinte er später einmal recht diplomatisch.

José María Poirier von der katholischen Zeitschrift *Criterio* hat für ihn die nicht ganz unzutreffende Bezeichnung »Mann des Bruches« gewählt, wobei er einräumt, dass Bergoglio selbst vermutlich »Mann der Grenze« vorziehen würde. Damit bezieht er sich auf Bergoglios Vorliebe, eine abwägende Distanz zu Extrempositionen aller Art zu halten. Zu der Befreiungstheologie auf dem linken Spektrum ebenso wie zum Opus Dei auf dem rechten.

Manch einer mag das als mangelnden Mut zur Parteinahme werten, doch man kann es auch anders sehen. Als Voraussetzung nämlich, zwischen gegensätzlichen Positionen vermitteln zu können. Zumindest wenn man den Gedanken der Versöhnung nicht preisgeben will und darf. Beides, Vermittlung wie Versöhnung, sind zentrale Themen für Bergoglio, und seine Kompetenz in beiden Bereichen war es schließlich, die ihn für seine diversen Führungspositionen qualifizierte und mit der er sich erst für die Leitung eines Ordens, dann einer Erzdiözese und jetzt der Gesamtkirche empfahl.

Und dass es ihm nie an Mut gefehlt hat, das hat er oftmals hinreichend unter Beweis gestellt. Erst jüngst durch seine Exkommunizierung der Mafia. Da gab es kein Taktieren mehr, kein Vermitteln. Nur noch deutliche Worte.

## Argentiniens unbewältigtes Trauma

Leidvolle Jahre brachen Mitte der Siebziger in meiner Heimat an. Für das ganze Land wie für jeden Einzelnen von uns. Eine Militärjunta unter General Jorge Rafael Videla putschte sich 1976 an die Macht und überzog Argentinien mit unvorstellbarem Schrecken und Terror.

Bespitzelung und Überwachung, Verhaftungen und Folter waren an der Tagesordnung. Menschen verschwanden spurlos, tauchten nie wieder auf. Von manchen fand man nicht einmal die Leichen. Eine dunkle, drohende Wolke senkte sich über die Provinzen, Städte und Dörfer, lähmte das öffentliche Leben und erstickte alle

Freude und Heiterkeit, die meinen Landsleuten eigentlich zu eigen ist. Nicht umsonst sprach man von der »bleiernen Zeit«.

Allerdings hatte das Verhängnis bereits früher angefangen – Ende der Sechzigerjahre, als eine unheilvolle Polarisierung in Links und Rechts die argentinische Gesellschaft spaltete und tiefe Gräben riss. Wunden, die bis heute nicht verheilt sind.

Auch damals herrschte eine Militärregierung, wenngleich mit weniger diktatorischen Vollmachten und nicht mit der gleichen Brutalität wie später Vldela und seine Gefolgsleute. Trotzdem lieferten sich ihre Anhänger erbitterte Kämpfe mit peronistischen und sozialistischen Gruppen, die teilweise den Charakter von Volksaufständen annahmen. Wirtschaftliche Misserfolge taten ein Übriges. 1970 traten die Militärs zurück.

Nach mehreren gescheiterten Anläufen mit der Demokratie wusste man sich 1973 keinen anderen Rat mehr, als den fast zwei Jahrzehnte zuvor verjagten Juan Domingo Perón aus dem spanischen Exil zurückzurufen. Es brachte nichts, denn der Politstar von einst schaffte es ebenfalls nicht, die auseinanderstrebenden gesellschaftlichen Gruppen zu versöhnen, und fuhr überdies unter Abkehr von seinen eher linken Anfängen einen zunehmend rechtsgerichteten Kurs. Als er ein Jahr später starb und seine Ehefrau Isabel die Präsidentschaft übernahm, begann Argentinien endgültig und unaufhaltsam dem Abgrund zuzutrudeln.

Noch blieb dem Land eine kurze Schonfrist, doch wer wollte, hätte das kommende Unheil bereits in den letzten beiden Jahren vor dem Putsch erkennen können. Unter »Isabelita«, wie sich die zweite Frau Perón in Anlehnung an den Mythos »Evita« nennen ließ, war die Demokratie bereits zu einem Zerrbild, zu einer hässlichen Fratze verkommen. Todesschwadronen der Ende 1973 gegründeten Alianza Anticomunista Argentina und andere paramilitärische Organisationen trugen mit Duldung der Regierung, wenn nicht gar in deren Auftrag, den Terror bis in die entlegensten Landstriche.

Reaktionen blieben nicht aus, denn die Linksextremen schlugen zurück, und bald bekämpften die Guerilleros einander bis aufs Messer. Niemand fühlte sich mehr sicher, und am liebsten wäre man gar nicht mehr auf die Straße gegangen. Wer zwischen die Fronten geriet, und das waren nicht wenige, verlor sein Leben. Die Zahl der politisch motivierten sowie der willkürlichen Morde stieg. Endgültig ging die böse Saat auf, als im März 1976 das Militär putschte und Isabel Perón, die aufgrund eines desaströsen wirtschaftspolitischen Kurses jeden Halt in der Bevölkerung verloren hatte, ihres Amtes enthob. Noch am gleichen Tag wurden das Parlament aufgelöst und jede parteipolitische Betätigung verboten. Die Grundlagen für ein diktatorisches Regime waren geschaffen, zumal auch die bis dahin zumindest nominell unabhängige Justiz fortan von der Junta kontrolliert wurde.

Politisch geschickt versprachen die Militärs den gottgläubigen und romtreuen Argentiniern, ihre Politik an christlich-konservativen Werten auszurichten und aufzuräumen mit den terroristischen linken Umtrieben. Der Kirche in meinem Heimatland gefiel das, und sie fand sich in weiten Teilen zum Schulterschluss mit den neuen Machthabern bereit. Schwieg selbst dann, als die Junta prognostizierte, bei nötigen Säuberungsaktionen würden fünfzigtausend »Subversive«, »Sympathisanten« und, ja, auch Unschuldige getötet werden. Man könnte es, zynisch betrachtet, fast für ein Wunder halten, dass dieses »Plansoll« nicht erreicht wurde. Man geht von etwa dreißigtausend Opfern aus.

Geheimgefängnisse entstanden, die oft mit den Konzentrationslagern der Nazis verglichen wurden. Dorthin verschwand, oft auf Nimmerwiedersehen, wer auf der Straße aufgegriffen und als politischer Gegner klassifiziert wurde. Dazu gehörte nicht viel. Ein kritisches Wort, ein nicht genehmer Zeitungsartikel reichte.

Zudem war es gängige Praxis, in den Gefängnissen geborene Kinder zur Adoption an verdiente Staatsdiener und ihre Frauen zu geben. Die Mütter wurden häufig gleich nach der Entbindung umgebracht. Nur ein kleiner Prozentsatz dieser Kinder fand nach Ende der Diktatur zu den Ursprungsfamilien zurück. Der Großteil musste später die Erkenntnis verarbeiten, dass die Männer, die sie für ihre Väter gehalten hatten, zu den Tätern gehörten und vielleicht sogar die leiblichen Eltern getötet hatten.

## Ein Tag bei der Geheimpolizei

Wie schnell man damals den Greiftrupps in die Hände fallen konnte, habe ich am eigenen Leibe erfahren. Ein schreckliches Erlebnis, das ich bis heute nicht vergessen kann.

Ich war fünfundzwanzig, eine junge Ehefrau und Mutter, und unterrichtete an einer Sekundarschule. Eines Tages rief der Direktor alle Lehrer zu einer außerplanmäßigen Konferenz zusammen und warnte uns, in der Schule über Politik zu reden. Nicht untereinander und schon gar nicht mit den Schülern. Vermutlich hielt er selbst sich nicht an seine Empfehlungen, denn einige Monate später wurde er von heute auf morgen ohne Angabe von Gründen entlassen. Was aus ihm geworden ist, weiß ich nicht.

Ich musste allmorgendlich gegen halb acht in der Schule sein. Irgendwann fiel mir auf, dass immer ein grüner Ford Falcon an der Ecke stand, in dem vier Personen saßen und die Passanten beobachteten. Später sah ich mehrmals, wie einige der älteren Schüler angehalten und befragt wurden. Wer von den Umstehenden nicht betroffen war, schaute unbeteiligt weg. Auch wir Lehrer. Wir schwiegen sogar, als plötzlich die Plätze einiger Jugendlicher leer blieben. Der neue Schuldirektor hatte uns verboten, bei den Eltern nachzufragen.

Mich erwischte es an einem regnerischen Morgen im argentinischen Winter. Kurz vor dem Schultor spürte ich plötzlich eine kräftige Hand auf meinem Arm. Als ich mich überrascht umdrehte, um zu protestieren, sagte der Mann: »Sei ganz ruhig«, und deutete auf den grünen Ford. »Steig in den Wagen ein, wir bringen dich zu unserer Dienststelle.« Wie die Gestapo, schoss es mir durch den Kopf, denn meine Eltern, die vor Hitler aus Deutschland geflohen waren, hatten mir von diesen berüchtigten Nazischergen erzählt. Mir blieb jedoch nichts anderes übrig, als seinem Befehl zu folgen. Die drei Kollegen sahen ebenfalls nicht vertrauenerweckend aus.

Die Dienststelle, zu der sie mich brachten, gehörte vermutlich der Geheimpolizei, denn ein reguläres Polizeirevier war es nicht. Mir wurde angst und bange, Panik stieg in mir auf. Ich dachte an meinen Sohn, an meinen Mann, an meine Mutter. Und meinem Vater, der schon lange tot war, sandte ich die flehentliche Bitte, er möge mir, wo immer er auch sei, aus dieser Gefahr helfen.

Furchtsam schaute ich mich in dem Raum um: kahle Wände, ein paar Schreibtische, ein paar Stühle, eine Bank. Auf jedem Schreibtisch eine grüne Schreibmaschine der Marke Remington, daneben Papier und Kohlepapier. Mir fiel auf, dass es keine Fenster gab und keine Telefone, dafür drei Türen. Ich hörte junge Stimmen etwas murmeln und einen Jungen schreien. Hinter einer anderen Tür weinte jemand. Die Männer, die mich hergebracht hatten, waren weg. Vermutlich schon wieder auf der Jagd nach neuen Opfern. Ich saß allein in dem kargen Büro und wartete. Worauf?

Nach etwa zwei Stunden tauchte ein Mann in Uniform auf und bedeutete mir mit einem Wink, ihm zu folgen. In seinem Büro stellte er mir allerlei Fragen. Als er erfuhr, dass meine Eltern Verfolgte des Nationalsozialismus gewesen waren, ließ er mich gehen. Ohne Angabe von Gründen, genau wie ein paar Stunden zuvor bei meiner zwangsweisen Abführung. Ich wurde lediglich dazu verpflichtet, über meinen »Besuch« auf dieser Dienststelle Stillschweigen zu bewahren.

Warum er mich gehen ließ, habe ich nie erfahren. Vielleicht hegte er ja persönlich Sympathien für NS-Verfolgte. Offizielle Linie war das jedenfalls nicht, denn die argentinischen Regierungen hatten bislang eher ein Herz für NS-Täter gezeigt. Möglich ist allerdings auch, dass ich rein zufällig oder nach dem Rasterprinzip aufgegriffen wurde. Willkür war schließlich eine wichtige Säule dieses staatlichen Terrors. Nach 1983, als der Spuk vorbei war, hörte ich, dass es manchmal gereicht hatte, wenn man im Adressbuch eines Regimegegners stand.

## Unter Verdacht

Auch Jorge Bergoglio respektive Papst Franziskus kann die Jahre der Militärdiktatur nicht vergessen und den Schatten dieser Zeit nicht entrinnen. Dazu waren die gegen ihn erhobenen Vorwürfe zu schwer, und die durch diese Anschuldigungen losgetretene ebenso heftige wie kontrovers geführte Diskussion über die Rolle, die er damals spielte, ließ es erst recht nicht zu. Was war er? Gegner oder Kollaborateur? Retter oder Spitzel?

Den Spekulationen wurde nicht zuletzt dadurch Tür und Tor geöffnet, weil er schwieg. Schon Jahre zuvor, als erste Gerüchte und Zeitungsartikel in Buenos Aires auftauchten, hatte er es nicht anders gehalten. Jetzt fiel all dies mit Macht auf ihn zurück. Glücklicherweise meldeten sich neben den Anklägern sogleich jede Menge Verteidiger zu Wort und entkräfteten die Verdächtigungen.

Was ist Wahrheit, was Verleumdung? Wo fängt Kollaboration an, und wie weit ist sie als Mittel zu einem guten Zweck vertretbar und vielleicht sogar nötig? Helden, die Leib und Leben riskieren, indem sie aus ihrer Gegnerschaft keinen Hehl machen und offen zum Widerstand aufrufen, werden nicht selten Märtyrer, aber helfen können sie nicht. Weder im Kleinen noch im Großen.

Helfen jedoch wollte Bergoglio, damals als Jesuitenprovinzial verantwortlich für seine Patres – das verstand er als seine Pflicht, und die hat er erfüllt. Still und unauffällig und manchmal auf unorthodoxen Wegen. Und das in einer Situation, als die argentinische Kirche, vertreten durch die mehrheitlich konservativen Bischöfe, offen mit der Junta sympathisierte. Auch die drei maßgeblichen Kardinäle jener Jahre zählten eher zu Videlas Parteigängern und versuchten, die Diözesen und Gemeinden auf diese Linie einzuschwören. Unbeugsame Abweichler wie der Bischof von La Rioja, Enrique Angelelli, der gemeinsam mit einem kleinen Häufchen Aufrechter offen protestierte und eine eindeutige Parteinahme der Kirche gegen die Junta forderte, hatten da einen schweren Stand. Und sie lebten gefährlich. Angelelli kam wenige Monate nach dem Putsch ums Leben.

Es gab wie immer und überall auch das andere Extrem. Ein prominentes Beispiel dafür ist der deutschstämmige Polizeikaplan Christian von Wernich, der als Beichtvater von Sicherheitschef Ramón Camps, einem der Hauptübeltäter, in Folterlagern bei Verhören mitwirkte. Nach der Rückkehr zur Demokratie wurde er wegen nachgewiesener Beteiligung an sieben Morden zu lebenslanger Haft verurteilt.

Die große Masse der argentinischen Geistlichen bewegte sich jedoch vermutlich in der Grauzone zwischen entschiedener Gegnerschaft und glühender Unterstützung. Manche versuchten, sich aus Opportunismus zumindest einigermaßen gutzustellen mit den Militärs, andere wichen einer politischen Konfrontation grundsätzlich aus – sei es aus Angst oder aus Indifferenz – und beschränkten sich auf rein seelsorgerliche Aufgaben.

Gehörte der Provinzial Bergoglio dazu?

Ja und Nein. Ja, weil er diesen Anschein erweckte – zum Schutz, wie man inzwischen weiß. Nein, weil er sich einmischte – teils heimlich, ohne dass jemand es merkte, teils auf eine Weise, die man ihm später als Kollaboration auslegte. Wie etwa die berühmt-berüchtigte Messe für Videla.

Bergoglio hat sich erstmals 2010 in den Interviews mit Sergio Rubin und Francesca Ambrogetti ausgesprochen widerwillig zu der ganzen Sache geäußert und einige Rettungsaktionen genannt. Wie viele Menschen er tatsächlich versteckt oder außer Landes gebracht hat, darüber existieren von ihm nur vage Auskünfte. »Einige«. »Mehrere.« »Ich weiß es nicht mehr.« Da klingt Bescheidenheit durch, der Wunsch, nicht an die große Glocke zu hängen, was seine Pflicht als Jesuit und Mitmensch war. Und als Christ.

Inzwischen weiß man durch informierte Zeitzeugen, die sich zu Wort gemeldet haben, dass es eine ganze Menge Menschen waren. Nicht bloß einige. An die hundert vielleicht sogar. Desgleichen hat man erfahren, wie umsichtig er bei diesen Aktionen zu Werke ging. So schaltete er immer mehrere Helfer ein, die nur ihre jeweilige Aufgabe kannten. Einer besorgte etwa ein Auto, ein anderer ein Flugticket oder eine Unterkunft für ein paar Tage. Niemand wusste über den ganzen Plan Bescheid. Eine Rückversicherung für den Fall, dass einer ins Netz der Geheimpolizei geriet.

Dass Bergoglio damals das für ihn Mögliche tat, ohne dabei auf sich selbst zu achten, bezeugen nicht nur Freunde und Gerettete, sondern desgleichen Personen, die eine ganz andere Einstellung hatten als er. Etwa der Friedensnobelpreisträger Adolfo Pérez Esquivel und der Befreiungstheologe Leonardo Boff. Oder Graciela

Fernández Meijide, die eine Kommission zur Aufklärung von Menschenrechtsverstößen leitet – sie hat versichert, der Name Bergoglio sei bei ihren Nachforschungen nie aufgetaucht. Inzwischen wurden sogar Vermutungen laut, die derzeitige argentinische Regierung habe bewusst anderslautende Gerüchte genährt. Wahrheit oder Verleumdung? Tatsache ist, dass es die regierungsnahe Zeitung *Pagina 12* war, die sich seit Jahren dieses Themas angenommen hatte. Und Tatsache ist ferner, dass die Kirchners zwar die Militärdiktatur nicht mochten, aber Bergoglio eben auch nicht. *Pagina 12* hat übrigens vor Kurzem aus dem Archiv alles verschwinden lassen, was Bergoglio der Kollaboration mit der Militärjunta bezichtigte.

Durch Zufall kam ich ins Gespräch mit Ana Zagari, Dekanin der Philosophischen Fakultät an der jesuitischen Universidad del Salvador in Buenos Aires. Sie erzählte mir, dass sie Bergoglio seit 1966 kenne, ihn in Rom bereits gesehen habe und ihm durch all die Jahre hindurch privat wie beruflich sehr verbunden gewesen sei.

Sie nannte ihn ein Licht auf ihrem Lebensweg, ein leuchtendes Vorbild. Vieles beherzige sie noch heute. Etwa den Rat: »Kämpfe für das, was du für richtig hältst«, oder die Maxime: Schweigen, hören, erkennen und den anderen so nehmen, wie er ist. Das habe sie von ihm gelernt, erklärte sie, und vor allem sprach sie voller Dankbarkeit von seinen Initiativen während der Militärdiktatur.

»Es waren damals schreckliche Zeiten, doch als Jesuitenprovinzial sorgte Bergoglio dafür, dass viele Intellektuelle, Lehrende wie Studierende, die von staatlichen Universitäten gewiesen wurden, bei uns Zuflucht fanden. Keiner hat ihm das je vergessen. Ich selbst habe diese Jahre als junge Dozentin miterlebt und war sehr froh, beschützt und in einem Klima der Freiheit arbeiten zu können. Ohne Angst haben zu müssen, wenn wir uns mit Freud oder Marx oder dem Strukturalismus beschäftigten. Wir lebten wirklich auf einer Insel der Freiheit inmitten eines Terrorregimes.«

Unwillkürlich fiel mir Papstnichte María Inés ein, die sich dankbar an die Worte des Onkels erinnerte, es gebe Zeiten zu handeln und Zeiten zu schweigen. Und beides erfordere Mut.

## Rettungslinien

Ein recht spektakulärer Fall ist der von *Gonzalo Mosca,* einem jungen Mann aus Uruguay, der dort einer linken Organisation angehörte. Nachdem viele Freunde bereits verhaftet worden waren, floh er ins Nachbarland Argentinien. Und kam vom Regen in die Traufe, wäre um ein Haar bei einer Razzia in einer sogenannten subversiven Wohnung verhaftet worden. Sein Bruder, ein in Buenos Aires lebender Jesuitenpater, wandte sich in seiner Not an seinen Provinzial und ehemaligen Philosophieprofessor. Der sagte sofort Hilfe zu und holte die beiden Brüder mit seinem Auto ab.

»Schau nicht aus dem Fenster«, warnte er Gonzalo während der Fahrt. »Überall, an jeder Ecke stehen Spitzel herum.«

Bergoglio brachte die beiden nach San Miguel ins Colégio Máximo und stellte Gonzalo als einen Studenten vor, der hier für vier Tage seine Exerzitien machen solle.

Nachdem er seinen Schützling fürs Erste in Sicherheit wusste, organisierte er die Flucht des jungen Mannes, der ihm vage ähnlich sah, unter Verwendung seines eigenen Personalausweises. Ein Flugzeug brachte Gonzalo, der ein Priesterhemd trug, nach Puerto Iguazú an der Grenze zu Brasilien, von dort aus ging es per Schiff über den Rio Paraná ins Nachbarland, wo Jesuiten ihn abholten und in ein Flugzeug nach Europa setzten. Es hätte Bergoglio, wäre an der Grenze der Betrug mit dem Ausweis entdeckt worden, den Kopf kosten können.

Andere Verfolgte soll er ebenfalls auf diesem Weg aus dem Land geschafft haben.

Auch im Fall von *Alicia Oliveira* riskierte er einiges, und auch hier ließ er sich Ungewöhnliches einfallen. Die junge Juristin, die 1973 als erste Frau in Argentinien zur Strafrichterin ernannt worden war, fiel unmittelbar nach dem Putsch dem Amtsenthebungsdekret zum Opfer, denn als führendes Mitglied einer Menschenrechtsorganisation, des Zentrums für soziale und rechtliche Studien, war sie bereits ins Visier der Geheimpolizei geraten.

Die Situation spitzte sich zu, als bewaffnete Einheiten in die Büros des Zentrums eindrangen und alle Anwesenden verhafteten. Alicia hatte Glück, da sie gerade unterwegs war, doch das schützte sie nicht vor einem neuerlichen Zugriff. Sie suchte und fand ein Versteck, in dem sie bleiben konnte, bis sich die Lage etwas beruhigen würde. Nur wie sollte sie es arrangieren, dass sie trotzdem ihre Kinder sah?

Sie wandte sich an Bergoglio, den sie seit zwei Jahren kannte. Sie hatte sich oft mit ihm über die politische Situation unterhalten und schätzte ihn vor allem als absolut vertrauenswürdig ein.

Bergoglios Plan war ebenso einfach wie raffiniert. Er arrangierte heimliche Treffen in einer Kirche nur wenige Schritte vom Regierungssitz entfernt. Zweimal in der Woche holte er Alicia mit seinem Auto an einem vorher vereinbarten Ort ab und brachte sie auf immer neuen Umwegen zur Kirche. Durch einen Geheimgang, den lediglich Eingeweihte kannten, führte er sie zu ihren Kindern. Niemand schöpfte Verdacht. Vielleicht auch deswegen nicht, weil keiner eine solche Unverfrorenheit für möglich gehalten hätte, praktisch unter den wachsamen Augen von Militär, Polizei und zivilen Sicherheitsleuten geheime Treffen zu organisieren.


Alicia Oliveira hat im Übrigen auch jene Geschichte hautnah mitbekommen, die immer wieder als Beleg für eine angeblich dubiose Haltung Bergoglios zur Militärjunta bemüht wurde. Dubios ist indes weniger Bergoglios Rolle als die Geschichte selbst beziehungsweise der Umgang mit dieser.

So wurde um die wenigen überprüfbaren Fakten herum viel spekuliert, was teilweise zu falschen oder zumindest fragwürdigen Schlussfolgerungen, Verzerrungen und Unterstellungen führte. Jedenfalls entbrannte eine emotionsgeladene Diskussion, die nicht frei war von Ressentiments.

Zwei Jesuitenpater und ehemalige Hochschullehrer, *Franz Jalics* und *Orlando Yorio*, die seit 1974 in einem der Slums von Buenos Aires lebten und wirkten, wurden kurz nach dem Putsch entführt, weil man sie der Kooperation mit kommunistischen Gruppierungen und der gewaltbereiten linken Stadtguerilla verdächtigte. Eine ehemalige Mitarbeiterin hatte offenbar ihre Namen genannt. Die Vorwürfe schienen sich nicht zu bestätigen, denn nach fünf Tagen hieß es, die Sache sei erledigt. Doch sie kamen nicht frei, sondern blieben fünf Monate in Haft, gefesselt und mit verbundenen Augen.

Warum? An diesem Punkt nahmen die Mutmaßungen ihren Anfang, die am Ende in der Anklage gipfelten, der Jesuitenprovinzial, bekanntermaßen kein Parteigänger des radikalen Flügels der Befreiungstheologie, habe die beiden Patres angeschwärzt, wenn nicht gar verraten und ausgeliefert. Und als Beleg diente jene ominöse Messe für Videla und seine Familie, die nun als herzliches Einvernehmen Bergoglios mit den Militärs und als Antichambrieren bei den Mächtigen gewertet wurde.

Er selbst hingegen erklärte später in besagtem Interview, er habe einen direkten Kontakt zu dem Juntachef gesucht, um sich möglichst effektiv für die Freilassung der beiden Priester einzusetzen, und zu diesem Zweck den zuständigen Militärgeistlichen gebeten, sich krankzumelden und die Messe bei Videla an ihn abzutreten. Außerdem betonte er immer wieder, dass er Jalics und Yorio bereits vor ihrer Festnahme nahegelegt habe, sich in den Schutz eines Klosters zu begeben, was diese aber ablehnten, da sie sozusagen auf dem Sprung waren, den Orden zu verlassen und eine eigene Gemeinschaft zu gründen.

Trotzdem setzte Bergoglio sich für ihre Freilassung ein. Mit Erfolg. Von einem alten Jesuiten, den ein ehemaliger Seminarist und guter Freund Bergoglios an mich verwiesen hatte, erfuhr ich Details über den Tag ihrer Befreiung.

Mit ein wenig zittriger Stimme erzählte mir Pater Victor Hugo Zorzin, dass er die beiden vermissten Priester aus Verstecken abgeholt habe, die sein Vorgesetzter, der Jesuitenprovinzial, ihm zuvor genannt hatte. Von wem die Information stammte, wurde ihm nicht mitgeteilt.

Bergoglio gab ihm lediglich knappe Anweisungen und drückte ihm einen Zettel in die Hand. »Geh erst zu dieser Adresse und hol Yorio, und danach zu dieser anderen, dort findest du Jalics.«

Zorzin packte die beiden in den Wagen des Colégio Máximo, einen grauen Ford Falcon, und brachte sie Bergoglios Instruktionen gemäß in das Sekretariat der Apostolischen Nuntiatur. Mit dem Rest hatte er nichts zu tun. Anschließend gestand er mir noch, er habe unterwegs ganz schön Angst vor einer Polizeistreife gehabt. Ich konnte ihn gut verstehen. In der damaligen Zeit wusste man nie, woran man war. Zusagen und Versprechungen zählten nichts, und auf eine Freilassung konnte auf dem Fuß die neuerliche Verhaftung folgen.

## Gewissensfragen

Interessanterweise kamen die Vorwürfe gegen Bergoglio nicht etwa von den Betroffenen, sondern von selbst ernannten »Detektiven«, die einen Skandal witterten, sowie von Familienangehörigen. So erzählte ein Bruder von Franz Jalics der Presse, dieser habe immer Zweifel geäußert, ob der Jesuitenprovinzial sich für ihn und Yorio damals wirklich einsetzte, und er habe sogar Vermutungen angestellt, Bergoglio habe aus Ärger über die grundlegenden theologischen Differenzen und die daraus entstandenen Spannungen die beiden Abweichler verraten.

Gut möglich, dass Jalics, verbittert und traumatisiert durch Folter und Haft, zunächst so dachte. Wer will ihm das verdenken. Später hat er jedoch eindeutig betont: Nein, Bergoglio habe sie nicht verraten.

Genauso sieht es auch Alicia Oliveira, die sich noch sehr gut daran erinnert, dass Bergoglio sich mit allen Mitteln bemühte, den Aufenthaltsort der beiden Patres herauszufinden, und alles daransetzte, ihre Freilassung zu erwirken. Außerdem sei sie in dem Exerzitienhaus, wo sie ihn sonntags gelegentlich besuchte, oftmals Leuten begegnet, die, wie sie später erfahren habe, von dort aus außer Landes gebracht wurden.

Natürlich, sagte sie, habe sie sich oft gefragt, welches Verhalten richtig sei in einer Diktatur: offen Anklage erheben oder geschickt taktieren, um Menschen helfen zu können? Vieles stelle sich aus der zeitlichen Distanz mit Sicherheit anders dar. Das sei zwar legitim, meinte sie, diskreditiere aber nicht die Wege, die Bergoglio zur Rettung so manches Verfolgten beschritten habe.

Ihn selbst mögen ähnliche Gedanken beschäftigt haben. Im Jahr 2000 initiierte er maßgeblich das Schuldbekenntnis der argentinischen Bischöfe. Darin heißt es: »Wir waren zu nachsichtig gegenüber totalitären Positionen, die die demokratischen Freiheiten und die Menschenwürde verletzten; wir haben durch Taten oder Unterlassungen vielen unserer Brüder und Schwestern nicht beigestanden ... Wir bitten dich um Verzeihung für das Schweigen der Verantwortlichen und dafür, dass viele deiner Kinder mitgemacht haben ...«

Ein Bekenntnis zur Verantwortung zweifellos, das überfällig und ehrenwert war. Auch eine Verurteilung derer, die nicht bloß schwiegen, sondern den Verbrechen ihren Segen erteilten, mag man herauslesen und einen Aufruf, Mut zum Widerstand aufzubringen. Nur schließt der, allzu offen und laut vorgebracht, eine wirksame Hilfe in der Regel aus. Wem es allerdings genau mehr darum als um Protest geht, der wird für sich einen dritten Weg suchen zwischen den Extremen. Einen, der unter den Bedingungen einer Diktatur oftmals die einzige Möglichkeit des Handelns ist. Selbst wenn man seine Überzeugung und sein Gewissen dabei vielleicht verbiegen muss – die Rettung von Menschenleben ist es wert, wie Alicia Oliveira treffend erkannt hat.

Alles andere ist für Märtyrer.

# Die drei Seminaristen:
# Geschichte einer Freundschaft

*»Es ist die Freundschaft, auch die soziale,*
*die mit ihrem langen Arm der Gerechtigkeit*
*den größten Schatz darstellt.«*
Jorge Mario Bergoglio

Meine Spurensuche nach ehemaligen Weggefährten von Papst Franziskus führte mich sogar bis weit ins argentinische Hinterland: in die Provinz La Rioja im trockenen, subtropischen Nordwesten, rund tausend Kilometer von Buenos Aires entfernt. Eine Gegend, in der man teilweise den Eindruck gewinnen kann, dass die Zeit stehen geblieben ist und manche Ecken und Ortschaften wie von Gott und der Welt verlassen wirken.

In der gleichnamigen Hauptstadt, die knapp hundertfünfzigtausend Einwohner zählt, erwartete mich in seiner Pfarrei Enrique Martinez Ossola, ein sympathischer Mittfünfziger. Jener ehemalige Student, dem Franziskus kurz nach seiner Wahl in einem Brief geschrieben hatte, er beabsichtige nicht, seinen Lebensstil zu ändern.

Pater Quique, wie er allgemein genannt wird, war mir auf Anhieb sympathisch. Als ich ihm erzählte, dass ich Jüdin sei, streckte er mir die Arme entgegen und sagte mit einem warmen Lächeln: »Ach, Erika, unsere Väter im Glauben.«

Es hätten auch die Worte seines Freundes und Mentors Bergoglio sein können.

## Begegnung angesichts drohenden Unheils

Enrique und seine beiden Freunde Miguel La Civita und Carlos Gonzales lernten Bergoglio 1976 kennen. Zwar sei Pater Jorge früher schon einmal in der Provinz gewesen, ihnen aber nicht begegnet. Quique wusste jedoch zu erzählen, dass bereits in jenem Jahr 1973 die politische Lage in La Rioja prekär war. Damals ging es nämlich hoch her zwischen Bischof Enrique Angelelli, dessen Herz links schlug, und den rechts ausgerichteten Grundbesitzern, die dem Kirchenmann seine Sympathien und seine Unterstützung für die Landarbeiterbewegung gründlich verübelten.

Ein Konflikt um Weinberge brachte das Fass zum Überlaufen.

Die Winzer des kleinen Ortes Anillaco, so der Pater, seien aufs Höchste empört und erbost gewesen über eine Initiative Angelellis, von ihren Besitzern aufgegebene Weinberge durch eine Kooperative weiter bewirtschaften zu lassen. Und vermutlich in ihrem Auftrag kam es dazu, dass Mitglieder der paramilitärischen Triple A, der antikommunistischen Allianz, den Bischof mit Steinen bewarfen, um ihn von seinem Vorhaben abzubringen.

Ausgerechnet zu dieser Zeit hielt sich Bergoglio mit fünf anderen Ordensbrüdern in La Rioja auf. Typisch, würde seine Nichte María Inés wohl sagen, der wir den liebevoll-spöttischen Ausspruch über den Onkel und den Trubel um ihn herum verdanken.

»Es war ein historischer Tag, der 13. Juni 1973«, notierte er später über diesen Besuch. »An dem Tag wurde der Bischof mit Steinen beworfen... Wir waren in La Rioja, um uns für mehrere Tage zur Beratung zurückzuziehen hinsichtlich der Wahl des neuen Provinzials... Ich fand eine verfolgte Kirche, Menschen wie Hirten.«

Der neue Jesuitenprovinzial, der in diesem Jahr gewählt wurde, hieß übrigens Jorge Mario Bergoglio.

Zurück ins Jahr 1976, in dem Argentinien nach dem Sturz der zwar inkompetenten, aber noch einigermaßen legitim an die Macht gekommenen Isabel Perón endgültig in Dunkelheit und Gesetzlosigkeit versank. Als das Land für lange Zeit nichts kannte als Angst, Schrecken, Terror, Folter und Tod.

Auch das Priesterseminar von La Rioja, an dem die drei Kommilitonen studierten, geriet in den Strudel der politischen Umwälzungen. Was vor allem daran lag, dass Bischof Angelelli im Gegensatz zu den meisten kirchlichen Würdenträgern von Anfang an eindeutig Position bezog und zu einem der entschiedensten Gegner der Militärjunta und ihres Chefs, General Jorge Videla, wurde.

Angelelli war ein rechtschaffener Mann mit hohen Prinzipien und einem ausgeprägten sozialen Gewissen, der seine Seminaristen, ähnlich wie Bergoglio, zur pastoralen Arbeit in den Armenvierteln anhielt, wo sie sogar beim Bau von Häusern mit anpackten, wie Pater Quique stolz erzählte. Außerdem wurden die künftigen Priester in der Landwirtschaft eingesetzt, seinerzeit der Haupterwerbszweig der Region und überdies ein Lieblingsprojekt des Bischofs, der sich in der Landarbeiterbewegung engagierte. Dabei ging es ihm nicht allein um eine Verbesserung der wirtschaftlichen Situation, sondern auch um Mitbestimmung durch die Gründung von Genossenschaften.

Ärger war vorprogrammiert und brach richtig los, als zusätzlich Studenten der Katholischen Universität von Buenos Aires plötzlich aufs Land drängten, um die Projekte des sozialrevolutionären Bischofs zu unterstützen. Wie in jenen Jahren üblich waren ihre Haare lang und ihre Überzeugungen links, womit sie ins Visier des Militärs und ihrer paramilitärischen Helfer von der Triple A gerieten und subversiver Aktivitäten verdächtigt wurden. Acht Studenten wurden entführt und ermordet. Damals zunehmend Alltag in Argentinien.

Anstatt dass sich die Kirchenoberen empörten und sich auf die Seite der Opfer stellten, bekam Angelelli Schwierigkeiten mit Raúl Kardinal Primatesta, dem Erzbischof von Córdoba und damaligem Vorsitzenden der Bischofskonferenz, der gute Kontakte zu Videla pflegte. Er machte dem Bischof Vorwürfe, seine Seminaristen nicht unter Kontrolle zu haben.

Die Lage wurde unangenehm in La Rioja.

Weil Enrique, Miguel und Carlos als Parteigänger des in Misskredit geratenen Bischofs galten, bot Angelelli ihnen an, sie aus der

Gefahrenzone zu bringen, indem er sie zur Fortsetzung ihrer Studien ans Colégio Máximo in San Miguel schickte. Ein Angebot, das vom Sicherheitsfaktor einmal abgesehen durchaus verlockend war, denn das Jesuitenkolleg an der Peripherie von Buenos Aires genoss einen exzellenten akademischen Ruf.

Sie verließen La Rioja gerade rechtzeitig, um großem Unheil zu entgehen. Denn kurz darauf überfiel eine Todesschwadron das Exerzitienhaus, in dem sie gewohnt hatten – die Bewohner wurden verhaftet, und erneut gab es Tote zu beklagen.

In San Miguel, berichtete Pater Quique, seien sie von einem großen, schlanken Priester um die vierzig in Empfang genommen worden. »Ich bin Jorge«, begrüßte er die drei freundlich und führte, wie in Argentinien nicht unüblich, gleich das vertrauliche Du ein. Natürlich hätten sie ihn ebenfalls geduzt, ohne zu ahnen, wen sie vor sich hatten.

Quique schüttelte lächelnd den Kopf. Es sei ihnen unendlich peinlich gewesen, als sich herausstellte, dass es sich bei dem netten Typen, mit dem sie so locker plauderten, um den Jesuitenprovinzial handelte.

Doch das Eis war schnell gebrochen, und im Laufe der Zeit entwickelte sich eine enge Freundschaft zwischen Bergoglio und den Seminaristen, die bis heute fortbesteht. In ihrer freien Zeit redeten sie über Fußball, schauten sich gemeinsam Spiele im Fernsehen an, diskutierten und stritten, rauchten und tranken dabei. Nein, Bergoglio habe sich nie um Hierarchien geschert, betonte Quique. Für ihn seien alle Menschen gleich gewesen.

## Der Fall Angelelli

Während sie sich in San Miguel sicher fühlten, weil den Augen der Geheimpolizei weitgehend entzogen, ereignete sich in La Rioja eine Tragödie. Bischof Angelelli, Feind Nummer eins der Militärjunta, kam wenige Monate nach dem Putsch auf dubiose und lange Zeit ungeklärte Weise ums Leben.

Pater Quique machte eine kurze Pause und musste tief durchatmen, bevor er mir weiter von den unglaublichen Ereignissen berichten konnte.

Am 4. August 1976 befand Angelelli sich gerade auf dem Rückweg von einer Messe für zwei ermordete Priester seiner Diözese, als es auf einer kurvenreichen Straße zu einem Unfall kam. Wie aus dem Nichts tauchte plötzlich ein Peugeot auf und rammte den Fiat, der sich mehrmals überschlug und in eine Schlucht stürzte.

Der Bischof starb, während der Fahrer des Wagens, Pater Arturo Pinto, wie durch ein Wunder überlebte und später Angaben zu den Umständen des angeblichen Unfalls machen konnte. Denn dass es sich um einen solchen gehandelt habe, an dieser Version hielten staatliche und auch kirchliche Stellen beharrlich fest. Erst nach dem Ende der Junta wurde offiziell festgestellt, dass es Mord war und der Wagen gezielt von der Straße abgedrängt wurde.

Das Verhängnis hatte offenbar seinen Anfang genommen, als der Bischof sich nach dem Verbleib seines Generalvikars Esteban Inestal sowie nach zwei Aktivisten der diözesanen Landarbeiterbewegung erkundigte, die im Februar, also noch vor dem Putsch, von Kräften des regulären Militärs festgenommen worden waren und von denen man seitdem nichts mehr gehört und gesehen hatte.

Als Nachfragen erfolglos blieben, wandte Angelelli sich an den unmittelbar für die Aktion Verantwortlichen, den Kommandanten des 3. Armeekorps in Córdoba, einen Mann namens Luciano Benjamín Menéndez, der ihm zynisch beschied, dass er lieber auf sich selbst aufpassen solle. Eine Warnung, die der Bischof in den Wind schlug.

Obwohl die Situation nach dem Militärputsch vom 24. März 1976 für den streitbaren Bischof zunehmend problematischer wurde, legte er kurz darauf der argentinischen Bischofskonferenz ein Memorandum vor, in dem er von Übergriffen und Verschleppungen von Priestern, Seminaristen, Ordensfrauen und Laien in seinem Bistum berichtete. Ein Ordner mit Belastungsmaterial, der sich ebenfalls in dem Unglückswagen befunden haben soll, blieb spurlos verschwunden, erklärte Pater Quique.

Der General Menéndez wurde zwar nach Ende der Juntazeit zu einer lebenslangen Haftstrafe verurteilt. Da war er bereits siebenundachtzig. Seinen Opfern hatte er in sehr viel jüngeren Jahren das Leben genommen.

## Freunde fürs Leben

Die drei Seminaristen von einst stehen nach wie vor in Verbindung zueinander und halten ebenfalls Kontakt zu Bergoglio, der wie ein älterer Bruder für sie war und ist. Selbst als Papst noch, wie der bereits erwähnte Brief anschaulich illustriert.

Kein Wunder, dass es eine Menge Geschichten und Anekdoten gibt, die sie mit großem Vergnügen erzählen.

Quique erinnerte sich besonders gerne an den Tag ihrer Priesterweihe, bei der Pater Jorge selbstverständlich anwesend war. Es sei schrecklich heiß gewesen, und so habe man beschlossen, sich in einem Wasserlauf zu erfrischen. Einschließlich Bergoglio. Dieser zog ohne irgendwelche Umstände eine Badehose an und stieg mit den drei Priestern in spe ins kühle Nass, um dort mit ihnen die geforderten spirituellen Exerzitien durchzuführen. Die Priesterweihe selbst wurde einfach um eine Stunde verschoben.

Miguel La Civita, den ich in Villa Eloisa in der Provinz Santa Fe besuchte, kramte andere Begebenheiten aus seinem Gedächtnis, wobei es bei ihm, im Gegensatz zu seinem gesprächigen Freund, ein Weilchen dauerte, bis er aus sich herausging.

Vor zehn Jahren hat er La Rioja verlassen und lebt jetzt als Priester wieder in seinem Heimatort. Er sei zurückgekehrt, weil seine kranke, seinerzeit bereits achtzigjährige Mutter ihn gebraucht habe. Außer ihm sei niemand da gewesen, erklärte er mir schlicht. Nur ein behinderter Bruder, der selbst der Fürsorge und Pflege bedürfe.

So einfach war das.

Pater Miguel steht ebenfalls in einem regen Briefwechsel mit seinem ehemaligen Mentor und bekam wie Quique kurz nach der Papstwahl Post aus Rom.

Und noch einen anderen Brief zeigte er mir, den er, Quique und Carlos vor elf Jahren anlässlich ihres fünfundzwanzigsten Priester- jubiläums bekamen und den ich mit Erlaubnis der drei hier zitie- ren darf.

*Liebe Brüder!*
*Am 11. Mai begeht Ihr den fünfundzwanzigsten Jahrestag Eurer Priesterweihe. Es scheint gestern gewesen zu sein. Ich erinnere mich noch gut an die Vorbereitung auf die geistlichen Exerzitien und an die Jahre im Colégio Máximo. Die Erinnerungen daran lassen mich große Dankbarkeit für viele gemeinsame Erlebnisse empfinden. Und ich danke Gott für die Gnade, dass uns trotz Schmerzen, Verfolgung und Verdächtigungen die Erfahrung von Glück und Treue gewährt wurde.*
*Am selben Tag werde ich auf fünfundvierzig Jahre als Jesuit zurückblicken. Für diese Barmherzigkeit danke ich Gott ebenfalls. An diesem für uns alle wichtigen Tag werde ich in Gedanken bei Euch sein und für Euch beten. Außerdem werde ich an der Messe teilnehmen und versuchen, einige Gesichter der vielen Menschen zu sehen, denen Ihr in diesen fünfundzwanzig Jahren geholfen habt.*
*Ich bitte Euch, für mich zu beten und beten zu lassen, weil ich es sehr brauche. Mögen Jesus und die Heilige Jungfrau Euch segnen und schützen.*
*Eine große Umarmung*
*Jorge Mario Bergoglio*

Als ich Pater Miguel fragte, was ihm im Zusammenhang mit Bergoglio am stärksten in Erinnerung geblieben sei, musste er nicht lange nachdenken.
Während der Zeit auf dem Colégio Máximo lud Bergoglio die drei Seminaristen des Öfteren ins elterliche Haus ein. Vor allem an Fest- und Feiertagen. Einmal handelte es sich um seinen Geburts- tag. Es sei immer sehr schön gewesen, ein Ausgleich für die feh- lende Familie. Als er sich an jenem Abend verabschieden wollte, forderte Bergoglio ihn auf, ihm seine Geldbörse zu zeigen. Nach

langem Zögern rückte er sie heraus. Darin befand sich, so Miguel, nicht einmal mehr genug Geld für die Rückfahrt. Wortlos steckte Bergoglio, der so was wohl geahnt hatte, aus seiner eigenen Tasche etwas hinein. »Wenn du kein Geld hast, darf dir ein Provinzial der Jesuiten doch wohl mit einem Notgroschen aushelfen. Schließlich habe ich dir oft genug gesagt, dass du dich an mich wenden sollst, wenn du etwas brauchst.«

»Er war eben immer großzügig, unser Pater Jorge, auch armen Seminaristen gegenüber«, meinte Miguel.

Sehr viel später revanchierte sich Pater Miguel mit einem Freundschaftsdienst und betrieb für den Erzbischof und Kardinal insgeheim ein bisschen Spionage. 2008 nämlich brach in der Provinz Santa Fe ein handfester Streit zwischen den Landwirten der Region und der Regierung in Buenos Aires aus, bei dem es um eine angekündigte Erhöhung der Exportsteuern ging. Die erbosten Bauern legten den Verkehr durch Straßensperren lahm, und der Konflikt spitzte sich immer mehr zu.

Da war es Bergoglio ganz lieb, aus erster Hand über die Reaktionen und Aktionen in der Provinz informiert zu werden, und zwar von einem Augenzeugen, dessen Urteil er vertraute. Miguels Einschätzungen dienten ihm wiederum als Grundlage für seine vielfältigen kritischen Äußerungen zu Politik und Persönlichkeit der Präsidentin Cristina Kirchner.

Aber davon war ja bereits hinlänglich die Rede.

Nicht die Rede war bislang von etwas anderem: nämlich davon, dass der Jesuitenprovinzial damals die drei Seminaristen – mit Carlos, dem Dritten im Bunde, war leider kein Interviewtermin zustande gekommen – vielleicht vor einem schlimmen Schicksal bewahrt hat.

Ob sie ernstlich in Lebensgefahr waren, wer vermag das rückblickend zu sagen – doch gefährdet waren sie zweifellos. Denn auch wer mit dem Leben davonkam, war meist durch Haft und Folter gezeichnet. Nicht umsonst wollte Bischof Angelelli sie aus La Rioja forthaben und sie in der relativen Sicherheit des Jesuitenkollegs von San Miguel wissen.

Bergoglio selbst betonte in *El Jesuita* in Bezug auf Enrique, Miguel und Carlos, sie seien nicht im eigentlichen Sinne versteckt, wohl aber »behütet und beschützt« worden. Er habe ihnen Unterschlupf gewährt. Obwohl er ansonsten nicht gerne über diese Zeit gesprochen hat, gab er in dem Interview schließlich doch eine Geschichte preis, die bestätigte, dass das Colégio Máximo regelmäßig von ihm als Ausgangspunkt für Rettungsaktionen benutzt wurde.

Es war im August 2006, nach einer Gedenkfeier zu Ehren des vor dreißig Jahren ermordeten Enrique Angelelli, berichtete Bergoglio, da sei Fernando Maletti, der Bischof von Bariloche, auf der Rückfahrt im Bus mit einem ihm unbekannten Priester ins Gespräch gekommen, der in Villa Eloisa in der Provinz Santa Fe lebte. Der habe ihm von seinem Aufenthalt und dem seiner Freunde im Kolleg von San Miguel erzählt. Und davon, dass sie dort Leute sahen, die angeblich zwanzigtägige Exerzitien absolvierten. Mit der Zeit hätten sie die Tarnung durchschaut, denn es seien Menschen gewesen, die versteckt wurden.

»Maletti, der nichts darüber wusste«, schloss der damalige Erzbischof, »erzählte mir die Geschichte später und meinte, man solle sie unter die Leute bringen.«

Bergoglio hat es nicht getan.

# Der Jesuit und der Jude:
# Ein Dialog über Gott und die Welt

*»Bergoglio ist lateinamerikanische Leidenschaft.«*
Abraham Skorka

Unmöglich zu sagen, wer von den vielen Menschen, mit denen ich mich über Papst Franziskus unterhalten habe, wohl der wichtigste für ihn gewesen sein mag. Jeder spielte seine ganz eigene, seine besondere Rolle. Der eine mehr praktisch, der andere mehr intellektuell. Mit dem einen verband ihn mehr Privates, mit dem anderen mehr Berufliches, und bei wieder anderen vermischte sich beides.

Wenn etwa Pater Pepe auf diesem Spektrum ganz und gar für die Praxisnähe des Jesuiten Bergoglio steht und für das Prinzip des Ärmelhochkrempelns, so ist Rabbiner Abraham Skorka der vielleicht Intellektuellste unter den Gesprächspartnern. Mit ihm hat Bergoglio sich mehr als ein Jahrzehnt intensiv über ein Thema ausgetauscht, das ihm nicht nur am Herzen lag, sondern das einen Schlüssel zu seinem Denken und Handeln darstellt: über den Dialog als Voraussetzung für eine Begegnungskultur, für ein friedliches Miteinander der Religionen, für den Frieden überhaupt.

Dass beide, der jesuitische Erzbischof wie der talmudische Gelehrte, dabei brillierten, das führen ihre theologisch-philosophischen Diskurse und Reflexionen eindrucksvoll vor Augen, die 2010 unter dem Titel *Sobre el Cielo y la Tierra, Über den Himmel und die Erde*, als Buch erschienen sind. Meines Wissens der einzige publizierte Gedankenaustausch zwischen einem jüdischen Rabbi und einem katholischen Geistlichen. Darüber hinaus und vor allem ist dies ein lebendiges Zeugnis für den Versuch zweier Menschen, auf dem Weg des Dialogs über Trennendes hinweg nach Annährungen zu suchen. Sowohl in religiöser und kultureller als auch in menschlicher Hinsicht.

Wie eng die beiden Männer einander verbunden sind, belegt schon die Tatsache, dass Skorka zu dem Interviewband *El Jesuita* ein Vorwort beisteuerte, nachdem Bergoglio das Gleiche vier Jahre zuvor für ein Buch des Rabbiners getan hatte.

Dabei habe es sich keineswegs um einen »bloßen Austausch von Höflichkeiten« gehandelt, betonte Skorka. Sie hätten damit zum Ausdruck bringen wollen, dass »die Suche nach Gott und der spirituellen Dimension, die allem Menschlichen innewohnt«, eine gemeinsame »Sorge ihres Lebens« sei.

Und sie wollten durch diese Geste demonstrieren, dass aus intellektuellen Gesprächspartnern enge Freunde wurden. Was sie bis auf den heutigen Tag sind. So hat Skorka den Papst, von dem er nach wie vor übrigens konsequent als Bergoglio spricht, bereits mehrfach im Gästehaus Santa Marta besucht und zu seinen Reisebegleitern in Heilige Land gehört.

## Tedeum, Fußball und Hühnersuppe

Es war ein Tag im März, Spätsommer also in Buenos Aires. Ich machte mich auf in den Stadtteil Belgrano zum Lateinamerikanischen Rabbinerseminar, wo Skorka lehrt und dem er als Rektor vorsteht. Ich hatte ihn früher bereits einmal gesehen, als mein Sohn seine Bar-Mizwa feierte, doch das war sehr, sehr lange her.

Auf der Straße vor dem Gebäude musste ich erst einmal bewaffnete Polizisten und Absperrungen passieren. Seit dem Attentat auf die israelische Botschaft im März 1992 und dem Bombenanschlag auf das AMIA-Gebäude, die Zentrale der jüdischen Gemeinden in Argentinien, im Juli 1994 werden Synagogen und andere jüdische Einrichtungen landesweit schwer bewacht. Wer genau für die Attentate mit insgesamt über hundert Toten und über fünfhundert Verletzten verantwortlich war, wurde nie festgestellt. Vermutlich handelte es sich bei den Hintermännern um die Hisbollah und den Iran, doch niemand wurde verurteilt. Bis heute laufen die Ermittlungen.

Abraham Skorka, ein jovialer Mann, der gar nicht wie ein typischer Gelehrter wirkt, empfing mich mit einem breiten Lächeln und bat mich um einen Moment Geduld, weil er sich gerade im Gespräch mit einer deutschen Journalistin befand. Er spricht übrigens perfekt Deutsch, was wohl daran liegt, dass er neben seiner Lehrtätigkeit am Seminar sowie an der Universidad Católica und der Universidad del Salvador zudem Rabbiner der Gemeinde Benei Tikva ist, die von vor den Nazis aus Deutschland geflüchteten Juden gegründet wurde.

Nach einer guten Viertelstunde holte er mich in sein Arbeitszimmer, einen gemütlichen Raum mit vielen Büchern und Porträts jüdischer Denker und Philosophen an den Wänden. Auf einer Kommode sah ich eine Menora und daneben ein Kreuz, sichtbares Zeichen eines lebhaften interreligiösen Dialogs.

Die beiden Männer begegneten sich erstmals persönlich anlässlich eines Tedeums am argentinischen Nationalfeiertag, zu dem traditionsgemäß neben Politikern auch Repräsentanten anderer religiöser Gemeinschaften in die Catedral Metropolitana eingeladen wurden. Das war 1998.

Vom Hörensagen kannte man sich. Bergoglio war gerade Erzbischof geworden, und Skorka schrieb für die Zeitung *La Nación* Beiträge über das Judentum und den interreligiösen Dialog. Ein Thema, das Bergoglio interessierte, seit sein Vorgänger Quarracino ihn als Weihbischof nach Buenos Aires geholt hatte. Außerdem war Skorka bekannt geworden durch eine eigene Fernsehsendung – allerdings dürfte Bergoglio sie als Fernsehverweigerer nicht gesehen haben.

Egal, jetzt lernte man sich jedenfalls kennen.

Der Neue, schon als Erzbischof für Überraschungen aller Art gut, bat nämlich nach der Messe die Vertreter der anderen Religionen zu einem kurzen Treffen in die Sakristei. Skorka sagte, er sei recht überrascht gewesen, weil das unter dem Vorgänger nicht üblich gewesen sei.

Nachdem Bergoglio ein paar Worte mit jedem Einzelnen gewechselt hatte, schaute er plötzlich in die Runde und stellte eine Frage, die alle Anwesenden sichtlich verwunderte. »Und was halten Sie von Fußball? Welchen Verein unterstützen Sie?«

Das Eis war gebrochen, erinnerte der Rabbi sich, und die bis dahin etwas gequälte Unterhaltung sei richtig locker geworden.

Allerdings habe er zu diesem Zeitpunkt nichts Erfreuliches über seine Lieblingsmannschaft berichten können, denn die war gerade bei einem Spiel sang- und klanglos untergegangen. Also sei ihm der Name des Clubs fast widerwillig über die Lippen gekommen. Bergoglio, der Fußballnarr, wusste natürlich Bescheid. »Dann gibt es bei Ihnen heute Abend vermutlich Hühnereintopf«, scherzte Bergoglio mit einem vergnügten Lächeln. Eine Anspielung darauf, dass Spieler und Fans von River Plate, einem der größten argentinischen Vereine, *gallinas*, Hühner, genannt werden.

## Brüder im Geiste

Es war der Beginn einer Freundschaft. Dem ersten Treffen folgten weitere, in denen der Jesuit und der Jude über Gott und die Welt sprachen, wobei man sich jedes Mal ein spezielles Thema vornahm. Über den Zustand der argentinischen Gesellschaft, über menschliche Größe und menschliche Niedertracht, über das Religiöse in der lateinamerikanischen Dichtung und anderes mehr.

Egal, worüber sie redeten – immer fiel Skorka Bergoglios Begabung auf, selbst schwierigste Sachverhalte in einfacher Form auszudrücken und so anschaulich rüberzubringen, dass jeder, wirklich jeder sie verstehen würde. Das sei genial, betonte der Rabbi und fügte hinzu, dass er Ähnliches in seinen Briefen gespürt habe. Denn neben dem persönlichen Gespräch entwickelte sich im Laufe der Zeit ein ausführlicher, substanziell tiefgründiger schriftlicher Gedankenaustausch insbesondere anlässlich jüdischer und katholischer Feiertage.

Skorkas Erinnerungen an seine Begegnungen mit Bergoglio wirkten so frisch und unmittelbar auf mich, als ginge es nicht um Vergangenes, sondern Gegenwärtiges. Ich gewann sogar den Eindruck, als würde er alles noch einmal durchleben. Mehr noch: Es kam mir vor, als ließe er den Freund plastisch vor meinen Augen erstehen: das Funkeln seiner Augen, die Eindringlichkeit seiner Worte. Ich war fasziniert. Immer wieder betonte der Rabbi, wie sehr er die ungezwungene Art Bergoglios schätze. Seine Menschlichkeit, die ihm heute als Papst die Herzen vieler Menschen zufliegen lässt.

Plötzlich erhob Skorka sich und nahm das Kreuz von der Kommode, das mir beim Betreten des Arbeitszimmers gleich aufgefallen war. Er zeigte es mir stolz und erklärte, Bergoglio habe es ihm 2003 als Zeichen seiner Wertschätzung und als Symbol ihrer erfolgreichen Zusammenarbeit überreicht. Er selbst hat Bergoglio übrigens nicht weniger symbolträchtig ein Gebetbuch aus dem 19. Jahrhundert geschenkt, das Mitglieder seiner Gemeinde mit nach Argentinien gebracht hatten.

Und noch etwas anderes verbindet die beiden Männer. Beide schwankten eine Weile zwischen Beruf und Berufung, und beide wählten die gleiche Fachrichtung. Bergoglio ist diplomierter Chemietechniker, Skorka promovierter Chemiker, der einige Jahre in einem Labor arbeitete. Bis er sich endgültig für den anderen Weg entschied, weil auch er mit Menschen arbeiten wollte. Wie sein Freund.

## Papst, aber ja doch!

Ob ihn die Wahl seines langjährigen intellektuellen Weggefährten zum Papst überrascht habe, wollte ich wissen.

*Keinesfalls, ich hatte es vorhergesehen. Bergoglio genoss großes Ansehen bei seinen Mitbrüdern. Er hatte bereits beim vorherigen Konklave viele Stimmen bekommen, und in meinen Augen ist er der richtige Mann, um die Probleme zu lösen, derentwegen Ratzinger zurücktreten musste… Wir waren gerade in Uruguay, in Punta del Este, und ich sagte zu meiner Frau: »Mein Freund*

*Bergoglio wird der nächste Papst.« Man will schließlich, dass der eigene Freund, wenn er alle Voraussetzungen und Begabungen für dieses Amt mitbringt, auch gewählt wird.*

*Ich saß an meinem Schreibtisch und arbeitete, als mich meine Frau zum Tee rief. Der Fernseher lief, gerade wurden Nachrichten aus dem Vatikan gebracht. Ich sah weißen Rauch aus dem Schornstein der Sixtinischen Kapelle aufsteigen, und tief innen wusste ich sogleich, dass Bergoglio der neue Papst sein würde. Als der Vatikansprecher später meine Vermutung bestätigte, erfüllte mich eine riesige Freude. Wie gebannt starrte ich mit meiner Frau auf die Bilder im Fernsehen, und plötzlich kam er, mein alter Freund Jorge Mario Bergoglio im weißen Gewand und sagte mit leiser und doch entschlossener Stimme »Buona sera«. Der Rest ist Geschichte, aber dieses Bild ist in meinem Gedächtnis haften geblieben und begleitet mich bis auf den heutigen Tag. Das war sehr, sehr stark und beeindruckend für mich.*

Was Bergoglio denn jetzt für ihn sei, der Freund oder der Pontifex maximus, fragte ich ihn. Skorka zögerte kurz mit seiner Antwort. Er sei da etwas gespalten, meinte er: Einerseits betrachte er ihn nach wie vor als Freund, andererseits sei er jetzt der Papst. Allerdings habe ihn das nicht davon abgehalten, für ihn bei seinem Besuch in Rom koscheres Essen ins Gästehaus Santa Marta zu bestellen.

Kleinigkeiten, die die Größe eines Menschen ausmachen.

Wir sprachen ebenfalls über die Unterschiede zwischen Franziskus und seinem Vorgänger Benedikt XVI. Dass der eine sich unters Volk mische und direkt zur Sache komme, während das Talent des anderen eher in der Abfassung akademischer Texte liege. Keine Frage, was besser ankommt bei den Menschen. Skorka brachte es auf den Punkt, was die beiden Päpste unterscheidet: »Bergoglio ist lateinamerikanische Leidenschaft, Ratzinger verkörpert deutsche akademische Disziplin.«

## Der Dialog als Angebot

Als Nächstes erzählte er mir, wie es zu dem gemeinsamen Buch kam. Inzwischen trafen er und Bergoglio sich regelmäßig, und mit jeder Begegnung seien sie sich nähergekommen, bis sie schließlich Freunde wurden. Meist fanden die Treffen in Skorkas Arbeitszimmer im Rabbinerseminar statt, manchmal im Gemeindehaus von Benei Tikva oder im Diözesangebäude. Und dort entdeckte er irgendwann ein gerahmtes Foto, das ihn und den Erzbischof zeigte – aufgenommen bei einer Veranstaltung, die sie beide besucht hatten.

Er sei gerührt gewesen über die Geste und habe Bergoglio daraufhin den Vorschlag gemacht, die vielen Dialoge, die sie inzwischen geführt hatten, in einem Buch zu bündeln. Gemäß der sie verbindenden Überzeugung, dass es ohne Dialog keine Verständigung geben könne. Nirgendwo. Nicht unter Individuen und nicht unter Völkern. Schon Martin Buber, der berühmte jüdische Philosoph, sagte: »Da wo das Wort fehlt, beginnt der Krieg.«

Es war eine harte Arbeit, erinnerte Skorka sich, denn die jeweiligen Positionen mussten noch einmal durchdacht werden. Wie mühevoll es gewesen sein dürfte, wurde mir erst richtig klar bei einem Blick in das Inhaltsverzeichnis des Bandes. Das Themenspektrum, das die beiden Freunde in ihren Gesprächen abgedeckt hatten, war schlicht überwältigend. Es handelt sich nicht etwa nur um einen rhetorischen Schlagabtausch – auch heiße Eisen, an denen sich die Geister scheiden, werden angepackt.

In neunundzwanzig Kapiteln geht es um Gott, Teufel und Religion, um Atheisten und Fundamentalisten, um geistliche Führung, Gebet und Schuld, um Alter, Sterbehilfe und Tod, um Abtreibung, gleichgeschlechtliche Ehen und Scheidung, um Wissenschaft, Schule und Erziehung, um Politik und Macht, Kommunismus und Kapitalismus, um Armut und Globalisierung, um den Holocaust, den israelisch-arabischen Konflikt und anderes mehr.

Durch den Dialog zu Verständigung und Versöhnung, zu Respekt und Toleranz zu gelangen, das war und ist das gemeinsame Anliegen des Juden und des Jesuiten.

Ein Dialog in seinem eigentlichen Sinn bilde den Wesenskern des denkenden Menschen, formulierte es der Rabbi und fügte hinzu: »Er zwingt uns, uns gegenseitig zu entdecken.« Und der Erzbischof ergänzte, dass der Dialog aus einer respektvollen Haltung entstehe und Voraussetzung dafür sei, »im eigenen Herzen Platz zu machen für die Positionen und Ansichten anderer und sie als Angebot zu begreifen«.

Wie wichtig der Dialog auch im Alltag und in der Politik ist, erläuterte Bergoglio in seinem einführenden Beitrag. Entsprechend seinem Bestreben, alles konkret und bildlich auszudrücken, zog er zur Veranschaulichung das Giebeldreieck der Kathedrale von Buenos Aires heran. Es zeigt das Wiedersehen Josefs mit seinen Brüdern nach Jahren der Trennung, ihre tränenreiche Umarmung. Entstanden in einer Zeit, als Argentinien sich nach Jahrhunderten kolonialer Unterdrückung anschickte, eine Nation zu werden, deutete Bergoglio das Relief als Ausdruck dieser Sehnsucht:

*Die abgebildete Szene verdeutlicht das Bestreben, eine Kultur der Begegnung zu begründen … Wir Argentinier tun uns schwer damit, eine solche Kultur bei uns zu verankern, und lassen uns lieber durch Zerstreuungen und durch im Verlauf der Geschichte entstandene Gräben verführen. Ja, wir scheinen uns sogar bisweilen stärker mit denen zu identifizieren, die Mauern errichten, als mit denen, die Brücken bauen. Bei uns fehlen die Umarmung, die Tränen und die Frage nach dem Vater, nach den Wurzeln des Vaterlands.*

Er schloss mit der Feststellung, dass der Dialog zu kurz komme. Es war eine Mahnung an die argentinische Gesellschaft, die argentinische Politik, wie er sie auch zum Nationalfeiertag an die saturierten, mitleidlosen Hauptstädter hätte richten können.
Solche Worte wurden mit Bedacht gewählt. Immer wieder beklagte Bergoglio nämlich in seiner Eigenschaft als Erzbischof eine gefährliche gesellschaftliche Fehlentwicklung. Während Ungeduld und

Egoismus wüchsen, nehme der Respekt für den anderen ebenso ab wie die Bereitschaft, Zeit für seine Mitmenschen zu opfern.

Eine traurige Realität in meinem Heimatland, aber sicher nicht nur da. Weltweit ist diese Entwicklung auszumachen, und als wäre das nicht genug, wird sie noch begleitet von einem allgemeinen Werteverfall, der wiederum zu wachsender Verunsicherung und Orientierungslosigkeit führt.

Manch einer mag Bergoglios mahnende Worte für nutzlos halten. Doch hat nicht die Resonanz auf seine Wahl zum Pontifex maximus gezeigt, dass er einen Nerv der Zeit trifft? Dass er verborgene Sehnsüchte der Menschen anspricht? Insofern verkörpert dieser Papst für mich die Hoffnung auf eine bessere Welt.

Auch und vor allem in Hinblick auf eine Aussöhnung zwischen den Religionen. Seine Freundschaft mit dem Juden Abraham Skorka und dem Muslim Omar Abboud, der später noch zu Wort kommt, wirkt für mich in einer Zeit offen aufflammender, religiös motivierter Feindschaften wie ein Aufruf zu mehr Toleranz und Respekt, zu mehr Wärme und Liebe unter den Menschen.

Jorge Bergoglios Vorwort zu dem gemeinsamen Buch schließt mit den Worten: »Wir beide haben uns bei unseren Dialogen immer bemüht, mit den Augen des Herzens zu dem so bedeutungs- und verheißungsvollen Giebeldreieck der Catedral Metropolitana aufzublicken.«

# Umarmung an der Klagemauer: Eine Reise voller Symbolik

*»Unsere Welt hat ihre innere Balance verloren.*
*Vielleicht kann der interreligiöse Dialog da etwas*
*bewirken, weil er Gleichgewicht verlangt.«*
Omar Abboud

Es war ein berührendes Bild, das im Mai durch die Presse ging. Drei Herren, nicht mehr ganz jung, sah man da an der Westmauer von König Davids Tempel in Jerusalem stehen. Jahrhundertelang das Sehnsuchtsziel der verstreut in der Diaspora lebenden Juden: *Nächstes Jahr in Jerusalem,* heißt es noch heute beim alljährlichen Pessach-Fest, bei dem zur Zeit des zweiten Tempels die Gläubigen auf den Tempelberg pilgerten.

Aber nur einer von den dreien war Jude, der mit der blauen Kippa. Die Gebetsmützen der beiden anderen waren weiß. Die Takke des Muslim im dunklen Anzug und der Pileolus des ganz in Weiß gekleideten Papstes.

Franziskus, auch nach einem Jahr auf dem Stuhl Petri noch immer voller Elan, ungebremst in seinem Reformeifer und stets gut für Überraschungen aller Art, hatte sich für seine dreitägige Nahost-reise etwas ganz Besonderes einfallen lassen. Zu seiner Begleitung sollten ein Jude und ein Muslim gehören.

Ein Novum, denn soweit ich informiert bin, waren bislang nur verdiente und handverlesene Katholiken als päpstliche Reisegefährten infrage gekommen. Franziskus setzte die Prioritäten anders. Schließlich stand auf seinem Programm der Besuch von Stätten, die allen drei Religionen etwas bedeuteten – nicht nur den Christen, auch den Menschen in Israel, in den Palästinensergebieten und in Jordanien.

Eben jenes Gebiets, das im christlichen Sprachgebrauch als Heiliges Land bezeichnet wird. Ein Begriff, der weder in der jüdischen noch in der islamischen Tradition vorkommt. Die einen beziehen sich auf die historischen Königreiche Israel und Juda, die anderen auf die römische Provinz Palästina und deren arabische Eroberung im 7. Jahrhundert, wenn sie ihre territorialen Ansprüche geltend machen. Unversöhnlich und kaum kompromissbereit seit mehr als einem halben Jahrhundert.

Und da standen sie nun, diese drei Männer als Repräsentanten unterschiedlicher Religionen wie Traditionen und doch vom gleichen Willen beseelt, Trennendes zu überwinden und die Verständigung zu fördern, für Respekt und Toleranz zu werben. Ihre Umarmung sollte Zeichen setzen und der Hoffnung Ausdruck verleihen, dass Ausgleich und Frieden möglich sind.

Die von permanenten Konflikten und Kriegen heimgesuchte Region wäre weiß Gott reif für ein Wunder.

## Gemeinsam stark sein

Die drei Männer sind keine Traumtänzer und auch keine Utopisten, sondern Realisten, die wissen, dass so etwas harte Arbeit bedeutet und dass es ein langer Weg ist. Trotzdem lassen sie sich nicht entmutigen, ihre Ideale, ihre Visionen von einer besseren Welt vorzuleben. Darauf verstehen sie sich, das haben sie in Buenos Aires über viele Jahre ausprobiert und praktiziert. Mit Erfolg.

In ihrer Heimatstadt, man kann es ohne Übertreibung sagen, bildeten sie gewissermaßen die Keimzelle einer Bewegung, die sich dem interreligiösen Dialog verschrieb. Vielleicht waren sie sogar dessen Seele: der Katholik Jorge Mario Bergoglio, der Jude Abraham Skorka und der Muslim Omar Abboud.

Buenos Aires war kein schlechtes Pflaster für solche Experimente, denn die Stadt ist, nicht zuletzt wegen ihrer ethnischen Vielfalt, seit jeher relativ offen in Fragen von Glauben und religiöser Zugehörigkeit gewesen. Und so mündeten die Bemühungen um eine Kultur der Begegnung in ganz praktische Modelle wie spezielle Schulen oder das Angebot eines interreligiösen Unterrichts an allen Schulen, staatlichen wie konfessionellen.

Sie haben gemeinsam gegessen, gesungen und gefeiert, haben gemeinsame Gottesdienste veranstaltet und ihre wichtigen Feste miteinander begangen. Und vor allem haben sie sich respektiert in ihrer Verschiedenheit. Missionieren wollten sie einander nie.

Skorka hat das in einem Vortrag an der Pontificia Universitas Gregoriana in Rom, einer Hochschule unter jesuitischer Trägerschaft, in sehr schlichte, wiewohl einprägsame Worte gefasst: »Was ich will, ist, dass der Christ erfährt, warum ich Jude bin, und dass ich erfahre, warum er Christ ist. Nur so können wir uns gleichermaßen respektieren ...« Ein echter Dialog, betonte er, verfolge nicht die Absicht, den anderen vom eigenen Glauben zu überzeugen und auf die Irrtümer im Glauben des anderen hinzuweisen.

Ähnlich ist bei Bergoglio von einer »versöhnten Verschiedenheit« die Rede. »Ich bin überzeugt«, sagte er in *El Jesuita*, »dass wir untergehen, wenn es uns nicht gelingt, eine Kultur der Begegnung zu schaffen.« Deren Grundsatz sei es, vorbehaltlos anzuerkennen, dass einem der andere etwas geben könne. Versäume man das, würden Vorurteile sich wie eine Mauer auftürmen und einen Dialog verhindern.

Und Abboud, der Dritte im Bunde, erklärte mir bei einem Gespräch zu diesem Thema, dass der interreligiöse Dialog seine Passion sei. »Er erfordert viele Kompromisse und bedeutet, den anderen zu verstehen«, sagte er und fügte hinzu: »Wir kommen nicht zusammen, um darüber zu reden, wer besser ist: Jehova, Jesus oder Allah. Unsere Aufgabe besteht darin, Brücken zu bauen.«

Drei Aussagen, eine Grundüberzeugung: Nur durch gemeinsame Anstrengungen ist es möglich, die vielen Herausforderungen und Probleme unserer Welt anzunehmen. Ob man sie bewältigt, ist eine andere Frage. Doch nichts ist verhängnisvoller und fruchtloser als Nichtstun – und dem Verständnis Bergoglios zufolge möglicherweise sogar eine Sünde.

In Buenos Aires jedenfalls wollte man handeln, statt fatalistisch auf bessere Zeiten zu warten, und so kam es 2002 zur Gründung eines

Instituts für den interreligiösen Dialog. Geleitet wird es von einem Dreiergremium, dem neben Omar Abboud und dem Rabbiner Daniel Goldman für die christliche Seite Pater Guillermo Marcó angehört, der Pressesprecher des Erzbistums von Buenos Aires und damit ein enger ehemaliger Mitarbeiter Bergoglios.

Durch ihn lernte Marcó auch Abboud kennen, der seinerzeit noch Sekretär des Islamischen Zentrums war, sowie dessen damaligen Präsidenten Made. Die beiden hätten ihn gebeten, so Marcó, gelegentlich ein Treffen mit Bergoglio zu arrangieren. »Der Kardinal besuchte sie daraufhin in ihren Büros. Es war ein Novum: Zum ersten Mal seit Bestehen des Zentrums betrat ein Erzbischof die Räume der muslimischen Gemeinde.«

Ähnlich vollzog sich die Annäherung mit dem Dachverband der jüdischen Gemeinden. »Das Leben hat mich mit Dani Goldman zusammengebracht«, erklärte mir Marcó – aus Zeitgründen standen wir nur per E-Mail in Verbindung – mit großer Dankbarkeit und erwähnte außerdem, dass irgendwann ein Journalist ihnen vorgeschlagen habe, ein Buch zu schreiben. Was sie dann auch taten: *Todos Bajo Un Mismo Cielo* (Alle unter einem Himmel) lautet der Titel, und es handelt sich um einen Dialog zwischen der katholischen, jüdischen und islamischen Kultur.

»Bei diesen Dialogen haben wir plötzlich entdeckt, dass wir viel mehr Gemeinsames hatten als Trennendes. Und so wurde die Idee geboren, ein interreligiöses Institut zu gründen. Mit Bergoglios Unterstützung«, fügte er hinzu. Es habe keine sonderlichen Berührungsängste gegeben, betonte Marcó. »Das Miteinander der Religionen in Buenos Aires ist relativ normal, und niemand fragt groß, was der andere ist oder an was er glaubt.« Eine Einschätzung, die ich nicht zum ersten Mal hörte – auch Omar Abboud äußerte sich ähnlich.

»Uns geht es nicht nur um theologische Diskussionen«, fuhr Marcó fort, »sondern genauso um den politisch-gesellschaftlichen Bereich. Also gleichermaßen um Theorie und Praxis. Zwar beten wir nicht gemeinsam – da gibt es zu viele rituelle Unterschiede –, aber wir nehmen an den Festen und Feiern der anderen Konfessionen teil.«

*Interreligiöser Dialog baut Brücken zwischen den Religionen. Das Foto entstand im Juni 2014 bei einer Veranstaltung des Instituts in Buenos Aires.*

Das sei sehr befruchtend, ergänzte er, trotz oder vielleicht gerade wegen der Unterschiede. Hätte er Daniel Goldman und Omar Abboud nicht kennengelernt, wäre er nicht der Mensch, der er jetzt sei. Und auch nicht der gleiche Priester. »Dieser Weg hat meinen Geist und mein Herz geöffnet und mich meinen Nächsten, die Gesellschaft und die Welt, in der ich lebe, besser verstehen lassen.« Seltsam, überlegte ich und ließ in Gedanken die Gespräche Revue passieren, in denen es um den interreligiösen Dialog oder, anders ausgedrückt, eine Kultur der Begegnung ging. In allen kamen immer die gleichen Worte vor: Verständigung, Annäherung, Versöhnung, Trennendes überwinden, Verbindendes suchen… Alles so einfach und in der Realität doch manchmal so schwer.

Daniel Goldman traf ich bei einer Veranstaltung des Instituts, bei der er mir im Anschluss für ein Gespräch zur Verfügung stand.
Er sprach von den Veränderungen, die man als Mensch im Laufe seines Lebens durchmacht und die zwangsläufig eine Veränderung des Horizonts bewirken oder sie zumindest bewirken sollten. Im interreligiösen Kontext bedeute das für ihn, »den anderen nicht als Feind oder Gegner zu betrachten, sondern als Partner, mit dem man gemeinsam am Aufbau einer besseren Gesellschaft arbeitet«.

Denn: »Die Anschauung des anderen ist sehr wichtig. Eben weil er mit mir lebt.«

Sicher, ging es mir durch den Kopf, nur braucht so etwas manchmal Zeit, Erfahrung und Gewöhnung. Der Rabbi maß dabei der persönlichen Erfahrung, dem eigenen Erleben eine zentrale Bedeutung bei. »Ich empfinde große Dankbarkeit, dass ich Menschen begegnen durfte, die mir, obwohl anfangs Fremde, mit der Zeit zu Nächsten wurden, dann zu Freunden und schließlich zu Brüdern«, sagte er und fügte hinzu, dass er dadurch gelernt habe, wie viel trotz seiner grundsätzlich jüdischen Identität von einem Moslem und Christen in ihm stecke.

Auch sei es wichtig, »manche Tradition der eigenen Religion zu hinterfragen«. Tue man das nicht, könne man nicht wegkommen von den sogenannten einzigen Wahrheiten, die sich jedem Vergleich mit anderen Erfahrungen entzögen.

## Reise nach Jerusalem

Dass ein Papst das Heilige Land besucht, ist nichts Besonderes, das haben bereits die Vorgänger getan. Und dennoch fand dieses Unternehmen ein ganz anderes Medienecho als früher. Schon im Vorfeld.

Kein Journalist wäre früher auf die Idee gekommen, statt von einer »Pilgerreise«, wie das offiziell heißt, von einer »Tour de Force« zu sprechen oder statt von »Seiner Heiligkeit« etwa von »Benedikt Superstar«. Mit diesem Attribut hätte man nicht einmal den bisweilen »hemdsärmeligen« Johannes Paul II. versehen. Aber: »Franziskus Superstar«.

Natürlich sorgte zudem die unkonventionelle Begleitung durch einen Juden und einen Muslim für Aufsehen und dürfte so manchem Traditionalisten im Vatikan schwer gegen den Strich gegangen sein. Wie es überhaupt zu dieser Reisekonstellation kam, darüber hat Abraham Skorka in mehreren Interviews Auskunft gegeben. Unter anderem gegenüber Radio Vatikan und in der Zeitschrift *Civiltà Cattolica*.

Sie hätten seit Längerem diesen Wunsch gehegt, erklärte er, und bei einem Mittagessen im Herbst 2013, während eines seiner Besuche in Rom, konkret über diese Möglichkeit gesprochen. »Wir haben davon geträumt, vor der Klagemauer zu stehen und uns zu umarmen, um ein Zeichen zu setzen gegen zweitausend Jahre Unstimmigkeiten zwischen Juden und Christen.« So in dem Sinn: »Okay, lasst uns eine Ära beenden und mit einer neuen Ära beginnen«, das sei es, was er sich von dieser Reise erhoffe.

War anfangs lediglich von ihm und Bergoglio, von Juden und Christen die Rede bei der Verwirklichung dieses Traumes, so wurde der Rahmen schnell weiter gesteckt. An der Klagemauer, führte Skorka im Verlauf des Interviews aus, wolle er Gott darum bitten, dem Papst die richtigen Worte zu geben, um eine ausgeglichene, tiefe Botschaft für den Frieden an alle Bewohner der Region zu richten, denn diese Gegend habe schließlich einen besonderen Symbolwert für alle.

Das war im Januar 2014, und Rabbi Skorka stand offenbar für die Nahostreise des Papstes bereits fest. Kurz darauf holte Franziskus den dritten Mann ins Boot.

Wie das ablief, hat mir Omar Abboud sehr anschaulich geschildert.

*Um uns Bergoglio weiterhin nah zu fühlen, organisierten Guillermo Marcó, Daniel Goldman und ich im Rahmen unseres Instituts eine Reise mit knapp fünfzig Teilnehmern unterschiedlichster Konfessionen, in deren Verlauf wir jene Plätze aufsuchten, die während der bereits angekündigten Papstreise auf dem Programm stehen würden. Den Abschluss sollte ein Treffen in Rom bilden.*

*Wir reisten also zuerst nach Jerusalem, dann nach Palästina, Ramallah, Bethlehem, anschließend waren wir in Jordanien, und von dort aus ging es nach Rom. Während der Privataudienz erzählten wir natürlich von unseren Eindrücken, als Bergoglio mit einem Mal unvermittelt sagte: »Ich will, dass mich auf meiner Reise ein Jude und ein Muslim begleiten.«*

*Ich wunderte mich, weil ich wusste, dass bislang immer nur Katholiken mitdurften. Doch als sich unsere Gruppe verabschiedete, wandte er sich noch einmal an mich. »Schau, der Muslim bist du.«*

*Ich vermag nicht wiederzugeben, was ich in diesem Moment fühlte. Fassungslosigkeit, eine gewaltige Überraschung...*

*Zwar war mir bei der ersten Erwähnung seines Vorhabens bereits klar, wer der Jude sein würde. Abraham Skorka zweifellos, aber hinsichtlich des Muslim war ich nicht sicher. Eigentlich hatte ich nicht damit gerechnet, dass er mich auswählen würde. Schließlich verfüge ich über keine theologische Bildung, habe Wirtschaftswissenschaften studiert, also ganz etwas anderes. Es gibt genug Professoren an islamischen Universitäten, die viel, viel mehr Ahnung haben als ich. Ich kann mich ja nicht einmal in korrektem Arabisch ausdrücken. Deshalb fragte ich ihn, warum er mich mitnehmen wolle.*

*»Weil ich will, dass du uns begleitest«, antwortete er schlicht. Und ich habe tatsächlich gespürt, was in diesem Satz, in diesem Wort »begleiten« anklang: Freundschaft. Also habe ich ihn begleitet.*

Damit war die Entscheidung gefallen, und die Reise bekam durch die eigenwillige Entscheidung des Papstes einen ganz anderen Anstrich. Ursprünglich war sie nämlich vom Vatikan unter dem Motto »Damit sie eins seien« als »Pilgerreise aus Anlass des 50. Jahrestages der Begegnung zwischen Papst Paul VI. und Patriarch Athenagoras« angekündigt worden. Zwar traf Franziskus den Nachfolger Bartholomaios I. in der Jerusalemer Grabeskirche, doch das verhinderte nicht, dass anderes in den Vordergrund trat: der Wunsch nach Aussöhnung im Nahostkonflikt und die Appelle zum Frieden in der Region.

## Eine heikle Mission

Trotz aller demonstrativen Bekundungen und schönen Gesten war es ein Minenfeld, das der Papst da betrat und auf dem er sich vorsichtig bewegen und in alle Richtungen Rücksicht nehmen musste. Er, dessen Sache Lavieren und Taktieren eigentlich so gar nicht sind.

Das ging mit der Wahl der Reiseroute los: Amman, Palästinenser-
gebiete und dann erst Jerusalem, das war so manchem im Vorfeld
bereits als politisches Statement erschienen. War es vielleicht sogar,
denn in einem Gespräch mit Palästinenserpräsident Mahmud
Abbas ließ Franziskus keinen Zweifel daran, dass er eine Zwei-
Staaten-Lösung als Voraussetzung für eine Beilegung des israelisch-arabischen Konflikts betrachte.

Worin Israels greiser Staatspräsident ihm durchaus beipflichtete,
doch ist Schimon Peres inzwischen zurückgetreten, und die Politik
bestimmt in Israel ohnehin der Ministerpräsident. Der heißt
Benjamin Netanjahu, ist dezidiert siedlerfreundlich und scheint
wenig bereit, israelische Positionen preiszugeben. Insbesondere
ihn dürfte die Geste des Papstes, spontan an den israelischen Sperr-
anlagen zum Westjordanland anhalten zu lassen und dort ein stil-
les Gebet zu sprechen, gewaltig gestört haben.

Auch dass Franziskus sich mit dem sunnitischen Großmufti von
Jerusalem getroffen hat, war nicht nach dem Herzen der Regierung
in Jerusalem. Immerhin hatte dieser vor etwa zwei Jahren einen
Text zitiert, in dem zur Tötung von Juden aufgefordert wurde.
Folglich warnte der Papst auf dem Tempelberg zwar vor religiös
motivierter Gewalt, betonte aber gleichzeitig die Notwendigkeit
des Gesprächs. »Auf unserer irdischen Pilgerreise sind wir nicht
allein«, sagte er. »Wir kreuzen den Weg anderer Gläubiger, manchmal gehen wir eine Wegstrecke mit ihnen… Wir erleben einen
brüderlichen Kontakt und Austausch, der uns stärken und uns
neue Kräfte verleihen kann, um uns den gemeinsamen Herausforderungen zu stellen, die uns begegnen.«

Doch die Gesten wollten sorgsam austariert sein, und so war für
die israelische Befindlichkeit ein Ausgleich nötig. Der Papst lieferte
ihn, indem er am Grab von Theodor Herzl, dem Wegbereiter des
modernen jüdischen Staates und der zionistischen Siedlungsbewe-
gung, einen Kranz niederlegte. Was wiederum den Palästinensern
nicht gefiel. Vor allem nicht den Hardlinern, die nach wie vor die
Rechtmäßigkeit des Staates Israel bestreiten.

Allerdings war diese Geste noch in anderer Hinsicht bedeutsam.

Sie wurde verstanden als Zeichen, dass das einst notorisch schlechte Verhältnis zwischen Katholizismus und Judentum endgültig der Vergangenheit angehörte. Gerade was Herzl betraf, hatte Pius X. sich 1904 dessen Bitten um Unterstützung eines Judenstaats verweigert, denn damals wirkten noch die mittelalterlichen Schuldzuweisungen der Kirche am Kreuzestod Jesu nach, und noch immer warf man es den Juden vor, dass sie Jesu Göttlichkeit bestritten.

Solche Differenzen sind Geschichte. Mehr Sorge bereiteten den Gastgebern die antichristlichen Aktivitäten der militanten »Hügeljugend«, denn die Abkömmlinge orthodoxer Juden hassen jeden Politiker und jede Institution, die ihre territorialen Ansprüche nicht unterstützt. Nicht anders als die fanatisierten jungen Palästinenser auf der anderen Seite des Grenzzauns. Kein Wunder also, dass die verantwortlichen Sicherheitsleute Blut und Wasser schwitzten, zumal sie wussten, dass der hohe Gast mal wieder im offenen Jeep durch die Gegend fahren wollte. Zweifellos waren sie erleichtert, als sich am Ende des dreitägigen Aufenthalts die Türen des Papstfliegers wieder schlossen. Geschafft, nichts passiert!

Auch der Besuch in der Gedenkstätte Yad Vashem war unproblematisch und spannungsfrei verlaufen, weil Franziskus zum Umgang mit den Verbrechen der Nationalsozialisten deutliche Worte ohne Wenn und Aber fand. »Vielleicht konnte sich nicht einmal Gott einen solchen Fall, einen solchen Abgrund vorstellen«, sagte er bei seinem Gedenken an sechs Millionen Opfer des Holocaust, um dann zu fragen: »Wer bist du, o Mensch, wer bist du geworden? Zu welchem Gräuel bist du fähig gewesen? Was hat dich so tief fallen lassen?«

Fragen, auf die seit siebzig Jahren vergeblich nach Antworten gesucht wird.

Ein Grund mehr, dafür Sorge zu tragen, dass Ähnliches sich nicht wiederholt. Deshalb auch die päpstlichen Friedensbotschaften, die Mahnungen zur Versöhnung, die Besinnung auf Gemeinsamkeiten. Zwar nahmen Mahmud Abbas und Schimon Peres die Einladung zum Gebet im Vatikan an und pflanzten gemeinsam einen

Ölbaum, doch der Krieg ging weiter, und eine wirkliche Lösung des Konflikts scheint nach wie vor nicht in Sicht.

Bei unserem Gespräch erklärte Omar Abboud bedauernd: »Völker sind keine Gemeinden«, und wollte damit zum Ausdruck bringen, dass Dinge, die im Kleinen funktionieren, im größeren Maßstab viel schwerer zu realisieren sind.

Noch eine andere Aussage von ihm fand ich bemerkenswert. Und zwar seine Antwort auf meine Frage, ob Bergoglio seiner Meinung nach durch seine Herkunft geprägt sei.

»Ich glaube durchaus, dass der Argentinismus sein Handeln beeinflusst«, erklärte er. »Wir Argentinier tun manchmal Schreckliches, sind aber zugleich zu Herausragendem fähig. Ein Beweis dafür ist unsere Umarmung an der Klagemauer. Ich bin nicht sicher, ob Menschen anderer Nationalität das fertiggebracht hätten. Wir schon.«

Omar Abboud: »Wer eine solche intellektuelle Begabung hat, erreicht die Welt. Weil er in der Lage ist, die Menschen über religiöse Grenzen hinweg zu verstehen.«

Mit Omar Abboud, der Franziskus ins Heilige Land begleitete, sprach ich Wochen nach seiner Rückkehr in Buenos Aires. Obwohl wir das Treffen bereits länger geplant hatten, war es etwas schwierig gewesen, es zu realisieren. Die Eskalation der Gewalt im Nahen Osten begann die hoffnungsvollen Gesten während der Papstreise zu überlagern.

Ich dachte an das Buber-Zitat, dass da, wo das Wort ende, der Krieg beginne. Nein, so weit durfte es nicht kommen. Es musste schließlich möglich sein für einen Muslim und eine Jüdin, sich zwanglos über den Papst zu unterhalten. Wir verabredeten uns schließlich für einen Donnerstagvormittag in einer Bar.

Er möge Bergoglio sehr, erklärte er mir. Anfangs habe ihn vor allem seine Intellektualität beeindruckt, die ihn befähige, mit jeder Situation zurechtzukommen. Inzwischen jedoch verbinde sie beide mehr als das gemeinsame Interesse am interreligiösen Dialog. Nämlich eine persönliche Beziehung, ja, echte Freundschaft.

Irgendwie hatte ich den Eindruck, dass er angesichts der derzeitigen politischen Großwetterlage bedrückt und ein wenig vorsichtig wirkte, und so versicherte ich ihm, dass ich als Jüdin nicht automatisch mit der israelischen Politik einverstanden sei. Und als Pazifistin schon gar nicht. Ich erzählte ihm von mir, von meiner Familie, von meiner Beschäftigung mit dem Thema Schindler und meinem Wunsch nach einer umfassenden Versöhnung. Und wirklich wurde er lockerer und pflichtete mir bei. Ja, die Religion spiele bei unserem Thema, dem interreligiösen Dialog, eigentlich keine Rolle, meinte er. Egal, ob ich Jüdin, Katholikin oder Buddhistin sei – entscheidend sei neben dem Intellekt der menschliche Aspekt. Die Religion sei gewissermaßen bloß eine Nuance, ein Farbtupfer.

*Speziell in unserem Fall hat das Persönliche den Ausschlag gegeben. Wir kommen alle wunderbar miteinander aus. Und dann wirkte sich natürlich erleichternd aus, dass es in Buenos Aires kaum religiöse Konflikte gibt. Weder zwischen Protestanten und Katholiken noch zwischen Christen und Juden oder Muslimen. Was im Nahen Osten geschieht, ist eine politische Angelegenheit, Tausende Kilometer entfernt. Vielleicht ist Annäherung auf Gemeindeebene einfach leichter, nur sind Völker eben keine Gemeinden.*
*Zur Zeit der Wirtschaftskrise von 2000/2001 drohte Argentinien bekanntlich gesellschaftlich zu zerfallen, und viele Menschen gerieten unverschuldet in Armut – ein Problem, das wir bis heute nicht überwunden haben. Damals entstand die Idee, den interreligiösen Dialog zu institutionalisieren, wobei Bergoglio eine gewichtige Rolle spielte, allein schon aufgrund seiner herausgehobenen Position … Wir als Islamisches Zentrum schlossen uns dieser Initiative dann ebenso an wie die jüdische Gemeinde.*
*So entstand die Beziehung zu Bergoglio. Ich habe ihn seit jeher als Ansporn und als bereichernd für alle Menschen empfunden, die mit ihm zu tun hatten – und die Begegnungen waren immer von gegenseitigem Respekt getragen.*
*Ich gehörte damals zur Gruppe der Sechs um Liberman. Seinerzeit war ich Menschenrechtsbeauftragter für Buenos Aires und als Vor-*

*Im Gespräch mit Omar Abboud in einem Café in Buenos Aires*

sitzender der *Corporación del Sur* für die Erschließung der südlichen Stadtviertel verantwortlich, aber meine Passion war schon damals der interreligiöse Dialog. Wenngleich es manchmal eine harte Arbeit ist. Vor allem, was die eigenen Leute angeht. Man läuft immer Gefahr, dass die Friedensfrage, die Annäherung, nicht gut aufgenommen wird. Daran ist vor allem der verhängnisvolle Einfluss des Fundamentalismus schuld, der in diesem Jahrhundert leider zunehmend an Bedeutung gewinnt. Nicht nur der religiöse, sondern auch der wirtschaftliche und politische. Wenn deine Idee den anderen nicht passt, wirst du sofort als Feind abgestempelt ...
Wir müssen danach streben, zu verbinden, zu vermitteln und nicht zu fragen, welche Religion oder welcher Gott besser ist. Ich glaube weder daran, dass Israel ein auserwähltes Volk ist, wie es das Alte Testament behauptet, noch glaube ich an alles, was im Koran steht. Desgleichen teile ich nicht die christliche Lehre von der Göttlichkeit Jesu. Ich glaube nicht an das, was mein Freund Daniel Goldman glaubt, und auch nicht an das, was Bergoglio glaubt. Aber das ist letztlich nicht entscheidend ... Um zu Gott zu gelangen, gibt es so viele Wege wie Menschen auf dieser Erde. Jeder Weg zu Gott ist einzigartig und lässt sich nicht vermitteln. Was uns

213

verbindet, ist der Leitgedanke, wie man zu Frieden und Gerechtigkeit, zu den großen, ursprünglichen Werten findet …

Mir scheint, dass auf diesem Hintergrund die Welt mit Franziskus zum ersten Mal seit langer Zeit wieder eine moralische Führung jenseits der Religion bekommen hat. Er zeigt der weltlichen Macht ihre Grenzen auf. Manchmal betrifft es nur die Katholiken oder die Christen, manchmal fühlen sich auch Juden und Muslime angesprochen. Alle werden von ihm ins Auge gefasst, und deshalb ist er meiner Meinung nach die spirituelle Autorität der modernen Welt.

Ich glaube schon, dass er durch seine Herkunft geprägt wurde. In mancher Hinsicht sind wir Argentinier einzigartig, aber wir wissen es leider nicht wirklich zu nützen. Vielleicht liegt es daran, dass wir selbst keine allzu hohe Meinung von uns haben. Hinzu kommt, dass in unserer Gesellschaft vieles im Argen liegt. Ebenso in den staatlichen Institutionen.

All diese Erfahrungen haben Bergoglios Perspektive, seinen menschlichen Horizont erweitert. Alles, was man im Leben kennenlernt, hilft einem, sich anderen zu nähern, und das bereichert sein Pontifikat …

Neben der Geburt meiner Kinder war seine Wahl zum Papst mit das wichtigste Ereignis in meinem Leben und eine riesige Freude. Gleichzeitig machte es mich traurig, dass er Buenos Aires verlassen musste. Ich telefoniere sehr oft mit ihm, besuche ihn in Rom, und doch ist es nicht dasselbe. Ich kann nicht mehr schnell mal in der Kathedrale vorbeischauen und ein paar Worte mit ihm reden.

Einerseits ist er für mich immer noch Jorge, andererseits darf ich niemals vergessen, dass er der Papst ist …

Der interreligiöse Dialog hat mir oftmals Probleme gebracht, auch in meiner Gemeinde. Daran erkennt man, auf welch wackligen Füßen er noch steht. Niemand sollte schließlich von mir verlangen, dass ich hasse – ich kann es einfach nicht. Natürlich gibt es Menschen, mit denen ich mich nicht verstehe. Sie betrachte ich mit Gleichgültigkeit, aber sie sind keine Feinde für mich. Ich vermag einfach keinen Hass zu empfinden. Ich muss nach vorne schauen, nicht zurück, und weiter aufbauen. Nur sind die Institutionen bis-

*weilen ein großes Unglück, indem sie dir Fesseln anlegen und dich auf diese Weise »umbringen«.*

Das Schlusswort zu diesem Thema gehört noch einmal Franziskus. In einem Gespräch mit Eugenio Scalfari, dem Gründer der Tageszeitung *La Repubblica* und einem bekennenden Atheisten, mit dem sich der ranghöchste Katholik gleichwohl gerne austauscht, sagte er, bereits die Väter des Zweiten Vatikanischen Konzils hätten gefordert, der Zukunft »mit modernem Geist« entgegenzutreten, und sehr wohl gewusst, dass dazu auch der Dialog mit Andersgläubigen und Atheisten gehöre. Leider sei seitdem wenig geschehen. Aber: »Ich habe die Bescheidenheit und den Ehrgeiz, dies machen zu wollen.«

# Frischer Wind in alten Mauern

*»Niemand wird ihn verbiegen, auch die Kurie nicht.«*
Santiago de Estrada

Seit Jorge Mario Bergoglio im März 2013 zum Papst gewählt wurde, macht er Schlagzeilen. Wobei es die allerdings schon vor ihm in Rom gab. Die dubiosen Geschäfte der Vatikanbank waren es vor allem, die innerhalb und außerhalb der Kirche für Entsetzen sorgten. Interne Dokumente aus dem Vatikan, die ab 2011 immer wieder in der Öffentlichkeit auftauchten, erhärteten die Vorwürfe. Von Korruption und Günstlingswirtschaft war die Rede, gar von Geldwäsche für die Mafia, aber auch von Pädophilie und Homosexualität. »Vatileaks« war in aller Munde und dürfte dazu beigetragen haben, dass Benedikt XVI., wiewohl persönlich über jeden Verdacht erhaben, zurücktrat. Ein Novum in der neuzeitlichen Geschichte der Päpste. Als Einziger vor ihm hatte Coelestin V. im Jahr 1294 freiwillig demissioniert. Alle anderen, die nicht in Amt und Würden starben, waren von Gegenpäpsten oder Kaisern abgesetzt worden. Es war ein schweres Erbe, das der Mann aus Buenos Aires antrat. In jeder Hinsicht, denn nicht nur der Skandale musste er sich annehmen, sondern gleichzeitig sah er sich mit sehr unterschiedlichen Erwartungshaltungen konfrontiert. In geistlichen Kreisen ebenso wie unter den Laien. Das ist bis heute so geblieben. Rund um den Erdball. Und die Schere geht weit auseinander. Während die einen sich von ihm grundstürzende Reformen erhoffen, fürchten die anderen ebendies.
Jedenfalls ist einiges zu tun, und erste Schritte wurden bereits unternommen. Was immer am Ende dabei herauskommen mag, es steht eine Fülle von Themen zur Diskussion an. Kurienreform,

Zölibat, die Haltung der Kirche zu Homosexualität und zu wiederverheirateten Geschiedenen, um nur einige Stich- oder Reizworte zu nennen. Nicht umsonst liest man immer von »Baustellen«, die Franziskus in Angriff nehmen muss. Ich mag mir kein Urteil über kirchenrechtliche Aspekte oder theologische Positionen anmaßen, aber ich traue diesem Papst eine Menge zu. Nicht allein weil er sich durchsetzen kann, sondern weil er zudem über die Fähigkeit verfügt, auseinanderdriftende Gruppierungen zu versöhnen. Beides hat er in Argentinien oft genug unter Beweis gestellt.

Wenn man das Notwendige und Mögliche getan hat, schafft man plötzlich sogar das Unmögliche. Kaum etwas passt meiner Meinung nach besser auf Denken und Handeln von Jorge Bergoglio als diese Weisheit seines Namenspatrons. Dazu gehört neben Selbstvertrauen auch Mut. Über beides verfügt er in hohem Maße, und das wird ihm bei der Bewältigung der vor ihm liegenden schwierigen Aufgaben helfen.

Immer wieder fallen mir in diesem Zusammenhang auch Äußerungen von Santiago de Estrada ein, der einerseits Bergoglio sehr gut kennt und andererseits genauestens über die Machtstrukturen innerhalb der Kurie Bescheid weiß. Er halte es für einen großen Vorteil seines alten Freundes, wie er mir sagte, dass dieser vor nichts und niemandem Angst habe und deshalb stets erreiche, was er wolle. Oder Papstnichte María Inés, die mir lachend versicherte, der Onkel werde niemals ein »normaler« Papst sein. Dazu sei er zu sehr gegen den Strich gebürstet.

Dass er kein Blatt vor den Mund nimmt, pfeifen nicht nur in Rom die Spatzen von den Dächern. Er sagt, was er denkt, tut, was er glaubt tun zu müssen, und schreckt selbst vor unpopulären Entscheidungen und provokanten Reden nicht zurück. Vielleicht macht ihn genau das zum »Medienstar«.

## Inside Vatikan

Zweifellos dürfte das selbstbewusste Auftreten des »Neuen« für all jene eine Überraschung gewesen sein, die vermutet hatten, der kurienunerfahrene Bergoglio würde sich in Rom nicht behaupten können. Falsch, denn wer sich im politischen Dschungel unseres Heimatlands behauptet hat, den vermag so schnell nichts zu erschüttern. Folglich dauerte es nicht lange, und der Papst vom anderen Ende der Welt war angekommen in der Welt der Kurienkardinäle.

Bereits vier Wochen nach seiner Wahl stand seine »Regierungsmannschaft«. Ein erst acht-, inzwischen neunköpfiges Beratergremium, das bis auf zwei Ausnahmen aus Erzbischöfen aus aller Herren Länder besteht, darunter Kardinal Reinhard Marx vom Erzbistum München-Freising. Eine Zusammensetzung, die Franziskus' Bestreben verdeutlicht, seine Entscheidungen künftig auf eine breitere Basis zu stellen und den Landeskirchen sowie den Diözesen mehr Mitspracherecht zu geben. Kardinalsrat K-9 nennt sich dieses Gremium. Eine Bezeichnung, die sich vermutlich nicht zufällig an den politischen G-8-Gipfel anlehnt und Professionalität signalisieren soll. Allerdings sprechen manche nicht bloß hinter vorgehaltener Hand von einem »Revolutionsrat«, der da alle paar Monate tagt und den Papst bei wichtigen Entscheidungen, unter anderem hinsichtlich der Kurienreform, berät.

Zusätzlich hat Franziskus ein weiteres Gremium ins Leben gerufen, das ihm helfen soll, die vatikanischen Wirtschafts- und Finanzangelegenheiten in Ordnung zu bringen und für größere Transparenz zu sorgen. Dass es sich überwiegend aus Laien zusammensetzt, ist ungewöhnlich genug. Aber dass eine junge, hübsche Frau dazugehört, wurde in der Öffentlichkeit mit einem verwunderten Augenreiben aufgenommen. Sind Lateinamerikaner da einfach lockerer, sich so etwas zu trauen?

Als im Februar 2014 die erste Kardinalskreierung anstand, setzte Franziskus ein weiteres Zeichen. Dass mehr als zwei Drittel der neunzehn neuen Purpurträger nicht aus der Alten Welt stammten, war ein deutliches Indiz für das Ende des traditionellen Eurozentrismus der Weltkirche und für eine verstärkte Hinwendung zu anderen Kontinenten.

Wobei die theologischen Differenzen quer durch alle Weltregionen gehen, wie im Oktober 2014 bei der ersten Familiensynode ersichtlich wurde. Interessanterweise war gerade bei den Vertretern sogenannter Entwicklungs- oder Schwellenländer eine ausgeprägte Abneigung gegen Reformansätze festzustellen. Im Herbst 2015 soll die nächste Diskussionsrunde beginnen und dann auch zu Entschlüssen kommen. Es bleibt abzuwarten, ob eine Gruppe sich durchsetzt oder ob ein Kompromiss zwischen Traditionalisten und Erneuerern gelingt.

Und Franziskus selbst? Direkt hat er nicht Stellung bezogen, doch vieles deutet darauf hin, dass er, wenngleich von Hause aus eher ein Wertkonservativer, eine Lockerung manch strenger Kirchenposition befürwortet hätte. Darauf lässt etwa der Kommentar von Kardinal Marx schließen: »Wenn man die Ansprachen des Papstes vergleicht mit diesen Texten, dann sagt man, ... ein bisschen mehr Frische, ein bisschen mehr Aufbruchsszenario wären vielleicht wünschenswert gewesen.« Und María Inés betonte bei unserem Gespräch Monate vor der Synode, dass ihr Onkel eine »offene Kirche« repräsentieren wolle und keinesfalls der Meinung sei, dass ihr eine »Deutungshoheit« zukomme.

Zum Abschluss der Synode meldete Franziskus sich direkt zu Wort. Er warnte alle Beteiligten davor, »sich selbst als Besitzer und Herr« des Glaubens zu betrachten oder sich »im Geschriebenen einzuschließen« und dabei die Wirklichkeit zu vernachlässigen. Und dann, man kann es eigentlich nicht anders nennen, pochte er auf seine Weisungsbefugnis. Gemäß Christi Willen und gemäß kirchlicher Tradition sei er der »oberste Hirte und Lehrer aller Gläubigen« und besitze »die volle ordentliche Autorität, die oberste, gesamte, unmittelbare und universale in der Kirche«. War das möglicherweise ein Wink mit dem Zaunpfahl für die Synode im kommenden Jahr?

Handelte es sich gar um einen dieser klugen Schachzüge, die Santiago de Estrada immer wieder bei seinem alten Freund ausgemacht hat? Um am Ende alle auf seinen Kurs einzuschwören? Wer weiß. Sollte es so sein, dann dürfte diese »Strategie«, wenn man das so nennen will, allerdings getragen sein von jenem Geist der Versöhnung, der Franziskus zu eigen ist. Egal, um welches Thema es sich handelt, der Papst verbreitet Zuversicht. »Es gibt Lösungen, und ich werde sie finden«, erklärte er im Gespräch mit Eugenio Scalfari. Eine Herkulesaufgabe. Aber wenn es einer schafft, undogmatische Wege zu gehen, ohne das Dogma selbst auf den Müll der Kirchengeschichte zu werfen, dann er. Schließlich ist er Argentinier.

## Kurien- und Kapitalismusschelte

Jedenfalls lässt Franziskus keinen Zweifel daran, dass es ihm ernst ist mit seinen Reformvorhaben. Und mit seinen markigen Worten. Jüngster Beweis dafür ist seine Weihnachtsbotschaft an die Kurie vom 22. Dezember 2014, mit der er der geistlichen Bürokratie die Leviten gelesen hat und offen zu erkennen gab, dass ihm eine organisatorische Umstrukturierung nicht reicht.

Was Franziskus anstrebt, ist eine geistige Neubesinnung. Sonst werde man, mahnte er die Kardinäle, wie »eine Rebe, die austrocknet und allmählich abstirbt und fortgeworfen wird«. »Schöne Bescherung«, titelte eine deutsche Zeitung, und anderswo bezeichnete man den päpstlichen Auftritt als »Weihnachtsohrfeige«.

Fünfzehn »Krankheiten« waren es, die Franziskus den Kurienmitgliedern vorhielt. Mangelnde Selbstkritik, Rivalität und Gleichgültigkeit gegenüber anderen gehörten ebenso dazu wie Ruhm- und Prunksucht, Karrieredenken und Profitgier. Weiterhin nannte er die Krankheit der »Totengräbermiene«, die alle Freude unmöglich mache, und die des »Aufhäufens«, bei der er wieder einmal Großmutter Rosas Spruch vom Totenhemd, das keine Taschen hat, anführte.

Kein menschliches Fehlverhalten, das nicht erwähnt worden wäre, doch am meisten sorgte seine Wortschöpfung vom »geistigen Alzheimer« für Aufsehen. Der fortschreitende Verfall der »spirituellen Fähigkeiten«, mahnte Franziskus, führe »früher oder später zu schweren Behinderungen« und mache den Menschen unfähig, »autonom zu handeln«. Den größten inhaltlichen Zündstoff dürften indes seine Ausführungen zur »Krankheit der schizophrenen Existenz« geliefert haben, die sich an all jene richteten, die sich ein »Paralleluniversum« schaffen und alles ablegen würden, »was sie andere mit Strenge lehren«, um »ein verborgenes und oft ausschweifendes Leben zu führen«.

Aber er wäre nicht der alte Jorge Bergoglio, wenn er nicht einen versöhnlicheren Schluss gefunden hätte. In diesem Fall einen launigen Vergleich, mit dem er seiner harschen Kritik ein wenig die Schärfe nahm. Er habe, sagte er, einmal gelesen, dass Priester wie Flugzeuge seien: »Schlagzeilen machen sie nur, wenn sie abstürzen.« Heißt: Ein einziger Priester, der abstürze, füge der ganzen Kirche immensen Schaden zu. Und damit das nicht geschehe, forderte er dazu auf, die Mutter Gottes darum zu bitten, die »Verletzungen der Sünde« zu heilen, bevor er den angeblich schockierten Kardinälen ein gesegnetes Weihnachtsfest wünschte.

Dass er sich mit seinen Worten nicht nur Freunde macht, ist Franziskus gewöhnt. Heftige Kritik und Empörung wurden ihm auch aus einer ganz anderen Ecke entgegengebracht. Aus Kreisen des Großkapitals nämlich haben einige argwöhnisch ihre Blicke gen Rom gerichtet und meinen, dort einen »Sozialrevoluzzer« ausgemacht zu haben. Ein Marxist sei er, war gar zu hören.

Berechtigte Anliegen hätten nichts mit Marxismus zu tun, ließ der Gescholtene sich vernehmen, denn schließlich gehe es um soziale Gerechtigkeit, um ein System, das fairen Lohn für die geleistete Arbeit gewährt, statt das Gewissen mit Almosen zu beruhigen. Das hat Bergoglio bereits in Argentinien hartnäckig gefordert und die Verursacher der Missstände mit unmissverständlichen Worten beschimpft, nur war das weit weg und für den Rest der Welt uninteressant.

Jetzt jedoch mischt er sich ein als moralische Instanz, auf die man rund um den Erdball schaut. Schon in seinem Apostolischen Schreiben *Evangelii Gaudium* vom November 2013 hat er das derzeitige Wirtschaftssystem als »in der Wurzel ungerecht« bezeichnet. Weil es töte und eine neue Kultur des Wegwerfens geschaffen habe, bei der Menschen wie »Müll« behandelt würden. Wie früher in seinen Predigten auf der Plaza Constitución geißelte er die »Tyrannei des Marktes«, Finanzspekulationen und Korruption. Geld müsse dienen, nicht herrschen. Und das bestätigt und wiederholt er, wo immer ihn Journalisten danach fragen.

Auf einen groben Klotz gehört ein grober Keil. Franziskus, nicht gerade zimperlich mit seiner Kapitalismusschelte, durfte sich da einiges anhören. Besonders im spendenfreudigen Amerika murrten die Wirtschaftsbosse, fühlten sich auf den Schlips getreten und drohten mit einem Stopp ihrer Zuwendungen in Millionenhöhe. Was Timothy Dolan, den Erzbischof von New York, zu einem Vermittlungsversuch bewog. »Er liebt auch die Reichen«, beschwichtigte er seine aufgebrachten Gönner. Kirchen, die sich nicht über Steuern finanzieren, sind eben auf Spenden angewiesen. Da kann der Papst in Rom noch so sehr gegen Almosen zum Zweck der Gewissensberuhigung wettern.

## Ein kirchlicher Albtraum

Kaum etwas hat die katholische Glaubensgemeinschaft in den letzten Jahren dermaßen gebeutelt wie immer neue Enthüllungen über pädophile Priester in Gemeinden und kirchlichen Einrichtungen. Ein Sumpf tat sich auf, der die Kirche in einen gigantischen Abwärtstaumel zog und ihre moralische Kompetenz grundstürzend infrage stellte. Neben Vatikanbank und Vatileaks drohte der Missbrauchsskandal zum Waterloo für die Kirche zu werden. Weltweit. Eine Katastrophe für die Amtskirchen und eine Vertrauenskrise für die Gläubigen, die bereits Benedikt XVI. dazu veranlasste, die Notbremse zu ziehen und eine Null-Toleranz-Politik anzukündigen.

Franziskus hat den Ton noch verschärft und sich, wiederum im Gespräch mit Eugenio Scalfari, ausführlich zu diesem Thema geäußert. Ausgehend von der Annahme, dass zwei Prozent der Kleriker pädophil seien, erklärte er: »Das soll mich beruhigen, aber das tut es nicht. Im Gegenteil: Ich halte das für schlimm. Bei diesen zwei Prozent handelt es sich um Priester, Bischöfe oder gar Kardinäle, und noch mehr wissen davon ... Ich finde das unhaltbar und beabsichtige, diesem Zustand mit der gebotenen Härte entgegenzutreten.«

Im Juni traf er einige inzwischen erwachsene Missbrauchsopfer zu einem Essen im Gästehaus Santa Marta und entschuldigte sich bei

ihnen. »Ich bitte um Vergebung auch für die Sünden der Unterlassung seitens der Verantwortlichen der Kirche, die nicht angemessen auf Missbrauchsanzeigen … reagiert haben.« Im Gottesdienst am Tag darauf fand er ebenfalls deutliche Worte. »Ich verpflichte mich, keine Verletzung zu tolerieren, die irgendjemand einem Minderjährigen zufügt, ohne Rücksicht auf seinen klerikalen Stand.«
Eine klare Ansage.

## Bannstrahl gegen die Mafia

Am 21. Juni 2014 ließ eine Meldung die Welt aufhorchen: Franziskus hatte die 'Ndrangheta exkommuniziert.
Für alle, die ihn kennen, kam das nicht überraschend. Schließlich hatte er in Buenos Aires immer wieder die Machteliten der Korruption, der Anbetung des Geldes und mafiöser Methoden bezichtigt. Da konnte es kaum wundern, dass er sich von Rom aus das Urmodell selbst vorknöpfte: die »ehrenwerten Gesellschaften«.
Es geschah anlässlich eines Besuchs in Kalabrien, einer der ärmsten Regionen Italiens und neben Sizilien und Neapel eine der Hochburgen der Mafia. »Diejenigen, die in ihrem Leben wie die Mafiosi diesen Weg des Bösen beschreiten, sind nicht in Gemeinschaft mit Gott. Sie sind exkommuniziert«, sagte Franziskus in einer Predigt vor Zehntausenden in Sibari, nachdem er zuvor die Mafiosi bezichtigt hatte, die Verehrung Gottes durch eine Verehrung des Geldes ersetzt zu haben.
Zustimmung brandete in einer Einhelligkeit auf, wie man sie selten findet. Lediglich die Mafiosi waren nicht angetan, versteht sich.
Dank einer ausgeprägten Doppelmoral verbinden sie nämlich beispiellose Verbrechen mit ebenfalls beispiellosem Beschützerverhalten. Die selbst ernannten Ehrenmänner kümmern sich rührend um ihre Familien sowie um die Mitglieder ihrer Organisation einschließlich der Angehörigen. Nie würden sie einen der Ihren im Regen stehen lassen – allerdings nur, solange er spurt. Wie das funktioniert, kennt man aus dem berühmten Film *Der Pate*.

Und nun das. Das päpstliche Verdikt war ein Tiefschlag für das Selbstverständnis der Paten und das ihrer willigen Handlanger, die sich traditionell als fromme Christen und fleißige Kirchgänger gebärden. Für sie stellt es keinen Widerspruch dar, morgens die Messe zu besuchen und nachmittags einen Mord zu begehen. Die Mafia hat eben ihre eigenen Gesetze, heißt es dann. Zu ihrem Glück hatte die Kirche bislang zu solchem Dr.-Jekyll-und-Mr.-Hyde-Verhalten weitgehend geschwiegen. Von ein paar Aufrechten abgesehen, pflegte das Gros der Priester in den Mafiahochburgen lieber wegzuschauen.

Wer legt sich schon gerne mit Mördern an? Meist reichten ein paar Drohungen, um wieder Ruhe im Sinne der »ehrenwerten Gesellschaften« zu schaffen. Dann durfte man wieder wie gehabt bei Prozessionen die Madonna tragen, in der Kirche in der ersten Reihe knien und die Hostie empfangen.

Kirchliche Versuche, diese unheilige Praxis zu unterbinden, scheiterten. So liefen auch die Drohungen von Johannes Paul II. 1993 in Agrigent, die er den sizilianischen Mafiosi entgegengeschleudert hatte, ins Leere. »Bekehrt euch, die Strafe Gottes wird kommen.« Statt der Aufforderung ihres Oberhirten Folge zu leisten, verübten Mitglieder der Cosa Nostra einen Bombenanschlag auf eine Kirche. Ein paar Monate später starben zwei Priester. Die Strafe Gottes für diese und andere Untaten steht nach wie vor aus. Oder ist sie jetzt in Gestalt von Franziskus und seinem Bannstrahl gekommen? Wenngleich die Exkommunizierung längst nicht mehr die Bedeutung hat wie in früheren Zeiten, kann sie sich in einer Gesellschaft wie der Mafia als durchaus nachteilig erweisen, weil sie die zweite, die »nette« Seite ihrer Persönlichkeit demontiert. Ihre Fürsorglichkeit, ihre Frömmigkeit, ihre Rolle als Ordnungsfaktor. Woher sollen sie jetzt ihre Legitimation der Familie, dem Clan gegenüber beziehen?

Bislang vertrauten die Mütter und Großmütter, die Frauen, Bräute und Schwestern darauf, dass Gott ihren Männern, Söhnen und Brüdern ihre Verbrechen verzeiht, und das machte es ihnen leichter, sie irgendwie zu akzeptieren. Was aber werden sie sagen, wenn der Priester die Exkommunizierten künftig aus der Kirche weist, ihren Ehebund nicht mehr segnet, ihre Kinder nicht mehr tauft und sie am Ende nicht christlich beerdigt?

Franziskus jedenfalls hofft, dass sein Bannstrahl Wirkung zeigt. Die Verurteilung der Mafia werde kein einmaliges Ereignis bleiben, hat er bereits erklärt und hinzugefügt, dass er den Ausschluss von den Sakramenten ständig wiederholen werde.

Sich mit der Mafia anzulegen, ist allerdings nicht gerade ungefährlich. Auch nicht für einen Papst. Und schon gar nicht für jemanden, der wie Franziskus alle Warnungen seiner Sicherheitsleute in den Wind schlägt und ständig im offenen Wagen durch die Gegend fährt und hoch aufgerichtet in die Menge winkt. Eine geradezu ideale Zielscheibe.

Über dieses Thema konnte ich mich 2013, wenige Monate nach der Papstwahl, bei einem Besuch in Rom mit Nicola Gratteri unterhalten – einem Staatsanwalt aus Reggio Calabria, der sich durch seine konsequente Verfolgung der 'Ndrangheta einen Namen gemacht hat und als einer der besten Kenner der Szene einschließlich der Verbindungen zwischen den Mafiaorganisationen zu staatlichen Ermittlungs- und Verfolgungsbehörden gilt. Auch diesbezüglich liegt in Italien so einiges im Argen.

Die Mafia sei extrem nervös, meinte Gratteri damals. Die Bosse wüssten offenbar nicht so recht, womit bei dem Neuen im Vatikan zu rechnen sei. Offensichtlich ahnten sie, dass die lukrativen Geschäfte mit der Kirche ein Ende finden würden und damit ebenfalls das unausgesprochene Stillhalteabkommen auf manchen Ebenen. Schließlich sei man in Mafiakreisen gut informiert über Bergoglios unbeugsamen Kampf gegen Korruption und Ausbeutung.

Ob er keine Angst habe, wurde er nach der Exkommunizierung von einem Journalisten gefragt. »Angst habe ich keine … Ich bin mir bewusst, dass mir jederzeit etwas passieren kann, doch in meinem Alter verliert man nicht mehr viel«, gab er mit einem Anflug von Ironie zurück.

# Ein Fußballspiel für den Frieden

*»Ihr sagt mit dem heutigen Spiel Nein*
*zu jeder Form von Diskriminierung.«*
Franziskus zu den Fussballspielern

Es war der 1. September 2014, mein letzter Tag in Rom. Nach der nachmittäglichen Audienz saßen mein Mann und ich am Abend im Olympiastadion, in dem Fahnen des Vatikan neben denen von Argentinien und Italien, aber auch aus Krisengebieten wie Israel, Palästina und der Ukraine flatterten, und warteten auf den Anpfiff zu einem Fußballereignis der besonderen Art.

## Ein Spiel und seine Geschichte

Initiiert hatte es der Papst gemeinsam seinem Freund José María del Corral und dem ehemaligen argentinischen Nationalspieler Javier Zanetti, der eigens für diesen Anlass noch einmal aufs Spielfeld zurückkehrte. Ein interreligiöses Match sollte es werden, hatte der ausdrückliche Wunsch von Franziskus gelautet, und so würden nicht nur Christen, Moslems und Juden teilnehmen, sondern auch Buddhisten, Hindus und Shintoisten.

Von meinem Gespräch mit Monsignore Karcher wusste ich, dass er Zanetti bei der Organisation unterstützt hatte. »Ich habe zu mehr als fünfzig Weltklassespielern Kontakt aufgenommen«, erklärte er mir stolz, und man konnte ihm anhören, wie viel Spaß ihm diese ungewöhnliche Aufgabe machte. »Der Erlös kommt zwei Organisationen zugute, die beide ihre Wurzeln in Buenos Aires haben, doch das wissen Sie ja bereits«, fügte er noch hinzu.

*Fußball für den Frieden 2013 – Papst Franziskus mit Gianluigi Buffon (links, Italien) und Lionel Messi (Argentinien)*

Bei der einen handelte es sich um Zanettis Stiftung PUPI, die sich für Straßenkinder in Buenos Aires einsetzt, bei der anderen um ein Gemeinschaftsprojekt von Franziskus und seinem langjährigen Freund und Weggefährten del Corral. Scholas Occurrentes strebt weltweit eine Vernetzung von Schulen aller Kategorien an und hat die Förderung einer Kultur der Begegnung und der sozialen Integration zum Ziel. Nicht allein durch schulübergreifende Projekte, sondern auch durch Sport. Wobei der Papst speziell seiner Lieblingsdisziplin eine besondere Rolle beimisst.

»Die Menschen, besonders die Jugendlichen, bewundern euch wegen eurer athletischen Fähigkeiten. Es ist wichtig, dass ihr ihnen ein gutes Beispiel gebt, auf dem Spielfeld wie außerhalb«, hatte er am Nachmittag beim Empfang in der großen Audienzhalle verkündet und hinzugefügt, gerade die Fußballspieler könnten durch einen »respektvollen Wettkampf« zu einer Kultur der Begegnung beitragen, die auf Solidarität und Frieden basiere. Nur auf diese Weise lasse sich Diskriminierung jeder Art verhindern, sagte Franziskus und überreichte den Spielern Olivenbäumchen als Symbole des Friedens.

Es war übrigens nicht das erste Fußballspiel, das vom Vatikan mitgetragen wurde. Ein Jahr zuvor, ich weiß das aus Erzählungen von José María del Corral, waren die italienische und die argentinische Nationalmannschaft an den Papst mit dem Vorschlag herangetreten, als Repräsentanten seiner beiden Heimatländer gewissermaßen ihm zu Ehren ein Freundschaftsspiel auszutragen. Was sein bescheidener Freund nicht wollte, erklärte del Corral. »Komm bitte nach Rom, um mir zu helfen«, habe er bei einem Telefongespräch gesagt, denn das Fußballspiel als solches reizte ihn schon.

*Und so arbeiteten wir eine Idee aus, um das Match mit einem besonderen Anlass und einem wohltätigen Zweck zu verbinden. Die von uns begründeten Scholas Occurrentes sollten zu einem globalen Netzwerk ausgebaut werden, unter päpstlicher Schirmherrschaft stehend und gefördert von der Päpstlichen Akademie der Wissenschaften. Und den Startschuss würde ein Fußballspiel geben.*

*Am 13. August 2013 um dreizehn Uhr war es dann so weit: Stürmerlegende Lionel Messi stellte die erste Schola Occurrente ins Netz. Inzwischen haben sich bereits mehr als dreihunderttausend Schulen und andere Bildungseinrichtungen angemeldet. Mein Freund Bergoglio war natürlich hochzufrieden, über den Umweg eines Benefizspiels etwas für ein Projekt getan zu haben, das ihm am Herzen liegt.*

Und nun das Fußballspiel für den Frieden. Mit von der Partie waren etwa vierzig Aktive und Ehemalige, die sich in zwei Mannschaften aufteilten und einander ablösten, damit jeder mal drankam. Darunter Javier Zanetti, Lionel Messi, Gianluigi Buffon, Diego Simeone, Mauro Icardi, Zinedine Zidane, um nur einige zu nennen, und natürlich Diego Maradona, der zum Publikumsliebling avancierte, weil er trotz inzwischen beachtlicher Körperfülle als Einziger die ganze Spielzeit über auf dem Platz blieb und unermüdlich dribbelte. Er hatte seinem päpstlichen Landsmann bei der Audienz ein Trikot der argentinischen Nationalmannschaft mit dem Namensaufdruck Francisco überreicht.

Schon ein Phänomen, dachte ich. Seit ein erklärter Fußballfan auf dem Heiligen Stuhl sitzt, ist dieser Sport im Vatikan eindeutig salonfähig geworden, und es heißt, dass Franziskus bereits eine stattliche Sammlung von Trikots besitze, die ihm bei Audienzen überreicht wurden.

Deshalb hatte ich eigentlich fast damit gerechnet, dass er anwesend sein würde. Doch er kam nicht. José María del Corral und Monsignore Guillermo Karcher erzählten mir unabhängig voneinander, es sei ihm zu viel gewesen; das Spiel, das Bankett, der ganze Trubel. Immerhin wurde eine Videobotschaft eingespielt, mit der er die mehr als zwanzigtausend Zuschauer begrüßte. »Ich muss mich entschuldigen, dass ich Spanisch spreche, aber es ist die Sprache meines Herzens, und der Frieden ist eine Herzensangelegenheit, also muss ich mit dem Herzen sprechen.«

Nachdem dann noch ein Olivenbaum zum Zeichen des Friedens gepflanzt worden war, ging es los. Zweimal eine Dreiviertelstunde, unterbrochen von einem Buffet für die geladenen Gäste, dann

*Fußball für den Frieden 2014 – hier mit den Argentiniern Maxi Rodríguez, Martín Demichelis und Javier Mascherano (von links nach rechts).*

stand der Sieger fest. Die Mannschaft PUPI gewann mit sechs zu drei Toren über Scholas und erhielt einen versilberten Olivenbaum als Pokal. Die Veranstaltung endete damit, dass vier Spieler in ihrer Muttersprache eine Friedensbotschaft übermittelten und versprachen, sich für eine Annäherung der Kulturen einzusetzen. Die vier waren der Argentinier Javier Zanetti, der Italiener Roberto Baggio, der Israeli Dudu Aouate und der Ukrainer Andrij Schewtschenko.

## Ins Herz geschrieben

Nachdem die Veranstaltung mit dieser eindrucksvollen Zeremonie zu Ende gegangen war und das riesige Rund des Olympiastadions sich zu leeren begann, blieben wir noch eine Weile sitzen. Ich wollte über diesen Abend, über diesen Tag nachdenken. Ein Fußballfan bin ich nicht gerade, eher das Gegenteil, denn die Gewaltbereitschaft, die dieser Sport oftmals freisetzt, die Aggressivität dem »Gegner« gegenüber, ob auf nationaler oder internationaler Ebene, stoßen mich ab.

Hier aber hatte ich eine neue Zugangsweise erlebt, und es faszinierte mich, wie dieser Papst seine Sportbegeisterung für die Mission einsetzt, der er sich verpflichtet fühlt: dazu beizutragen, dass die Welt friedlicher wird, dass sich Völker und Religionen versöhnen, dass Wettstreit auch ohne Kampf und Feindschaft möglich ist. Die Idee von »Brüderlichkeit und Freundschaft« wolle er durch dieses Spiel zum Ausdruck bringen, hatte er am Nachmittag in seiner Ansprache in der Audienzhalle erklärt.

Und dann drehte er den Spieß quasi um. Wies dem Sport genau die Aufgaben zu, die er zumeist leider gar nicht erfüllt: »Loyalität, Teilen, Annahme, Dialog, Vertrauen in den anderen«. Das geplante Fußballspiel, führte er weiter aus, sei eine »tief symbolische Geste«, die demonstrieren solle, dass es möglich sei, unabhängig von Unterschieden in ethnischer, kultureller und religiöser Hinsicht eine »Kultur der Begegnung und eine Welt des Friedens« aufzubauen. Eine Welt, in der »Gläubige verschiedener Religionen unter Wahrung ihrer Identität« und getragen von gegenseitigem Respekt harmonisch zusammenleben könnten. Und er schloss mit den Worten: »Macht eure Herzen weit, von Brüdern zu Brüdern! Das ist eines der Geheimnisse des Lebens ...«

Ja, ging es mir durch den Kopf, diese Botschaft könnte das sein, womit Franziskus einmal in die Geschichte der Päpste eingehen würde. Was und wie viel er am Lehrgebäude der Kirche ändern kann und will, bleibt abzuwarten. Die Aufgaben sind gewaltig und die Widerstände groß. Zu groß vermutlich für ein einziges Pontifikat, aber richtungsweisende Anstöße lassen sich dennoch erkennen.

Ich glaube, dass es unter anderem die argentinischen Prägungen sind, die Jorge Mario Bergoglios Besonderheit und seine Authentizität ausmachen. Seine Erfahrungen in diesem wunderschönen und zugleich schrecklichen Land mit seiner in Oben und Unten auseinanderbrechenden Gesellschaft, mit seiner zum Himmel schreienden sozialen Ungerechtigkeit, mit seinem korrupten Wirtschaftssystem, das wenige begünstigt und viele ausbeutet.

In den Slums von Buenos Aires hat er eine neue Form der Seelsorge praktiziert: eine, die sich nicht nur für das Seelenheil der Menschen verantwortlich fühlt, sondern die sein ganzes Leben mit allen Sorgen des Alltags, mit allen Gewissensqualen, mit allem Elend, aber auch mit allen Freuden in den Fokus kirchlichen Interesses rückt. Und die Sünde neu definiert, sie als Teil der Realität begreift und ihr einen Platz im Leben einräumt, ebenfalls in seinem eigenen. Nie habe ich von Bergoglio je ein Wort über Verdammnis gehört. Nur über Chancen.

Das ist echte Seelsorge: selbst Gefallene nicht fallen zu lassen. Das beeindruckt die Menschen weltweit, mich eingeschlossen. Das lässt ihm die Herzen über alle Grenzen hinweg zufliegen. Das macht ihn zum »Superstar« oder, wie andere sagen, zu einer »moralischen Instanz«.

Gianluigi Buffon, der legendäre italienische Torhüter, hat im Zusammenhang mit dem Fußballspiel eine Äußerung gemacht, die mich sehr beeindruckte. Er sprach von einem »ganz besonderen Papst«, der zeige, dass man Worte in Taten umsetzen müsse. Manchmal würde man denken, man müsse etwas tun, und unterlasse es dann doch. Aber mit einem »Papst wie diesem, der unsere Herzen und unsere Seele berührt, fällt es vielleicht leichter, ein besserer Mensch zu sein und bessere Dinge zu tun«.

Was ist dem noch hinzuzufügen? Genauso ist es, und insofern hat es durchaus seine Berechtigung, ihn als »Weltpfarrer« zu bezeichnen, was seinem Selbstverständnis durchaus entsprechen dürfte.

Franziskus macht die Welt einfach ein wenig wärmer, ein wenig barmherziger, ein wenig menschlicher. Und das, finde ich, ist in unserer globalisierten Welt mit ihrem gnadenlosen Konkurrenzdruck und der Zerstörung gewachsener Traditionen und Werte eine ganze Menge. Ich jedenfalls glaube an den Mann, mit dem ich vor gar nicht allzu langer Zeit in der U-Bahn von Buenos Aires gesprochen habe.

Noch lange beschäftigten mich meine Erlebnisse in Rom und die eindrucksvollen Begegnungen mit Franziskus. Sie wurden in besonderer Weise präsent, als mich ein Bekannter aus Buenos Aires darum bat, für ihn die Teilnahme an einer Audienz zu vermitteln. Natürlich tat ich das gerne und bat ihn im Gegenzug, dem Papst von mir eine weiße Rose zu überreichen. Später schickte mir Adrian, so heißt der Mann, einen Brief und ein Foto, das Franziskus mit der Rose in der Hand zeigt. »Was, kennen Sie die Erika?«, habe der Papst verwundert gefragt. »Ganz liebe Grüße von mir!«

*1. September 2014: Die zweite Audienz – eine unvergessliche Begegnung*